主　　编　孙晓勇　国家法官学院院长

　　　　　　　　　最高人民法院司法案例研究院院长

副 主 编　胡田野　国家法官学院副院长

　　　　　　刘　畅　最高人民法院司法案例研究院规划部主任

主编助理　赵文轩　最高人民法院司法案例研究院规划部编辑

　　　　　　刘丽媛　最高人民法院司法案例研究院规划部编辑

《中国法院年度案例》编辑人员（按姓氏笔画）

王　锐　刘　畅　朱建伟　朱　琳　吴光荣　李晓果

李　谦　杨小利　胡　岩　赵文轩　唐世银　徐一楠

贾　停　曹海荣　梁　欣　程诗翰　程　瑛

本书编审人员　吴光荣

中国法院2022年度案例

国家法官学院　最高人民法院司法案例研究院 / 编

合同纠纷

中国法制出版社
CHINA LEGAL PUBLISHING HOUSE

《中国法院2022年度案例》通讯编辑名单

凌　巍　北京市高级人民法院
刘晓虹　北京市高级人民法院
董　扬　天津市高级人民法院
王　佳　河北省高级人民法院
刘冬梅　山西省高级人民法院
杨智勇　内蒙古自治区高级人民法院
周文政　辽宁省高级人民法院
张功岩　吉林省高级人民法院
孙学诗　黑龙江省高级人民法院
牛晨光　上海市高级人民法院
戴鲁霖　江苏省高级人民法院
缪　芳　江苏省高级人民法院
符东杰　江苏省南通市中级人民法院
周耀明　江苏省无锡市中级人民法院
杨　治　浙江省高级人民法院
蒋　莹　浙江省高级人民法院
吴　婧　安徽省高级人民法院
林文君　福建省高级人民法院
章光园　江西省高级人民法院
王露爽　山东省高级人民法院
郭宇凌　河南省高级人民法院
宋淼军　湖北省高级人民法院
杨晓彤　湖北省宜昌市中级人民法院
唐　竞　湖南省高级人民法院
谢佩宏　广东省高级人民法院
邹尚忠　广西壮族自治区高级人民法院
韦丹萍　广西壮族自治区高级人民法院
李周伟　海南省高级人民法院
谭中平　重庆市高级人民法院
任　梦　四川省高级人民法院
李丽玲　云南省高级人民法院
石　瑾　云南省昆明市中级人民法院
龙　媛　贵州省高级人民法院
施辉法　贵州省贵阳市中级人民法院
王丽萍　西藏自治区高级人民法院
郑亚非　陕西省高级人民法院
吴　莹　甘肃省高级人民法院
央　措　青海省高级人民法院
康　莹　宁夏回族自治区高级人民法院
马小菊　新疆维吾尔自治区高级人民法院
王　琼　新疆维吾尔自治区高级人民法院生产建设兵团分院

序

党的十八大以来，以习近平同志为核心的党中央高度重视法治在推进国家治理体系和治理能力现代化中的重要作用，党的十九届六中全会通过的《中共中央关于党的百年奋斗重大成就和历史经验的决议》指出，必须坚持中国特色社会主义法治道路，贯彻中国特色社会主义法治理论，坚持依法治国、依法执政、依法行政共同推进，坚持法治国家、法治政府、法治社会一体建设，全面增强全社会尊法学法守法用法意识和能力。人民法院始终坚持以习近平法治思想为指导，把加强司法案例研究作为推进全面依法治国的重要途径，通过发布具有普遍指导意义的典型案例，统一法律适用、提高审判质效，提升司法公信力，努力让人民群众在每一个司法案件中感受到公平正义。《中国法院年度案例》丛书，旨在总结提炼典型案例的裁判规则和裁判方法，发挥司法规范、指导、评价、引领的重要作用，大力弘扬社会主义核心价值观，增强全民法治意识和法治素养，展现新时代我国法治建设新成就。

《中国法院年度案例》丛书自2012年编辑出版以来，已连续出版11年，受到读者广泛好评。近年来，为更加全面地反映我国司法审判执行工作的发展进程，顺应审判执行实践需要，响应读者需求，丛书2014年度新增金融纠纷、行政纠纷、刑事案例3个分册，2015年度将刑事案例调整为刑法总则案例、刑法分则案例2个分册，2016年度新增知识产权纠纷分册，2017年度新增执行案例分册，2018年度将刑事案例扩充为4个分册。自2020年起，丛书由国家法官学院与最高人民法院司法案例研究院共同编辑，每年年初定期出版。在全国各级人民法院的大力支持下，丛书编委会现编辑出版《中国法院2022年度案例》系列丛书，共23册。为助力实施环境资源审判专门化的司法政策，推进生态文明建设与绿色发展，自今年起，丛书将土地纠纷（含林地纠纷）分册改为土地纠纷（含环境资源纠纷）分册。

《中国法院年度案例》丛书以开放务实的态度、简洁明快的风格，在编辑中坚持以下方法，努力把案例书籍变得“好读有用”：一是高度提炼案例内容，控制案例篇幅，每个案例基本在 3000 字以内；二是突出争议焦点，剔除无效信息，尽可能在有限的篇幅内为读者提供有效、有益的信息；三是注重对裁判文书的再加工，大多数案例由案件的主审法官撰写“法官后语”，高度提炼、总结案例的指导价值，力求引发读者思考，为司法工作提供借鉴，为法学研究提供启迪。

《中国法院年度案例》丛书编辑工作坚持以下原则：一是广泛选编案例。国家法官学院和最高人民法院司法案例研究院每年通过各高级人民法院从全国各地法院汇集上一年度审结的典型案例近万件，使该丛书有广泛的精选基础，优中选优，可提供给读者新近发生的全国各地多种类型的典型性案例。二是方便读者检索。为体现以读者为本的宗旨，丛书分卷细化，每卷下还将案例主要根据案由分类编排，每个案例用一句话概括裁判规则、裁判思路或焦点问题作为主标题，让读者一目了然，迅速找到目标案例。

中国法制出版社始终全力支持《中国法院年度案例》丛书的出版，给了作者和编辑们巨大的鼓励。2022 年，丛书将继续提供数据库增值服务。购买本书，扫描前勒口二维码，即可在本年度免费查阅往年同类案例数据库。我们在此谨表谢忱，并希望通过共同努力，逐步完善，做得更好，真正探索出一条编辑案例书籍、挖掘案例价值的新路，更好地服务社会主义法治国家建设、服务法治社会建设、服务学习研究法律的读者。

《中国法院年度案例》丛书既是法官、检察官、律师等法律工作者的办案参考和司法人员培训的实用教材，也是社会大众学法用法的经典案例读本，同时是教学科研机构案例研究的良好系列素材。当然，案例作者和编辑在编写过程中也难以一步到位实现最初的编写愿望，客观上会存在各种不足甚至错误，欢迎读者批评指正。我们愿听取各方建议，不断扩宽深化司法案例研究领域，立足新发展阶段，实现中国特色司法案例研究事业的高质量发展。

国家法官学院

最高人民法院司法案例研究院

2022 年 1 月

目　录

Contents

一、预约合同纠纷

二、确认合同效力纠纷

三、债权人代位权纠纷

四、赠与合同纠纷

五、保证合同纠纷

六、租赁合同纠纷

七、融资租赁合同纠纷

八、承揽合同纠纷

九、建设工程合同纠纷

十、运输合同纠纷

十一、保管合同纠纷

十二、委托合同纠纷

十三、物业服务合同纠纷

十四、中介合同纠纷

十五、合伙合同纠纷

十六、服务合同纠纷

十七、演出合同纠纷

十八、劳务合同纠纷

十九、其他合同纠纷

一、预约合同纠纷

1

契约型合伙合同的成立要件及预约合同的认定

——顾某诉杨某伟合伙合同案

【案件基本信息】

1. 裁判书字号

江苏省无锡市滨湖区人民法院（2020）苏0211民初5084号民事判决书

2. 案由：合伙合同纠纷

3. 当事人

原告（反诉被告）：顾某

被告（反诉原告）：杨某伟

【基本案情】

2020年4月12日，双方约定，如果杨某伟能在一周内生产出90+规格的熔喷布，顾某便与杨某伟合伙生产、签订合伙协议。同日，双方拟定《合伙协议》一份，约定顾某出资50万元，杨某伟以技术、设备出资，合伙比例各占50%，该协议另对出资方式、出资期限、退伙清算等具体事项作出约定，但双方均未在该合伙协议上签字。2020年4月23日，顾某向杨某伟支付14万元，用于采购熔喷布生产设备等，如后期开展合伙，则该14万元算作顾某的出资款。同年 4 月底，杨某伟采购设备开始生产熔喷布，但未能达到要求的标准，顾某遂将前述约定的“一周”期限宽限至一个月，后因产出熔喷布始终未能达到要求的标准，顾某于 2020 年 5 月 11 日向杨某伟表示无法合伙，双方发生纠纷。顾某提起本诉，主张杨某伟返还 14 万元。杨某伟则认为双方已形成合伙关系，顾某支付的 14 万元属于出资，系合伙财产，在合伙关系未解除前，顾某无权主张返还出资款；况且杨某伟采购设备花费 87 万余元，根据合伙协议约定的出资比例，顾某应当承担该费用的 50%，而顾某仅支付了 14 万元，故提起反诉，请求判令顾某继续出资，支付其按出资比例应当承担的设备购置款 29 万余元。

【案件焦点】

1. 顾某、杨某伟之间有无成立合伙关系；2. “若一周内生产出 90+熔喷布则签订合伙协议”的约定是否构成预约合同。

【法院裁判要旨】

江苏省无锡市滨湖区人民法院经审理认为：顾某、杨某伟为合作生产熔喷布，而以合同形式成立的契约型合伙关系，系民事合伙。民事合伙合同原则上应采用书面形式订立，但认定合伙关系是否成立，订立书面合伙合同并不是实质要件，即使没有书面合伙合同，只要双方具备合伙共同出资、共同经营的基本条件，又有口头合伙合同，也可成立合伙关系。然而，本案中顾某与杨某伟之间尚未成立合伙关系，理由如下：首先，顾某、杨某伟并未在《合伙协议》上签字，书面合伙协议尚未成立；其次，之所以顾某支付给杨某伟 14 万元价款购买设备、生产熔喷布，并因未产出 90+熔喷布而停工，是因为“若一周内生产出 90+熔喷布则订立合伙合同”的约定，该约定要求双方在未来一定条件下签订合伙合同，属于具有合伙意向的预约合同，顾某、杨某伟前述行为系履行预约合同，双方未达成口头合伙合同。因此，顾某、杨某伟之间尚未成立合伙关系，而仅就合伙意向形成预约合同关系。经顾某催告，杨某伟仍未在一个月宽限期内产出 90+熔喷布，顾某有权解除预约合同，其向杨某伟明确表示无法合伙，双方预约合同解除。预约合同解除后，顾某向杨某伟支付的 14 万元价款，杨某伟应予以返还，扣除杨某伟已付的 10650 元，仍应返还 129350 元，杨某伟所购设备自行取回。关于杨某伟的反诉诉请，鉴于 90+熔喷布未能产出，根据双方约定，无须再签订合伙合同，双方既无合伙关系，顾某自然无须按比例承担设备采购费。

综上，江苏省无锡市滨湖区人民法院依照《中华人民共和国民法典》第四百九十五条、第九百六十七条之规定，作出如下判决：

一、本诉被告杨某伟立即返还本诉原告顾某价款 129350 元；

二、本诉被告杨某伟自行取回相关设备；

三、驳回本诉原告顾某的其他诉讼请求；

四、驳回反诉原告杨某伟的诉讼请求。

一审宣判后，双方当事人未上诉，现判决已发生法律效力。

【法官后语】

合伙具有组织性、契约性的双重属性。商事领域，合伙企业均具有稳定的组织形式；然而在一般民事活动中，自然人之间大量存在以完成某一特定民事行为或实现特定目的，而以合同形式成立、但不具有稳定组织的契约型合伙，该种合伙属于民事合同关系，《中华人民共和国民法典》将合伙合同新增为典型合同，对契约型合伙合同进行规范，从而与《中华人民共和国合伙企业法》形成对合伙制度的分别调整模式。

合伙合同原则上应当采用书面形式，但对于不具有民事主体地位的契约型合伙合同而言，并非要式合同，是否签订书面合伙合同不是合伙关系成立的实质要件。合伙关系成立的实质要件为当事人对共同出资、共同经营、盈亏承担等重要事项进行明确约定，在没有书面合同的情况下，只要达成口头合同，也可认定成立合伙关系。本案中，虽然案涉协议已对上述重要事项作出约定，但顾某与杨某伟均未签字，书面合伙合同尚未成立。此外，顾某虽向杨某伟支付部分价款，但该行为不可视为顾某履行合伙协议中的主要出资义务、杨某伟予以接受，进而认定双方达成口头合伙合同，原因在于双方明确约定开展合伙的前提条件为“一周内生产出90+熔喷布”，故上述行为只可说明双方为实现合伙条件而各自投入进行生产试验，不得认定双方已达成立口头合伙合同。因此，双方既未签订书面合同，也未达成口头合同，双方合伙合同关系尚未成立。

关于“一周内生产出90+熔喷布则签订合伙合同”的约定能否构成预约合同，《中华人民共和国民法典》第四百九十五条关于预约合同的规定也属新增条款，一种意见认为该条款对预约合同的构成规定为“在将来一定期限内”，而一周内产出90+熔喷布不是“期限”，属于“条件”，因此，该约定不能认定为预约合同，而是双方订立合伙合同时所附生效条件；另一种意见则认为，可对该条款规定的“期限”作扩张解释，当事人约定在将来一定条件下订立合同的意思表示，也可构成预约合同。笔者同意第二种意见，首先，附生效条件的合同是指合同成立后，当所附条件成就时合同生效，当条件不成就时合同不生效，本案中顾某、杨某伟之间的合伙合同关系尚未成立，若一周内生产出90+熔喷布的条件成就，并不当然产生合伙合同生效的法律后果，按照双方约定，此时应当签订合伙协议，合伙关系方成立生效；其次，预约合同与合同所附条件、期限的本质区别在于意思表示不同，预约合同的意思表示旨在对未来签订合同作出安排，而合同所附条件、期限则是双方对已成立的合同效力所作附加约定，顾某、杨某伟约定在条件成就时才签订合伙协议，属于对未来签订合同所作安排，具有预备性，应认定为预约合同，故可对《中华人民共和国民法典》第四百九十五条中的“期限”进行扩张解释。

编写人：江苏省无锡市滨湖区人民法院　杨洋　徐业青

二、确认合同效力纠纷

2

合同通知解除行为效力的认定需审查合同效力及解除权行使人是否享有解除权

——童某明诉甲村村民委员会、乙村村民委员会合同案

【案件基本信息】

1. 裁判书字号

浙江省绍兴市中级人民法院（2020）浙06民终4074号民事裁定书

2. 案由：合同纠纷

3. 当事人

原告（被上诉人）：童某明

被告（上诉人）：甲村村民委员会

被告：乙村村民委员会

【基本案情】

某水库建于20世纪50年代末，原由甲村、乙村、丙村、丁村共有，建成后由各村成立水库管委会进行管理，管委会成员由各村选出代表担任。1999年2月1日，各村立有协议："经讨论决定对丁村享受优惠等等，一次性付清1000元整。今后按比例享受负担，不再翻复立此合同，共五本各村一份。比例：甲

村63%、乙村16%、丙村14%、丁村7%。”2008年12月23日，在各村干部在场的情况下，某水库管委会（甲方）与原告（乙方）签订《某水库承包合同》，约定：“为了更好地发展农村经济，某水库所及的几个村对水库进行了公开的投标承包，乙方在投标中以承包款每年人民币2550元的最高标中标，标的规定了如下条款：（1）承包期20年，自2008年12月30日至2028年12月30日（农历）；（2）承包办法：押金2万元（分20年抵作承包款，每年1000元），押金不计息；（3）承包款为每年2550元，在每年的元月一日前交清，其中1000元在2万元的押金中抵销承包款，其余每年交纳1550元整。”同日，原告向某水库管委会交纳了2万元押金，之后一直使用水库至今。2020年4月13日，两被告向原告发出《关于终止某水库承包合同的通知》，载明：“兹因从前某水库合同存在不规范，截至今日我村尚未收到任何关于该水库的租金，经研究决定：根据2019年3月三资管理规定，此合同做作废处理，应立即终止承包。”原告于2020年4月15日收到上述通知。

【案件焦点】

该通知是否具有解除《某水库承包合同》的效力。

【法院裁判要旨】

浙江省嵊州市人民法院经审理认为：双方当事人在审理过程中均未能提供某水库的权属登记信息或相关查询线索，法院通过水利局等水库管理单位亦未能查得其具体信息，故有关其权属问题以及管委会情况只能根据现有证据判断。某水库自建成以来，一直由各村共同成立水库管委会进行管理，水库管委会刻有自己的印章并遵循自收自支的财务制度，可见，水库管委会在其职能范围内作出的行为可以代表各村的共同意思。本案中，某水库管委会在各村干部在场的情况下与原告签订《某水库承包合同》，原告根据该合同使用水库已有十余年，各村从未提出异议，足以表明各村对水库管委会行为的认可，该合同依法成立并生效，对各村具有约束力。

关于该通知是否具有解除《某水库承包合同》的效力。从两个方面予以评析：

第一，关于解除权的行使主体。《某水库承包合同》系某水库管委会代表各村与原告签订，根据合同相对性原则，各村如需解除合同，也应通过水库管委会作出意思表示，或者经各村讨论形成最终意见后取代水库管委会作出意思表示。本案中，两被告既未通过水库管委会，也未先行与白沙地村讨论即发出解除合同通知，无论是否符合《中华人民共和国物权法》[①] 规定的多数意见，都不能体现各村的共同意思，该解除通知不符合形式要件。

第二，关于解除事由。本案中，两被告提出的解除事由为合同不规范和两被告未收到原告交纳的承包款。合同不规范不属于合同解除事由。关于承包款问题，根据某水库自收自支的财务原则，两被告本非承包款的接收主体，原告没有向其交纳承包款的义务；关于原告是否向水库管委会交纳过承包款，虽然原告未能就其主张的“已交纳 2008 年至 2014 年承包款”这一事实举证证明，但甲村村委会在庭审中同样未明确否认该事实，由于水库管委会账目遗失等问题，该事实目前仍处于真伪不明的状态，而 2015 年后的承包款，甲村村委会虽称曾多次向原告催讨，但直至第二次庭审仍不能明确回答该款应该向谁交纳的问题，可见本案迟延交款问题并不能完全归因于原告。况且，原告在签订承包合同时交有 2 万元押金，水库管委会可视情况以此抵充承包款，庭审中，原告又明确表示无论之前的承包款是否已经交纳，其均愿意再行交纳一次，并将 2015 年至今的承包款一并付清，可见其迟延付款之行为并非不可补救。综上所述，本案未达到《中华人民共和国合同法》第九十四条规定的各项合同解除条件。

浙江省嵊州市人民法院依照《中华人民共和国合同法》第九十六条，《最

① 《中华人民共和国民法典》于 2021 年 1 月 1 日起实施，《中华人民共和国合同法》《中华人民共和国民法总则》等同时废止。本书收录的部分案例裁判于《中华人民共和国民法典》生效前，适用的是当时有效的法律规定，下文将不再对此进行提示。

高人民法院关于适用〈中华人民共和国合同法〉若干问题的解释（二）》[①] 第二十四条，《中华人民共和国民事诉讼法》[②] 第一百四十四条之规定，作出如下判决：

甲村村民委员会和乙村村民委员会于 2020 年 4 月 13 日发出的《关于终止某水库承包合同的通知》不产生解除《某水库承包合同》的效力。

甲村村民委员会不服，提起上诉。但未在指定的期限内交纳上诉费，浙江省绍兴市中级人民法院依照《中华人民共和国民事诉讼法》第一百五十四条第一款第十一项、《最高人民法院关于适用〈中华人民共和国民事诉讼法〉的解释》第三百二十条之规定，作出如下裁定：

按上诉人甲村村民委员会自动撤回上诉处理。

【法官后语】

本案涉及的《某水库承包合同》系由甲方某水库管委会、乙方本案原告，丙方各村村委三方签订，水库（山塘）由各村按份共有。三方签订《某水库承包合同》之时该合同已经成立。合同是否生效需要确定合同是否合法、是否受法律保护。集体所有的土地承包行为受《中华人民共和国土地承包法》调整，该法第二十条规定："土地承包应当按照以下程序进行：（一）本集体经济组织成员的村民会议选举产生承包工作小组；（二）承包工作小组依照法律、法规的规定拟订并公布承包方案；（三）依法召开本集体经济组织成员的村民会议，讨论通过承包方案；（四）公开组织实施承包方案；（五）签订承包合同。"第十九条第三项规定："承包方案应当按照本法第十三条的规定，依法经本集体经济组织成员的村民会议三分之二以上成员或者三分之二以上村民代表的同

---

① 配合《中华人民共和国民法典》的施行，最高人民法院对大量司法解释进行了修正。本书收录的部分案例裁判于相关司法解释修正之前，适用的是当时有效的司法解释。下文将不再对此进行提示。

② 《中华人民共和国民事诉讼法》已经 2021 年 12 月 24 日修改，于 2022 年 1 月 1 日实施。本书收录案例均裁判于该法修改之前，适用的是当时有效的条文，下文将不再对此进行提示。

意。”第十三条规定：“农民集体所有的土地依法属于村农民集体所有的，由村集体经济组织或者村民委员会发包；已经分别属于村内两个以上农村集体经济组织的农民集体所有的，由村内各该农村集体经济组织或者村民小组发包。村集体经济组织或者村民委员会发包的，不得改变村内各集体经济组织农民集体所有的土地的所有权。”《中华人民共和国物权法》第九十七条规定：“处分共有的不动产或者动产以及对共有的不动产或者动产作重大修缮的，应当经占份额三分之二以上的按份共有人或者全体共同共有人同意，但共有人之间另有约定的除外。”参照《中华人民共和国土地承包法》第十三条规定，本案涉及的水库系分别属于两个以上农村集体按份共同所有，应当由各村集体经济组织或村民委员会作为发包人。《某水库承包合同》系由甲方水库管委会、乙方本案原告，丙方各村村委三方签订，原告根据该合同使用水库已有十余年，各村集体经济组织或村民委员会未对水库的承包情况提出异议，足以表明各村对承包情况及水库管委会的行为的认可。《中华人民共和国合同法》第四十四条规定：“依法成立的合同，自成立时生效。法律、行政法规规定应当办理批准、登记等手续生效的，依照其规定。”《中华人民共和国土地承包法》第二十三条规定：“承包合同自成立之日起生效。承包方自承包合同生效时取得土地承包经营权。”依照该法的规定，承包合同的生效无须经过特别的批准、登记程序。故《某水库承包合同》依法成立并生效，对各方当事人具有法律约束力。

在确定合同有效的前提下，通知解除的行为效力认定：

第一，需审查通知解除行为提出人需为合同当事人，当相对方对合同解除有异议，一方当事人请求确认解除合同行为的效力时，《中华人民共和国合同法》第九十六条第一款规定：“当事人一方依照本法第九十三条第二款、第九十四条的规定主张解除合同的，应当通知对方。合同自通知到达对方时解除。对方有异议的，可以请求人民法院或者仲裁机构确认解除合同的效力。”《合同法》第九十三条第二款对约定解除进行规定：“当事人可以约定一方解除合同的条件。解除合同的条件成就时，解除权人可以解除合同。”《中华人民共和国合同法》第九十四条对法定解除进行规定："有下列情形之一的，当事人可以解除合同：(一）因不可抗力致使不能实现合同目的；(二）在履行期限届满之前，当事人一方明确表示或者以自己的行为表明不履行主要债务；(三）当事人一方迟延履行主要债务，经催告后在合理期限内仍未履行；(四）当事人一方迟延履行债务或者有其他违约行为致使不能实现合同目的；(五）法律规定的其他情形。"2021 年 1 月 1 日开始实施的《中华人民共和国民法典》对合同法定解除新增了第五百六十三条："以持续履行的债务为内容的不定期合同，当事人可以随时解除合同，但是应当在合理期限之前通知对方。"故依据法律的文义解释，当事人应当为合同的当事人，即对合同享有解除权的当事人。

第二，解除权的行使需要符合解除合同的构成要件：(1）当事人有解除合同的明确的意思表示；(2）以明示的方式作出；(3）该通知到达合同相对方。解除权行使符合构成条件的，一经行使即发生效力。解除权行使不符合构成要件的，解除权效力不发生。

编写人：浙江省嵊州市人民法院　王伊文

3

公司股东对外签订合同的效力认定

——标识制作中心诉商业发展公司等合同案

【案件基本信息】

1. 裁判书字号

湖北省鄂州市中级人民法院（2020）鄂 07 民终 400 号民事判决书

2. 案由：合同纠纷

3. 当事人

原告（被上诉人）：标识制作中心

被告（上诉人）：商业发展公司

被告：周某、肖某

【基本案情】

2016年起，标识制作中心与商业发展公司发生广告标识、标牌制作业务。2018年3月18日，标识制作中心出具一份《标识广告制作合同书》，在合同书将其与商业发展公司未结算清的工程造价以及已付工程款作出列举，最终确定，从2016年10月19日至2018年2月8日，工程总计金额111469元，扣减已支付款项，余款94671元未付；并约定应在工地安装验收后的30个工作日内结清，逾期按所拖欠金额的千分之三支付违约金。肖某在商业发展公司代表人处签名。

2018年5月21日，商业发展公司在另案审理期间，提供了一份由专业房地产评估咨询公司作出的房地产咨询报告作为证据，拟证实商业发展公司在租赁房屋后投资1225万元的事实，周某、肖某作为公司股东已履行了出资义务。经调取该房地产咨询报告的制作依据，其中一份评估依据即为2018年3月18日由肖某与标识制作中心签订的《标识广告制作合同书》。

周某与肖某系夫妻关系。商业发展公司成立于2012年11月16日，原名为电器公司，2015年4月13日更名为商贸公司，2016年5月18日更名为商业发展公司，公司类型为有限责任公司（自然人投资或控股），公司股东肖某、周某，原始登记注册资本100万元。2012年11月16日，专业会计师事务所出具的验资报告载明“截至2012年11月16日止，贵公司（筹）已收到全体股东缴纳的注册资本（实收资本）合计人民币100万元。全体股东以货币出资100万元，出资金额占注册资本的比例为100%”。验资报告附两张进账单，时间均为2012年11月16日，周某汇款70万元至电器公司，肖某汇款30万元至电器公司。2012年11月20日，电器公司上述账户转出100万元至周某账户。

【案件焦点】

如何认定肖某与标识制作中心签订的《标识广告制作合同书》效力。

【法院裁判要旨】

湖北省鄂州市鄂城区人民法院经审理认为：商业发展公司虽系自然人投资或控股的公司，肖某与周某是夫妻关系，但该公司仍为有限责任公司，适用《中华人民共和国公司法》的相关规定；商业发展公司涉及多起民事案件，在这些案件中均无证据证实肖某在公司里担任何种职务，亦无证据证实肖某参与公司管理或经营，肖某虽为公司股东，但其无代表公司签订合同的代理权限。根据《中华人民共和国民法总则》第一百七十一条“行为人没有代理权、超越代理权或者代理权终止后，仍然实施代理行为，未经被代理人追认的，对被代理人不发生效力”的规定，故涉案合同是否有效，应审查商业发展公司是否对肖某签订合同的行为进行了追认。在商业发展公司、周某、肖某另案中，商业发展公司作为证据提供的咨询报告中包含《标识广告制作合同书》，该份咨询报告系评估咨询公司接受商业发展公司委托并提供制作依据所作出的，由此应视为商业发展公司对肖某代表公司签订《标识广告制作合同书》行为的追认，故该合同对商业发展公司具有约束力，商业发展公司应按合同约定履行义务。

湖北省鄂州市鄂城区人民法院依照《中华人民共和国民法总则》第一百七十一条第一款，《中华人民共和国合同法》第四十四条、第六十条、第一百零七条、第一百零九条、第一百一十四条第一款等规定，作出如下判决：

一、商业发展公司于本判决生效之日起十五日内向标识制作中心支付货款 94671 元；

二、周某、肖某在商业发展公司不能清偿上述款项的范围内承担补充赔偿责任；

三、驳回标识制作中心其他的诉讼请求。

商业发展公司不服一审判决，提出上诉。

湖北省鄂州市中级人民法院经审理认为：肖某虽然非商业发展公司的法定代表人，但其系该公司的股东之一，而该公司只有两名股东，且为夫妻关系，即周某与肖某，标识制作中心有一定的理由相信肖某具有代表商业发展公司签订合同的权限。周某在标识制作中心提供的两份标识制作清单上签字，说明周某作为商业发展公司的法定代表人对该广告标识工程是明知且认可的。在房地产公司诉商业发展公司、周某、肖某租赁合同纠纷一案中，专业房地产评估咨询公司依据商业发展公司的委托作出的房地产咨询报告，而该报告作为证据，拟证实商业发展公司在租赁房屋后投资1225万元的事实，该数额组成中的一项内容包含2018年3月18日由肖某与标识制作中心签订的《标识广告制作合同书》的合同金额。故应认定商业发展公司对肖某代表公司签订《标识广告制作合同书》行为予以追认，该合同成立。

湖北省鄂州市中级人民法院依照《中华人民共和国民事诉讼法》第一百七十条第一款一项之规定，作出如下判决：

驳回上诉，维持原判。

【法官后语】

公司是具有独立权利能力和独立行为能力的法人组织，公司成立后便与股东从人格上分离了，具有独立的主体地位，一般只有法定代表人可以对外代表公司，股东不可以代表公司，股东以公司名义对外签订合同并签署自己名字的行为一般属于无权代理行为。而无权代理行为是否有效，一般情况下需要考虑公司是否追认，在公司作出意思表示对合同进行的认可，则合同有效，本案中股东肖某没有在公司任何职务从事公司管理活动，亦未提供公司的授权委托材料证明其有权代表公司对外签订合同，在公司没有追认前，该合同属于效力待定的合同，商业发展公司虽未明确表示追认该合同效力，但其知情该合同存在并将其作为己方投资的证据材料在另案中主张权利，在事实上已经认可该合同，并已实际履行，商业发展公司法定代表人周某亦与承包方沟通交流广告制作事宜，商业发展公司在事实上已对该合同效力予以追认。

此外，在认定合同效力过程中，除公司追认行为外，还需考虑相对人是否善意，而在司法审判中正确区分合同相对方是否为善意相对人，应当结合所涉及的事项是否为公司重大事项，如对公司基本组织结构或者对公司影响较大的借贷、担保等外交事项，这就要求合同相对人要承担更重的注意义务，对于商人适用无过失原则，推定有一般过失就不构成善意；对于非商人，由于其无法判断公司内部决策权限配置及复杂的决策机制，其注意义务较低，适用重大过失原则，一般情况下推定其不知情，构成善意。而在一般事项中，不管是商人还是非商人，都因相对人难以获悉公司内部权力机构的临时性、非公开性的决策，可以推定一般情况下皆不知情，都构成善意。

在相对人善意的情况下，为保护善意相对人的合法权益，无论代表公司签订合同的人员是否系有代理权限，公司都应当为代理人签署合同的行为承担责任。设计代理制度，是为了尊重当事人意志，保护本人利益，但若只考虑一方当事人利益，而忽视第三人利益，则违背了公平原则。表见代理制度，则考虑到第三人利益，维护了交易安全。因此，对于被代理人行为与行为人间存在特殊联系或者有授权表象的情形时，承认表见代理，是将个人静的安全与社会动的安全协调起来，保障商事活动有序进展，维护社会秩序稳定性，促进社会主义市场经济的可持续发展。

编写人：湖北省鄂州市中级人民法院　金燕玲

4

电子合同的效力认定

——信息科技公司诉文化传播公司、贺某晨合同案

【案件基本信息】

1. 裁判书字号

江苏省无锡市惠山区人民法院（2020）苏 0206 民初 3431 号民事判决书

2. 案由：合同纠纷

3. 当事人

原告：信息科技公司

被告：文化传播公司、贺某晨

【基本案情】

信息科技公司与文化传播公司分别于2018年6月15日签订在某网络销售平台的《店铺转让合同》，于2019年1月17日签订《店铺转让合同之解除协议》，双方一致同意解除《店铺转让合同》，并约定由文化传播公司于2019年6月30日前归还信息科技公司30万元店铺转让费用，但文化传播公司未按期足额支付还款。贺某晨系文化传播公司的股东及法定代表人，并在2019年1月17日签订的《店铺转让合同之解除协议》上作为连带责任保证人签字，故贺某晨应对文化传播公司的上述付款义务承担连带清偿责任。信息科技公司多次催讨未果，故成诉。

【案件焦点】

案涉电子合同是否合法有效。

【法院裁判要旨】

江苏省无锡市惠山区人民法院经审理认为：信息科技公司与文化传播公司签订的解除协议，系双方当事人协商一致的真实意思表示，不违反法律和行政法规的强制性规定，合法有效。根据双方签订的解除协议，文化传播公司应在2019年6月30日前无息退还店铺转让款30万元，文化传播公司未按照协议约定按期足额履行还款义务，已构成违约，应承担相应违约责任。信息科技公司要求文化传播公司立即归还30万元店铺转让款，并承担逾期付款违约金，合法有据，法院予以支持。因文化传播公司违约导致信息科技公司采取诉讼方式实现权利的，文化传播公司应承担信息科技公司为实现权利所产生的一切费用。但因信息科技公司未明确保全担保费的具体金额，也未提供保全担保费的支付凭证和相应票据，故信息科技公司要求文化传播公司承担保全担保费的诉讼请求，法院不予支持。贺某晨在解除协议中作为连带保证责任人进行签字，应对文化传播公司的上述所有付款义务承担连带清偿责任。贺某晨承担保证责任后，有权向文化传播公司追偿。

综上，江苏省无锡市惠山区人民法院依照《中华人民共和国合同法》第六十七条、第一百零七条、第一百零九条、第一百一十四条，《中华人民共和国担保法》第十八条、第二十一条、第三十一条，《中华人民共和国民事诉讼法》第一百四十四条，《最高人民法院关于适用〈中华人民共和国担保法〉若干问题的解释》第四十二条，《最高人民法院关于适用〈中华人民共和国民事诉讼法〉的解释》第九十条之规定，作出如下判决：

一、文化传播公司于本判决生效后10日内支付信息科技公司款项30万元及逾期付款违约金；

二、贺某晨对上述本判决第一项确定的文化传播公司的付款义务承担连带清偿责任。贺某晨承担保证责任后，有权向文化传播公司追偿；

三、驳回信息科技公司的其他诉讼请求。

一审宣判后，当事人未上诉，现判决已发生法律效力。

【法官后语】

本案中的关键证据为文化传播公司和信息科技公司签订的电子合同《店铺转让合同之解除协议》，该协议系通过上上签电子平台签订，由电子平台进行下载打印，协议上加盖的均为电子公章，保证人处贺某晨的签名亦为电子签名。有别于传统的书面合同形式，电子合同的效力认定问题值得深入探究。

1. 电子合同的定义

《中华人民共和国合同法》规定，合同是平等主体的自然人、法人、其他组织之间设立、变更、终止民事权利义务关系的协议。对合同的形式也作了相应规定，当事人订立合同可以采用书面形式、口头形式和其他形式。电子合同即通过互联网利用数据交换的方式所签订的合同。因此，电子合同作为签订合同的一种新形式，也应纳入该法的规则范围。

2021年1月1日起施行的《中华人民共和国民法典》第四百六十九条规定："当事人订立合同，可以采用书面形式、口头形式或者其他形式。书面形式是合同书、信件、电报、电传、传真等可以有形地表现所载内容的形式。以电子数据交换、电子邮件等方式能够有形地表现所载内容，并可以随时调取查用的数据电文，视为书面形式。”

尽管电子合同也被视为书面形式，其与传统书面合同在多个方面存在区别。一是签订环境的虚拟性，区别于传统合同当面签订的形式，电子合同是协议双方通过网络虚拟空间协商并签订合同的，互相信任的基础是依靠第三方服务平台的身份认证。二是内容载体的数字性，传统合同形式是将合同内容打印于纸质介质上，而电子合同采用数字化和非纸质化的方式，将内容存储在计算机系统或者其他中介载体中。三是签名方式的特殊性。电子合同因是在虚拟空间操作的，无须签约人亲笔签名盖章，只需通过网络加盖存储在计算机中的电子公章或在网络上进行电子签名即可。鉴于电子合同的以上特性，在实践中如何识别电子合同签订主体的身份、如何确保合同内容的完整性、如何辨别签章的真实性均是证据认定时的重点问题。

2. 电子合同的效力

合同有效需满足下列条件：一是合同当事人具有相应的民事权利能力和民事行为能力；二是合同当事人意思表示真实；三是合同不违反法律或者社会公共利益；四是具备法律、行政法规规定的合同生效具备的形式要件。电子合同作为合同的一种特殊形式，若认定为有效也必须满足以上条件。

笔者通过对多个电子签约平台的实践，总结出了电子合同签约通常的流程。首先，订立电子合同应当借助正规的第三方平台。因为第三方平台与合同签订的双方均不存在利益关系，能够确保电子合同在双方签署完成后不被某一方当事人或其他利益相关人所任意篡改，且第三方平台保存电子合同的手段较为专业，保存的时间较长。目前，云平台普遍采用的方式便是将双方或多方已经签署的电子合同存入一个载体，该载体用以存证的证明力在实践中也已经得到了法院判决的明确认可。其次，订立电子合同的当事人需要在第三方签约平台进行实名注册和身份验证，身份验证要求合同的签订主体向网络中上传自己的身份资料，以便核验身份。其目的是判断订立电子合同的当事人是否具备相应的民事行为能力。再次，缔约双方在订立电子合同前，应当借助网络进行充分的商谈，协商一致后通过签约平台拟定合同，并确认合同的内容与双方商谈的结果是否一致，确认无误后加盖电子公章或签署电子签名。签订合同时要注意检查对方的签名是否属于可靠的签名。最后，在合同签署完成后，要对合同进行备份并及时下载保存。

本案中，文化传播公司和信息科技公司签订的《店铺转让合同之解除协议》系通过上上签电子平台签订。关于合同主体的身份认定，签约当事人签约前需在电子平台验证企业信息，确保双方具有民事权利能力和民事行为能力。关于合同内容完整性的认定，电子平台采用多种数据加密方式进行数据的存储和传输，同时与多地公证处进行合作，对每一次签约过程进行实时公证。关于签章的真实性，签约双方需在电子平台预留电子公章样式，企业利用电子平台签约时可以利用预留的电子公章进行加盖。自然人也可以通过电子平台进行在线签名。《中华人民共和国电子签名法》第十五条规定："可靠的电子签名与手写签名或者盖章具有同等的法律效力。"通过对《店铺转让合同之解除协议》原始载体的核对，认定该份协议确系文化传播公司和信息科技公司签订，双方意思表示真实，协议内容完整未经篡改，且文化传播公司加盖了预留的电子公章，保证人贺某晨签署了电子签名，故认定该份协议合法有效。

随着电子商务的发展，电子合同已成为人们生活中不可或缺的存在。电子合同给生产生活带来了极大便利，但其订立过程中的法律风险问题诸多。在司法实践中，如何更好地规范电子合同行为，如何对电子合同作为证据形式进行依法认定，值得审判工作者们深入研究。

编写人：江苏省无锡市惠山区人民法院　浦湖焉　左月婷

5

宅基地买卖合同效力问题

——林某法、占某爱诉苏某平等确认合同无效案

【案件基本信息】

1. 裁判书字号

浙江省丽水市中级人民法院（2020）浙11民终1059号民事判决书

2. 案由：确认合同无效纠纷

3. 当事人

原告（上诉人）：林某法、占某爱

被告（被上诉人）：苏某平、丁某天、丁某笑

【基本案情】

原告原有旧房一幢，占地面积133.4平方米。在2001年7月，原告报政府审批进行拆建，同年8月经审批同意拆建120平方米。2005年1月，被告得知原告准备将取得的120平方米的宅基地转让，即与原告联系。同年2月1日，原告与被告经协商，签订了一份《宅基地使用权有偿转让协议书》。协议约定原告将案涉宅基地使用权，占地面积为120平方米，有偿转让给被告苏某平及其丈夫丁某芳。苏某平、丁某芳支付转让费3.6万元整。后苏某平、丁某芳出资建造了四层半房屋。丁某芳于2010年10月4日去世。丁某芳父母先于其去世。丁某芳有子女四名，分别为丁某天、丁某笑、丁某神、丁某钧。丁某神、丁某钧表示放弃其实体权利。2020年9月8日，被告苏某平户口由该县某路27号迁至该县某乡某村109号（即案涉宅基地所在村）。另查明，2020年9月7日，苏某平与该村村民陈某兴缔结婚姻关系。村民委员会

出具证明，证实陈某兴与苏某平系夫妻关系，是该村集体经济组织第四组成员。

【案件焦点】

1.《宅基地使用权有偿转让协议书》是否有效；2. 若无效，合同无效情形是否得到补正。

【法院裁判要旨】

浙江省丽水市缙云县人民法院经审理认为：宅基地使用权是农村集体经济组织成员享有的建造自有房屋而对集体所有土地的占有和使用的权利，其享有主体只能是农村集体经济组织成员。宅基地使用权主体的特定性与取得的受限性，决定宅基地使用权不得转让集体经济组织以外人员。本案被告苏某平在宅基地转让时虽系宅基地所在集体经济组织以外人员，但在一审辩论终结前已取得该集体经济组织成员资格，合同不应再认定为无效。且本案房屋买卖发生在十几年前，现原告诉请要求确认合同无效的行为违背了诚实信用原则，与法律精神相悖。因此，2005年2月1日签订的《宅基地使用权有偿转让协议书》有效。

综上所述，浙江省丽水市缙云县人民法院依照《中华人民共和国土地管理法》第九条、《中华人民共和国合同法》第四十四条第二款的规定，作出如下判决：

驳回原告林某法、占某爱全部的诉讼请求。

林某法、占某爱不服一审判决，提起上诉。

浙江省丽水市中级人民法院经审理认为：村民委员会作为基层群众性自治组织，享有自我管理、自我教育、自我服务的权利。而对村集体经济事务的自我管理，包括对村集体经济收益的处分、使用、决定权。农村集体经济组织成员资格的确定本质上是一种处分集体经济所得收益的行为，属于村民自我管理的一项重要内容，村民委员会出具的证明具有确认集体经济组织成员资格的作用。该县村民委员会出具证明认可苏某平具有该村集体经济组织成员资格，故苏某平应当享有该村集体经济组织成员所享有的如宅基地使用权等成员权利。苏某平与林某法十余年前买卖宅基地使用权的主体瑕疵因苏某平取得村集体经济组织成员资格而得以补正，案涉《宅基地使用权有偿转让协议书》应当认定有效。

浙江省丽水市中级人民法院依照《中华人民共和国民事诉讼法》第一百七十条第一款第一项之规定，作出如下判决：

驳回上诉，维持原判。

【法官后语】

宅基地使用权是农村集体经济组织成员享有的建造自有房屋而对集体所有土地的占有和使用的权利，其享有主体只能是农村集体经济组织成员。宅基地使用权主体的特定性与取得的受限性，决定宅基地使用权不得转让集体经济组织以外人员。

那么，如何确定宅基地房屋买卖合同是否有效呢？

首先，在国家确定的宅基地制度改革试点地区，可以按照国家政策及相关指导意见处理宅基地使用权因抵押担保、转让而产生的纠纷。在非试点地区，农民将其宅基地上的房屋出售给本集体经济组织以外的个人，该房屋买卖合同认定为无效。合同无效后，买受人请求返还购房款及其利息，以及请求赔偿翻建或者改建成本的，应当综合考虑当事人过错等因素予以确定。因此，宅基地房屋买卖合同是否有效，一定要看试点地区还是非试点地区。

其次，买卖双方属于同一集体组织成员的，因不违反《中华人民共和国土地管理法》中宅基地由农民集体所有的规定，对集体经济组织利益没有侵害，因此房屋买卖协议应认定为有效。买卖双方不属于同一集体，根据《中华人民共和国土地管理法》第六十二条的规定，农村村民一户只能拥有一处宅基地，农村村民出卖、出租、赠与住宅后，再申请宅基地的，不予批准。因此，农村私有房屋买卖后，出卖人将成为失地农民，不利于保护农民的利益，故根据现行法律规定，应认定买卖合同无效。但在无效后的处理上，应综合权衡买卖双方的利益，尤其是出卖人土地升值或征收补偿所获利益，以及买受人因房屋现值和原买卖价格的差异造成的损失，妥善处理房屋的返还与补偿问题。

本案苏某平在宅基地转让时虽系宅基地所在集体经济组织以外人员，但认定合同无效的关键在于，苏某平在一审辩论终结前已取得该集体经济组织成员资格，买卖双方属于同一集体组织成员，因此房屋买卖协议应认定为有效。

编写人：浙江省丽水市缙云县人民法院　吕佩聪　林跃

6

农村土地承包合同的效力审查标准

——某屯诉贸易公司确认合同无效案

【案件基本信息】

1. 裁判书字号

广西壮族自治区柳州市中级人民法院（2020）桂02民终4093号民事判决书

2. 案由：确认合同无效纠纷

3. 当事人

原告（上诉人）：某屯

被告（被上诉人）：贸易公司

第三人（被上诉人）：建材公司

【基本案情】

2017年4月，某屯与贸易公司签订《流转合同》，合同约定该屯将本屯某地整体承包（流转）给贸易公司从事开采石灰岩投资生产经营使用。该合同落款处有该屯屯长、副屯长签名并加盖屯印章，合同签订后该屯向该贸易公司交付涉案土地，后该贸易公司将涉案土地转包给建材公司开采石灰岩，该建材公司获得采矿的相关行政审批手续后，为采石场项目投入大量资金用于购置采矿设备和进行基建建设。后该屯换届，另选他人为该屯屯长。

另查明，该屯有37户，案涉《流转合同》签订时包括该屯屯长、副屯长在内有25人在合同上签名，其中包括该屯屯长、副屯长在内的15人的签名系本人所签，其余签名非本人所签。时任村主任莫某某代表该村村委作为见证人在合同上批注“以上情况属实”并加盖村委公章。

2020年该屯以合同未经本集体经济组织成员的村民会议三分之二成员或三分之二以上代表的同意，违反法律强制性规定为由，向法院提起诉讼，提出请求确认该《流转合同》无效等在内的各项诉请。

【案件焦点】

涉案《流转合同》是否合法有效。

【法院裁判要旨】

广西壮族自治区融安县人民法院经审理认为：其一，虽然《流转合同》签订时该屯屯长、副屯长没有召开村民会议并经2/3以上成员或2/3以上村民代表的同意，但合同上有部分村民签名、村委干部批注加盖公章，故该屯村民对涉案土地发包情况是知情的，其现在来主张合同无效，不利于市场交易安全；其二，现行法律也没有明文规定违反“召开村民会议并经2/3以上成员或2/3以上村民代表的同意”的土地承包合同无效，如有，亦仅系违反管理性规定而非效力性强制规定；其三，继续履行《流转合同》也没有损害国家和社会公共利益；其四，基于时任屯长、副屯长的法律地位，该《流转合同》签订时其对内应保证《流转合同》已经过民主议定程序，此为其基于诚实信用原则而负担的缔约义务，不因村屯委换届人员变动而有所改变。

广西壮族自治区融安县人民法院依照《中华人民共和国民法通则》第四条，《中华人民共和国合同法》第六条、第五十二条第五项，《最高人民法院关于适用〈中华人民共和国合同法〉若干问题解释（二）》第十四条的规定，作出如下判决：

驳回该屯的全部诉讼请求。

该屯不服一审判决，提出上诉。

广西壮族自治区柳州市中级人民法院经审理认为：首先，案涉合同签订时，虽然所签字的 25 人中有部分人员并非其本人签名，但该合同上包括时任屯长、副屯长在内的 15 人签名系本人所签，但时任村主任莫某某代表该村村委作为见证人在合同上批注“以上情况属实”并加盖村委公章，可见该屯村民对涉案土地发包情况知情；其次，该屯时任屯长、副屯长，负有管理本屯集体所有的土地和其他财产的职责，并负有向村民会议报告的义务，基于屯长、副屯长的身份，签订案涉《流转合同》时对内应保证《流转合同》已经过民主议定程序，作为合同相对方的某贸易公司对案涉《流转合同》负有的是形式上的审查义务，在案涉《流转合同》签订时该屯有 37 户，而该合同中签字人员达 25 人，形式上已经达到了 2/3（25/37=67.57%），故泰岩公司已尽到了审查义务；最后，该贸易公司得到土地后转包给建材公司开采石灰岩，建材公司已经获得相应行政部门的行政审批手续并投入了大量资金用于购置采矿设备和进行基建建设，现该屯主张《流转合同》无效，亦不利于市场交易安全。综上，二审法院认为一审法院认定案涉合同有效合同的结果正确，应予以维持。

广西壮族自治区柳州市中级人民法院依照《中华人民共和国民事诉讼法》第一百七十条第一款第一项之规定，作出如下判决：

驳回上诉，维持原判。

【法官后语】

司法实践中，存在村集体经济组织将涉及集体土地用益物权，如对外发包、租赁给村外人并签订相应合同后，村集体又以签订合同时未经民主议定程序直接导致合同无效为由提起确认合同无效诉讼，以上纠纷多发生于村集体组织干部换届后；在《中华人民共和国民法典》实施前，村集体诉请的内在法条逻辑为：《中华人民共和国物权法》第五十九条明确规定了土地承包方案以及土地发包给本集体意外的组织或个人承包应当依照法定程序经本集体成员决定。而《中华人民共和国农村土地承包法》第四十八条、《中华人民共和国村民委员会组织法》第二十四条均规定应当经过民主议定程序，即“事先经本集体经济组织成员的村民会议三分之二以上成员或者三分之二以上村民代表的同意”，故未经民主议定程序违反法律的强制性规定，应当依据《中华人民共和国合同法》第五十二条的规定认定合同无效。

因对规定民主议定程序的相应条款属于管理性强制性规定还是效力性强制性规定应认定不同而分别产生合同有效和合同无效两种观点。持合同有效观点的主要认为民主议定属于内部程序，不应影响外部法律行为效力，认定合同有效更符合市场交易安全及诚实信用原则。而持合同无效观点的主要认为从价值取向说，在涉及村集体土地用益物权、土地承包经营权、土地租赁、流转等问题时，每个方案均涉及每一个村民的切身利益，由村民会议讨论符合国家宏观土地政策，亦能保障村民自治组织中关于村民选举、监督、决定等民主权利。一旦认定合同有效，极有可能使得法律关系重要事项经民主议定程序的规定最终流于形式，大大增强了从根本上损害村集体成员利益的可能。还有第三种观点则认为村集体经济组织将土地发包给村外人承包若未经村民会议三分之二以上成员或三分之二以上村民代表同意属于无权处分，应认定为效力待定的合同，在一审辩论结束以前得到村民会议或村民代表会议同意，可以补正其效力，应当认定承包合同有效，该观点刊登于《最高人民法院民事审判指导与参考》总第61辑。

《中华人民共和国民法典》实施后，从《中华人民共和国民法典》第一百五十三条的但书部分的规定看，仍坚持区分管理性强制性规定还是效力性强制性规定确认合同效力。《最高人民法院关于适用〈中华人民共和国民法典〉有关担保制度的解释》第五条第二款规定：“居民委员会、村民委员会提供担保的，人民法院应当认定担保合同无效，但是依法代行村集体经济组织职能的村民委员会，依照村民委员会组织法规定的讨论决定程序对外提供担保的除外。”从该条款中可知，《中华人民共和国村民委员会组织法》第二十四条中的民主议定程序属于效力性强制性规定，若未符合相关议定程序，则应认定为担保合同无效。

笔者认为，合同相对人的审查义务范围应依据合同签订情况分情况处理。审判过程中发现主要在作为合同相对方的村集体落款部分主要存在三种情况：一为直接由部分村民签字确认，且该部分村民签字数量已经达到2/3以上成员或者2/3以上村民代表的标准；二为直接由部分村民签字确认，但该部分村民签字数量未达到2/3以上成员或者2/3以上村民代表的标准；三为村民委员会代表，主要为村集体干部代村民进行签字确认，并加盖村集体签章。

在第一种情况下，合同相对方已尽到形式上的审查义务，符合善意第三人标准，应认定合同有效；在第二种情况下，合同相对方未尽到形式上的审查义务，应当类推适用《最高人民法院关于适用〈中华人民共和国民法典〉有关担保制度的解释》第五条第二款的规定，认定《中华人民共和国村民委员会组织法》第二十四条中的民主议定程序属于效力性强制性规定而认定合同无效；在第三种情况下，应当让村集体签约代表出示其具备代表村集体签约的授权手续、民主议定程序的相应会议记录或经2/3以上成员或者2/3以上村民代表确认的书面材料，否则也应当认定合同相对方未尽到审查义务，应认定合同无效。

编写人：广西壮族自治区柳州市中级人民法院　余深　黄麟茜

三、债权人代位权纠纷

7

"径行支付"类判决与《中华人民共和国民法典》代位权制度的融合

——某医院诉冷某林、律师事务所医疗服务合同案

【案件基本信息】

1. 裁判书字号

广东省惠州市中级人民法院(2020)粤13民终3222号民事判决书

2. 案由:医疗服务合同纠纷

3. 当事人

原告(上诉人):某医院(有限合伙)

被告(被上诉人):冷某林、律师事务所

【基本案情】

2016年5月11日06时55分许,冷某林乘坐案外人曹某山驾驶的一辆二轮摩托车发生机动车交通事故受伤后,于当日进入某医院住院治疗至2017年5月10日,共住院365天,其间产生医疗费450523元。出院时,被告冷某林欠付医疗费425389元。2017年,被告冷某林就2016年5月11日的交通事故赔偿向深圳市龙岗区人民法院提起诉讼,要求曹某山、某花木场等赔偿各项损失,但对

于医疗费部分，冷某林仅主张了其自行支付的 20134 元，对于欠付的 425389 元，冷某林主张由曹某山等向某医院支付。某医院作为第三人参加诉讼。2018 年 4 月 20 日，深圳市龙岗区人民法院作出（2017）粤 0307 民初 20181 号民事判决书，该判决认为：为避免讼累，确定冷某林欠付的医疗费 425389 元应由事故各方按照责任比例迳付给第三人某医院，曹某山应承担 70%即 297772.3 元，花木场应承担 30%即 127616.7 元。判决第五、六判项为："五、曹某山限于本判决生效之日起三日内，支付某医院医疗费 297772.3 元。六、花木场、张某国限于本判决生效之日起三日内，支付某医院医疗费 127616.7 元。"该判决已于 2018 年 8 月 21 日生效。判决生效后，花木场履行了判决，曹某山经执行程序未有财产可供执行。

另外，某医院与律师事务所于 2016 年 6 月 23 日签订一份《担保协议书》，约定律师事务所自愿为冷某林住院期间所产生拖欠的医疗费进行担保，保证方式为连带责任保证；担保范围包括主债权、实现债权的费用；保证期限为主债务履行期届满之日起 6 个月；欠款偿还方式为冷某林于审理本次交通事故案件的一审法院或二审法院判决书生效以后 3 个月内一次性以现金方式偿还原告医疗费欠款。

【案件焦点】

冷某林是否应向某医院支付拖欠医疗费 297772.3 元。

【法院裁判要旨】

广东省惠州市惠阳区人民法院经审理认为：被告冷某林拖欠原告某医院的医疗费 425389 元，原告已在深圳市龙岗区人民法院（2017）粤 037 民初 20181 号案件中提出主张，且深圳市龙岗区人民法院已生效的（2017）粤 0307 民初 20181 号民事判决书判令由案外人曹某山向某医院支付医疗费 297772.3 元，由花木场、张某国向某医院支付医疗费 127616.7 元。现原告又要求被告支付拖欠的医疗费，构成重复起诉。

广东省惠州市惠阳区人民法院依照《中华人民共和国民法总则》第七条及

《中华人民共和国民事诉讼法》第一百四十二条的规定，作出如下判决：

驳回原告某医院（有限合伙）的诉讼请求。

案涉医院不服，提起上诉。

广东省惠州市中级人民法院经审理认为：对于冷某林是否应当支付医疗费297772.3元的问题，冷某林因交通事故受伤而至某医院处救治，双方形成医疗服务关系，住院期间产生医疗费合计450523元，扣除冷某林自行支付医疗费20134元及案外人花木场垫付医疗费5000元，尚有医疗费425389元未支付。对于未付医疗费，冷某林负有支付义务。因本次交通事故冷某林已向深圳市龙岗区人民法院起诉请求支付其各项损失，深圳市龙岗区人民法院在（2017）粤0307民初20181号民事判决为避免当事人诉累，对案外人曹某山及花木场应向冷某林所负的损害赔偿责任与冷某林应向某医院支付医疗费的责任作出“直接清偿”的代位处理。某医院与冷某林之间形成合同之债，冷某林与曹某山、花木场之间形成侵权之债，以本案医疗服务关系为基础来分析，某医院为债权人，冷某林为债务人，曹某山、花木场为次债务人，深圳市龙岗区人民法院判令次债务人径行向债权人给付，但在次债务人实际清偿之前，债权人对债务人的债权并不消灭，次债务人仅在其债务范围内，加入对债权人之清偿。深圳市龙岗区法院判令曹某山、花木场向某医院支付费用，并不免除冷某林作为患者直接支付医疗费的义务。在曹某山未能向某医院支付297772.3元医疗费的情况下，某医院请求由冷某林支付应予支持。对于297772.3元医疗费，冷某林支付后，有权向曹某山追偿，在曹某山已支付的范围内，冷某林免除支付的义务。

广东省惠州市中级人民法院依照《中华人民共和国合同法》第六十条、第六十二条，《中华人民共和国担保法》第十八条，《中华人民共和国民事诉讼法》第一百七十条第一款第二项之规定，作出如下判决：

一、撤销惠州市惠阳区人民法院（2019）粤1303民初3885号民事判决；

二、冷某林应于本判决发生法律效力之日起十日内，向某医院支付医疗费297772.3元，律师事务所承担连带责任。

【法官后语】

“径行支付”类判决在司法实践中广泛存在，尤其在机动车交通事故责任纠纷中法官为避免当事人诉累，往往会选择判令肇事者或保险公司直接向医院支付伤者的医药费。虽然“径行支付”类判决在“三角债”的处理上具有简便、效率的优势，但此类判决将两个或两个以上的法律关系在同一个案件中直接处理，缺乏法律依据，会造成法律关系混乱，对判决的理解容易产生分歧。对此问题，在“径行支付”类判决中可以引入代位权制度为理论基础，《中华人民共和国民法典》第五百三十七条以“债权人接受履行后”作为“债权人与债务人、债务人与相对人之间相应的权利义务终止”的前提，即只有当次债务人向债权人实际履行清偿义务时，才发生相应两组债权、债务消灭的法律后果。代位权成立后，债权人即取得债务人对次债务人的债权，但在次债务人实际清偿之前，债权人对债务人的债权并不消灭；次债务人仅在其债务范围内，加入对债权人之清偿。债权人对债务人之债权，与债权人对次债务人之债权形成连带债务关系，任一债务获实际履行，则另一债务实为消灭。同时债务人对次债务人之债权，发生诉讼法上“债权保全”的法律效果，一旦债务人自己清偿了债权人之债权，则可以解除“保全”，继续向债务人主张其债权；而一旦次债务向债权人清偿，则发生实体法上消灭“冻结债权”的效果。故本案中，深圳市龙岗区法院判令曹某山、案涉花木场向某医院支付医疗费用，并不免除冷某林支付医疗费的义务。在曹某山未能向某医院支付297772.3元医疗费的情况下，某医院仍有权主张由冷某林支付医疗费。对于297772.3元医疗费，冷某林支付后，有权向曹某山追偿，同时，在曹某山向某医院支付的范围内，冷某林免除支付的义务。《中华人民共和国民法典》第五百三十七条对代位权行使效果的规定对本案具有直接的指导意义，在“径行支付”类判决中，可借鉴代位权制度的理论基础，厘清当事人之间的权利义务关系，在裁判文书中加以论述，避免在裁判文书中出现重效率，轻理论的现象，导致判决不够严谨或产生分歧，反而加重当事人的诉累。

编写人：广东省惠州市中级人民法院　于海砚

8

债务人怠于行使债权，债权人为实现自身债权有权代位行使债务人对相对人的债权

——刘某海诉文化旅游公司债权人代位权案

【案件基本信息】

1. 裁判书字号

黑龙江省高级人民法院（2020）黑民终512号民事判决书

2. 案由：债权人代位权纠纷

3. 当事人

原告（被上诉人）：刘某海

被告（上诉人）：文化旅游公司

第三人：周某栋、孙某、建设工程公司

【基本案情】

黑龙江省佳木斯市中级人民法院（2018年）黑08民初131号生效民事判决确认刘某海对周某栋、孙某享有1200元本金及利息的到期债权。在执行过程中因周某栋、孙某其财产不足以清偿刘某海的债务，周某栋对文化旅游公司享有到期债权，刘某海作为债权人有权在债权限额内以自己的名义行使代位权提起本案诉讼。在本案审理过程中，刘某海提供周某栋应自计划开工日期即2018年10月30日起按月向监理人提交进度付款申请单并主张进度工程款，现周某栋完成了案涉工程的主要部分并且已经投入使用，但文化旅游公司尚未支付该款项，在本案诉讼过程中，文化旅游公司拒绝提供其主张已给付工程款的付款凭证和财务账册等证据，根据证据规则其应当承担举证不

能的法律后果，文化旅游公司应在 2000 万元的范围内对刘某海的债权承担责任。

【案件焦点】

1. 周某栋是否具有案涉工程的实际施工人身份，以此认定其是否对文化旅游公司享有主张工程款的权利；2. 刘某海代位行使主张案涉工程款是否具备代位权行使的要件。

【法院裁判要旨】

黑龙江省佳木斯市中级人民法院经审理认为：代位权设立的目的就是保护债权的实现。刘某海依据法院判决申请执行周某栋、孙某，周某栋、孙某作为被执行人其财产不足以清偿债务时，周某栋提出其对文化旅游公司享有债权，文化旅游公司提出异议后，执行程序无法实体审查文化旅游公司作为次债务人提出的异议，刘某海作为债权人有权请求以自己的名义在其债权限额内行使代位权。该院于 2018 年 11 月 27 日向文化旅游公司送达停止支付工程款裁定时，肖某瑾以董事长的名义认可周某栋是实际施工人，欠款应该有 2000 万元，该院要求肖某瑾到庭接受询问，文化旅游公司以其离职为由未提供，肖某瑾未到庭说明如此陈述的原因。周某栋在执行部门提出文化旅游公司欠其工程款 2400 万元，要求执行该笔欠款时文化旅游公司提出了异议。庭审中，文化旅游公司提出根据《建设工程施工合同》的约定，施工单位为建设工程公司，周某栋只是委托代理人，而文化旅游公司和建设工程公司掌握着案涉工程的相关资料，建设工程公司没有到庭参加诉讼，在该院责令其提供施工内业资料、工程预决算报告，在施工过程中支付相关费用的凭证（银行明细），包括工人工资、建筑材料款、设备租赁费、监理费的凭证等资料，责令文化旅游公司提交工程的付款凭证和财务账册时，建设工程公司没有提供其直接参与工程施工和实际施工的证据。从文化旅游公司与建设工程公司签订的《建设工程施工合同》来看，工程价款为固定价 44251069 元，文化旅游公司对已付和尚欠工程款均以没有结算和工程存在质量问题为由未予说清。该院责令文化旅游公司提供给付工程款的付款凭证和财务账册，文化旅游公司未提供财务账册，仅提供了没有记载任何数额的工资表，建设工程公司和文化旅游公司应承担未能举证的不利后果。结合周某栋的分包合同、证人证言及周某栋、孙某的陈述，应当认定周某栋是案涉工程的实际施工人，文化旅游公司应在2000万元范围内对刘某海的债权承担责任，但刘某海已经执行部分应当扣除。由于建设工程公司未参加诉讼，文化旅游公司在庭审中也未提供相关证据，为了查清本案的客观事实，刘某海的申请虽然超过举证期限，该院同意其要求文化旅游公司和建设工程公司提供其掌握的书证的申请。本案工程款的性质是债权，周某栋完成了工程的主要部分并且工程已经投入使用，刘某海有权代位取得相应的工程款，并且刘某海取得代位权没有损害发包人文化旅游公司的权利，根据建设工程款具有优先受偿的性质，债权代位权人应当享有该工程款的优先受偿权。

黑龙江省佳木斯市中级人民法院依照《中华人民共和国合同法》第七十三条，《最高人民法院关于审理建设工程施工合同纠纷案件适用法律问题的解释》第十四条、第二十六条第二款，《最高人民法院关于民事诉讼证据的若干规定》第四十六条、第四十七条、第四十八条、第六十四条，《最高人民法院关于建设工程价款优先受偿权问题的批复》第四条，《中华人民共和国民事诉讼法》第一百四十二条、第一百四十四条之规定，作出如下判决：

一、文化旅游公司于判决生效之日起十日内在2000万元范围内给付刘某海欠款1200万元及自2018年11月23日起至实际清偿完毕之日止按月利率1%计算的逾期利息（扣除2018黑08民初131号民事判决书已经执行的部分）；

二、刘某海在上述债权范围内对案涉工程款享有优先受偿权；

三、驳回刘某海的其他诉讼请求。

文化旅游公司一审判决不服，提出上诉。

黑龙江省高级人民法院经审理认为：案涉纠纷为债权人代位权之诉，根据《中华人民共和国民法典》第五百三十五条第一款“因债务人怠于行使其债权或者与该债权有关的从权利，影响债权人的到期债权实现的，债权人可以向人民法院请求以自己的名义代位行使债务人对相对人的权利，但是该权利专属于债务人自身的除外”的规定，债权人代位权成立主要应具备如下要件：（1）债权人对债务人存在合法有效的到期债权；（2）债务人对次债务人存在合法有效的到期债权；（3）债务人的怠于行使权利影响债权人债权的实现；（4）代位标的为非专属于债务人自身的权利。本案中，黑龙江省佳木斯市中级人民法院（2018）黑 08 民初 131 号生效民事判决已确认刘某海对周某栋、孙某享有 1200 万元本金及利息的债权，该债权已到期且合法、有效。虽然文化旅游公司主张其系与建设工程公司签订《建设工程施工合同》，否认周某栋实际施工人身份，但是建设工程公司自认没有参与工程管理施工、没有投资、没有提供建筑材料，没有用该公司账户收取工程款，并主张周某栋为案涉工程的实际施工人，认可由周某栋享有承包人的权利和义务，包括主张工程款的权利。结合周某栋以个人名义对外签订该工程的分包合同，证人连某冬、韩某友的证言以及周某栋、孙某的陈述，一审判决认定周某栋是案涉工程的实际施工人，享有向文化旅游公司主张案涉工程款的权利正确。在债权人代位权之诉中，如苛求债权人必须逐一提供债务人对相对人的债权是否到期、履行情况等证据，债权人多力所不逮，故债权人一般只需证明债务人对相对人有权利即可，相对人抗辩反驳的，应当提供相应证据。根据《建设工程施工合同》的约定，文化旅游公司应按月工程进度在监理人收到进度付款申请单后的 28 天内，将进度应付款支付给周某栋。现案涉工程已经投入使用，但周某栋未提供证据证明已经收到全部工程进度款，亦未提供证据证明其主张给付工程进度款或对工程款进行结算。文化旅游公司在一审法院向其释明后拒不提供支付工程款的证据，二审中仍未提供，故可以认定周某栋对文化旅游公司享有到期债权且怠于行使权利，侵害了刘某海的权益。案涉工程款性质为债权，且非专属于周某栋自身的权利，综上刘某海有权代位周某栋向文化旅游公司主张其债权数额的工程款。

关于文化旅游公司欠付工程款数额确定问题。《建设工程施工合同》约定工程价款为固定价 44251069 元，文化旅游公司诉讼中一直未能提供证据证明已付工程款的数额，尽管文化旅游公司对肖某瑾陈述的欠款 2000 万元不认可，但不论工程总价款 44251069 元，还是该 2000 万元，均超过了刘某海诉讼的范围，一审判决文化旅游公司在2000万元的范围内给付刘某海欠款及逾期利息（扣除已执行部分）亦无不当。

至于文化旅游公司主张的工程质量问题，不是拒付工程款的法定或约定理由，其可另行主张权利。另外，关于刘某海一审中超出举证期限申请文化旅游公司提交证据的问题。根据《最高人民法院关于适用〈中华人民共和国民事诉讼法〉的解释》第一百零二条关于“当事人非因故意或者重大过失逾期提供的证据，人民法院应当采纳，并对当事人予以训诫”的规定，一审法院为了查清本案的基本事实，同意刘某海要求文化旅游公司提供其掌握的书证的申请是适当的。

综上所述，文化旅游公司的上诉请求不能成立，应予驳回；一审判决认定事实清楚，适用法律正确，应予维持。黑龙江省高级人民法院依照《中华人民共和国民事诉讼法》第一百七十条第一款第一项之规定，作出如下判决：

驳回上诉，维持原判。

【法官后语】

《中华人民共和国民法典》第五百三十五条第一款规定：“因债务人怠于行使其债权或者与该债权有关的从权利，影响债权人的到期债权实现的，债权人可以向人民法院请求以自己的名义代位行使债务人对相对人的权利，但是该权利专属于债务人自身的除外。”债权人代位权的成立应具备如下要件：(1) 债权人与债务人之间存在着合法的债权债务关系；(2) 债务人对其债务人享有的债权已经到期；(3) 债务人怠于行使其到期债权，对债权人造成损害；(4) 债权人代位权的范围应当以债权人的债权为限。本案中，刘某海代位周某栋向文化旅游公司主张权利，因该债权通过一审查明的事实确认已属到期债权，且周某栋不能举示充分的证据证实自身怠于行使权利，依据代位权制度设立的现实意义，是为了保护债权人的合法权益，满足债权人债权的实现，一审法院判决支持刘某海的诉讼请求，其可以代位周某栋向文化旅游公司主张权利。

该案件作为债权人代位权纠纷案件，通过一、二审法院对案件事实的审理，以实体判决的形式保障了债权人的债权实现，支持了一审原告的诉请。该案的现实意义在于人民法院对债务人合法到期债权认定方面，应根据民事诉讼法及其司法解释，还有民事证据规则对举证责任的规定合理分配各方当事人的举证责任，并根据证据规则确定各方因举证不能而承担相应的法律后果。本案中，二审法院在一审法院查明的基础上，针对上诉人的上诉请求，进一步对本案的实体法律关系进行了梳理，明确了债务人该合法到期债权的性质是否属于可代位债权，并驳回了上诉人的诉请。保障了一审原告债权的实现，合理运用证据规则进行案件审理对本案债权人代位主张债权的实现具有重要意义，一方面，明确了债务人债权的属性；另一方面，确定了债务人债权到期且怠于主张权利，满足代位权行使的要件，人民法院依据代位权行使的相关法律规定合法合理判决，进而保全了债权人债权的实现。

编写人：黑龙江省高级人民法院　赵璞

四、赠与合同纠纷

9

己方所有财产通过婚内协议约定全部归配偶所有的情形宜认定为赠与

——贺某诉刘某赠与合同案

【案件基本信息】

1. 裁判书字号

北京市第一中级人民法院（2020）京01民终1517号民事判决书

2. 案由：赠与合同纠纷

3. 当事人

原告（被上诉人）：贺某

被告（上诉人）：刘某

【基本案情】

双方离婚后贺某购买一套房屋，贺某应刘某要求在复婚后将房屋权属变更至刘某个人名下，后刘某向贺某提出离婚。贺某发现刘某与案外人长期保持不正当男女关系，故以刘某严重伤害贺某感情为由主张撤销赠与。

贺某与刘某原系夫妻关系，离婚后贺某购买了诉争房屋。二人复婚后贺某与刘某前往有关机关，签署《关于房屋所有权归属约定书》，内容为“贺某与刘某系夫妻关系，案涉房屋是贺某的个人财产，现因个人原因，申请将该房屋由贺某转移至刘某名下，转移后为其个人所有”。同日贺某将该房屋过户至刘某名下。贺某提交录音、录像及照片以证明刘某与案外人存在不正当男女关系，侵害其作为丈夫的合法权益。刘某对上述证据均不认可，贺某申请对部分录音及照片的真实性进行鉴定。经司法鉴定认定，声像检材内未发现剪辑现象，检材中被鉴定人语音与样本中刘某的语音是同一人的语音；检材图像未发现经过加工处理痕迹。

【案件焦点】

1. 本案《关于房屋所有权归属约定书》的性质属于赠与协议还是夫妻财产约定协议；2. 刘某是否存在侵害贺某法定权益的行为，贺某有无权利据此请求撤销涉案协议。

【法院裁判要旨】

北京市海淀区人民法院经审理认为：依据在案声像鉴定意见中刘某与案外人的对话内容以及贺某提交的照片并结合图像鉴定意见，可认定刘某与婚外异性存在不正当男女关系。诉争协议应为赠与合同。刘某违反了夫妻间忠诚义务，严重侵害贺某感情。现贺某以刘某出轨侵犯其作为丈夫的合法权益为由撤销赠与，法院予以支持。

综上所述，北京市海淀区人民法院依照《中华人民共和国合同法》第一百八十五条、第一百九十二条第一款第一项，《最高人民法院关于适用〈中华人民共和国婚姻法〉若干问题的解释（三）》第六条，《最高人民法院关于民事诉讼证据的若干规定》第七十条第三项之规定，作出如下判决：

一、撤销贺某与刘某于 2015 年 12 月 1 日签署的《关于房屋所有权归属约定书》即撤销贺某将位于北京市海淀区的案涉房屋过户给刘某的赠与行为，刘某于本判决生效后 7 日内将上述房屋过户至贺某名下；

二、驳回贺某的其他诉讼请求。

刘某不服一审判决，提出上诉。

北京市第一中级人民法院经审理认为：第一，关于本案《关于房屋所有权归属约定书》的性质属于赠与协议还是夫妻财产约定协议。通过对《中华人民共和国婚姻法》第十九条及《最高人民法院关于适用〈中华人民共和国婚姻法〉若干问题的解释（三）》第六条等法律规范进行体系性的关联与对比，《中华人民共和国婚姻法》第十九条所规定的夫妻间关于财产的约定形式包括三种，即各自所有、共同所有或部分各自所有、部分共同所有。其中“各自所有”按照文义解释应理解为本属于己方所有的财产仍归己方，不包括本属于己方所有的财产通过约定全部归属于对方的情形，因为后者的情形可以通过赠与的法律关系予以规范。因夫妻财产约定协议与赠与协议在撤销权的行使条件上存在一定区别，故涉案协议的基础法律关系定性应为本案的先决问题。刘某与贺某除涉案房屋之外再无其他关于夫妻财产的约定，涉案《关于房屋所有权归属约定书》应认定为赠与协议，而非夫妻财产约定协议，可依法适用《中华人民共和国合同法》的相关规定。

第二，关于刘某是否存在侵害贺某法定权益的行为，贺某有无权利据此请求撤销涉案协议。根据《中华人民共和国婚姻法》第四条的规定，夫妻之间负有相互忠实的法定义务。贺某提交的录音证据经司法鉴定认定，检材中被鉴定人与样本中刘某的语音具有同一性。虽然贺某未能提供该录音所在原始载体，但经鉴定未有证据显示该录音复制材料经过剪辑或篡改。鉴定机构出具《司法鉴定意见补正书》，就打印错误的规范编号予以更正，未改变该鉴定意见原意，亦向一审法院出具了《回函》以说明鉴定方法，明确表示鉴定人的听力不影响鉴定工作和鉴定结论。综上，一审法院对证据的审核认定正确。刘某违反夫妻忠实法定义务，是对配偶贺某基于合法婚姻关系具有的身份权和基于婚姻情感伦理具有的人格权的侵害，属于《中华人民共和国合同法》第一百九十二条第一款第一项所规定的严重侵害赠与人的行为，故贺某据此主张撤销赠与具备事实及法律依据。

北京市第一中级人民法院依照《中华人民共和国民事诉讼法》第一百七十

条第一款第一项之规定，作出如下判决：

驳回上诉，维持原判。

【法官后语】

本案涉及对夫妻财产约定协议和婚内赠与协议的区分，以及赠与的法定撤销权行使条件的认定问题，以下结合本案的审理思路进行解析：

1. 夫妻财产约定与婚内赠与协议的区别与认定

相较于普通协议因重大误解、显失公平、欺诈、胁迫或乘人之危等行使撤销权的情形，赠与合同法律关系中，赠与人还享有《中华人民共和国合同法》第一百八十六条第一款规定的在财产权利转移前的任意撤销权，以及《中华人民共和国合同法》第一百九十二条第一款所规定的法定撤销权。鉴于两种法律关系中，撤销权行使的条件不完全相同，因此二审优先审查涉案约定书是属于一般的夫妻财产约定协议还是属于婚内赠与协议。

（1）夫妻财产约定

《中华人民共和国婚姻法》第十九条系我国婚姻法律制度对于夫妻约定财产制中可约定的财产范围、形式以及效力的明确。夫妻间关于财产的约定形式包括三种，即各自所有、共同所有或部分各自所有、部分共同所有。我国的夫妻财产约定制度包括了分别财产制、一般共同制或限定共同制三种主要类型。《中华人民共和国民法典》第一千零六十五条的规定延续了《中华人民共和国婚姻法》的基本内容，在第一款将约定的主体由“夫妻”改为“男女双方”，涵盖了婚前作出约定的情形。

夫妻财产约定制度与夫妻财产约定协议在概念上不能完全等同。夫妻财产约定制度除约定财产的所有权外，还可以就财产的使用权、管理权、收益权、处分权等进行约定，也可以约定家庭生活费用的负担、债务清偿责任、婚姻关系终止时财产的清算及分割等[①]。而夫妻财产约定协议则可以仅就夫

---

① 参见最高人民法院民法典贯彻实施工作领导小组主编：《中华人民共和国民法典婚姻家庭编继承编理解与适用》，人民法院出版社 2020 年版，第 175 页。

妻之间的部分财产进行约定，而不是对双方之间财产制度进行约定。夫妻财产约定协议在对整个夫妻关系存续所涉及财产的相关权属进行全面约定时，该约定应理解为双方对财产制度的约定；而如果双方仅就某一处或某几处不动产或动产的权属作出约定时，该约定可能根据具体内容的不同被认定为不同的法律性质。

（2）夫妻婚内赠与

《最高人民法院关于适用〈中华人民共和国婚姻法〉若干问题的解释（三）》第六条也明确规定有夫妻之间赠与房产的情形。通过文义解释方法以及体系解释的方法对相关法律规范进行关联与对比可知，《中华人民共和国婚姻法》第十九条不包括本属于己方所有的财产通过约定全部归属于对方的情形；而婚姻法解释三第六条明确了将本属于己方所有的房产赠与对方的情形属于赠与法律关系，可依据合同法关于赠与合同的相关规范。

笔者认为，夫妻财产约定协议与婚内赠与协议并非完全互斥、独立的关系，而是属于存在交集的关系，夫妻财产约定协议中可以包含赠与协议。在有明确法律规定时，应严格比照各条款规定的法律关系构成要件，同时也应审查争议协议签订的目的、背景、所涉财产范围、权属设置条件等其他因素，以判断双方是对整体财产制度的约定还是对个别财产的处分，是附条件的赠与行为还是约定共同共有或按份共有的状态。如协议中已明确“赠与”字样，还应考虑充分尊重当事人的意思自治，不宜以《中华人民共和国婚姻法》第十九条限定该协议为夫妻财产约定协议；如双方协议内容，涵盖或符合双方对各项财产权属处理的制度性约定，则应认定为协议为夫妻财产制约定协议，不宜行使赠与合同关系中的任意撤销权或法定撤销权，但可以依据《中华人民共和国合同法》规定的其他法定事由行使变更或撤销权利。

编写人：北京市第一中级人民法院　丁少芃

10

离婚协议中的赠与内容能否撤销

——刘某诉杨某红、刘某平赠与合同案

【案件基本信息】

1. 裁判书字号

湖北省枝江市人民法院（2020）鄂 0583 民初 778 号民事判决书

2. 案由：赠与合同纠纷

3. 当事人

原告：刘某

被告：杨某红、刘某平

【基本案情】

原告刘某系被告刘某平与被告杨某红婚生女，二被告于 2016 年 10 月 8 日在枝江市民政局登记离婚，并约定：案涉房子归原告刘某所有，责任田 4.22 亩归原告承包。2003 年二被告购买案涉房屋，登记宅基地使用权人为案外人杨某平，至今未变更登记。案涉家庭承包土地合同登记家庭成员为二被告及原告，确权实测面积为 4.22 亩。庭审中，原告明确表示，二被告如需要，可以永久居住案涉房屋，也可以耕种案涉承包地。

另，原告刘某户籍地为枝江市某村一组。

【案件焦点】

1. 被告刘某平与被告杨某红离婚时协议赠与原告的房屋和土地是否有效；2. 该赠与合同能否撤销。

【法院裁判要旨】

湖北省枝江市人民法院经审理认为：第一，案涉农村土地承包经营权应由原告刘某所有。理由如下：土地承包经营权属物权，系指经营权人对其承包经营的农村土地享有占有、使用和收益的权利。案涉土地承包经营权原属二被告及原告家庭共有。在二被告离婚时约定，该土地承包经营权属原告所有即对原告的赠与，是对夫妻共同财产的处分，系土地承包经营权份额在原家庭成员内部的重新分配，对二被告具有约束力。该赠与行为以二被告解除离婚关系为条件，系当事人真实意思表示，也不存在可撤销的情形。因此，该赠与行为依法有效，案涉土地承包经营权归原告刘某所有。

第二，关于案涉房屋。因二被告所购房屋登记的宅基地权利人系案外人，其权属变更尚未完成，因此，法院不予理涉。

湖北省枝江市人民法院依照《中华人民共和国物权法》第一百二十四条、第一百二十五条，《中华人民共和国农村土地承包法》第十六条，《最高人民法院关于适用〈中华人民共和国婚姻法〉若干问题的解释（二）》第八条、第二十一条，《中华人民共和国民事诉讼法》第一百四十二条之规定，作出如下判决：

一、案涉《农村土地承包合同》登记的 4. 22 亩土地承包经营权为原告刘某所有；

二、驳回原告的其他诉讼请求。

一审宣判后，双方当事人未上诉，现判决已发生法律效力。

【法官后语】

本案的亮点如下：第一，正确的判断出本案案由，原告起诉时的案由为离婚后财产纠纷，离婚后财产纠纷一般适用于夫妻双方离婚后对于婚姻关系存续期间未作处理的夫妻共同财产的分割请求，或者对之前已经分割的夫妻共同财产存在争议的请求。本案的原告系已离婚的两被告的女儿，不能定义为婚姻关系中的夫妻一方，两被告离婚时协议将夫妻共有的房屋、承包经营地无偿赠与原告实际上是民法意义上的赠与，因此，该案案由定赠与合同纠纷更为合适。第二，严格把握了合同的相对性和物权变动的效力规定，《中华人民共和国民法典》第六百五十七条规定，赠与合同是赠与人将自己的财产无偿给予受赠人，受赠人表示接受的合同。该条明确规定了赠与人赠与的应当是自己的财产，本案中涉案房屋虽然由被告刘某平购买并实际居住，但刘某平购买该房屋时未办理不动产权属登记，《中华人民共和国法典》第二百一十四条规定，不动产的设立、变更、转让和消灭，依照法律规定应当登记的，自载于不动产登记簿时发生效力。根据区分原则，虽然当时的购房合同已经生效但该房屋未发生物权变动，实际上还是登记在案外人杨某平的名下，因此，该房屋不能作为赠与财产。第三，准确判断是否属于可撤销赠与的情形，本案的赠与合同不能撤销的原因有两点，从赠与人的角度来看，《中华人民共和国民法典》第六百五十八条规定，赠与人在赠与财产的权利转移之前可以撤销赠与。经过公证的赠与合同或者依法不得撤销的具有救灾。扶贫、助残等公益、道德义务性质的赠与合同，不适用前款规定。本案的赠与合同比较特殊，是通过离婚协议记载的，同时具备人身关系和财产关系确定，虽然该房屋、土地尚未转移给受赠人，但不能随意撤销；从受赠人的角度来看，《中华人民共和国民法典》第六百六十三条第一款规定，受赠人有下列情形之一的，赠与人可撤销赠与；（1）严重侵害赠与人或者赠与人近亲属的合法权益；（2）对赠与人有扶养义务而不履行；（3）不履行赠与合同约定的义务。本案中原告作为受赠人不存在以上三种情形，因此，二被告不具有撤销赠与的理由。

编写人：湖北省宜昌市枝江市人民法院百里洲法庭　李进睿

11

赠与合同生效后不可随意撤销，撤销要符合法定撤销情形

——罗某诉覃某彬赠与合同案

【案件基本信息】

1. 裁判书字号

广西壮族自治区象州县人民法院（2020）桂1322民初1142号民事判决书

2. 案由：赠与合同纠纷

3. 当事人

原告：罗某

被告：覃某彬

【基本案情】

原告罗某与被告覃某彬原是情侣关系，两人共同居住生活在原告宿舍，后因感情出现矛盾，双方于2019年8月23日签署《协议书》，《协议书》内约定：2015年至2019年8月，甲方（罗某）在与乙方（覃某彬）同居期间，玩弄乙方感情，给乙方的工作、生活带来巨大的身心伤害，鉴于甲、乙双方已无感情，甲方为弥补乙方的损失，经双方协商一致，达成如下协议：（1）甲方一次性给予乙方60万元人民币精神损失费，分三次支付，第一笔款20万元于8月31日前支付，第二笔款20万元于9月30前日支付，第三笔款20万元于10月31日前支付；（2）鉴于乙方为被害方，甲方需允许乙方继续在甲方名下象州等住所居住，直至乙方彻底与甲方分手、搬离；（3）甲方名下大众小轿车由甲乙双方根据需要合理调配使用；（4）鉴于乙方身心受到严重伤害，甲方自2020

年 1 月开始，每月需支付乙方 5000 元人民币，直至乙方彻底与甲方分手、搬离甲方住处。（此条无效）。（5）付清 60 万元人民币后，双方不得影响对方生活、工作及家人生活，如有以上情况，乙方有义务归还甲方 60 万元人民币。甲方罗某、乙方覃某彬分别在协议书落款处亲笔签名，落款日期为 2019 年 8 月 23 日。上述《协议书》中大部分内容为电脑打印，其中，“（不含柳州）”及“（此条无效）。（6）付清 60 万元人民币后，双方不得影响对方生活、工作及家人生活，如有以上情况，乙方有义务归还甲方 60 万元人民币”为手写。协议签订后，原告罗某按照协议约定，至 2019 年 11 月 8 日止共向给覃某彬支付了 60 万元。原、被告仍共同居住在原告宿舍内。2020 年 1 月 14 日原告罗某与妻子登记结婚。2020 年 1 月 15 日覃某彬搬离宿舍。2020 年 1 月开始，原告罗某及其妻子与覃某彬之间，因为感情及 60 万元的返还问题，互为通过发送的短信、微信、电话等方式发生了较大的冲突。被告覃某彬主张原告于 2019 年 8 月 23 日与被告签订的《协议书》正文电脑打印部分内容有效，原告自行在《协议书》上的手写部分内容无效；原告赠与被告 60 万元没有约定附加条件；原告赠与 60 万元全部交付，物权已发生转移，原告不得撤销赠与合同。

【案件焦点】

1. 本案案涉赠与合同是否合法有效；2. 原告要求被告返还 60 万元是否应予支持。

【法院裁判要旨】

广西壮族自治区象州县人民法院经审理认为：原、被告签订的《协议书》属于赠与合同，赠与合同是赠与人将自己的财产无偿给予受赠人，受赠人表示接受赠与的合同。本案赠与合同签订时罗某与覃某彬为自由恋爱关系，在恋爱关系中罗某作为一个具有完全民事行为能力的成年人，将自己的个人财产赠与与其共同生活了几年的恋人，且其之所以作出该赠与的目的，也是为了解除其与被告之间的同居关系，并弥补其对被告的伤害，其赠与行为不违反法律强制性规定与社会公序良俗，未侵害到他人的利益，且 60 万元已经支付完毕，赠与合同成立并生效。原告罗某依据协议中手写部分“四、付清60万元人民币后，双方不得影响对方生活、工作及家人生活，如有以上情况，乙方有义务归还甲方60万元人民币”，从而请求被告覃某彬返还60万元。被告覃某彬认为该条款为原告擅自书写增补，非双方当时的真实意思表示，是无效条款。被告认可原告妻子发送给被告的短信图片协议书的内容，存在手写部分的第四条内容，与原告所签订的协议书内容一致。对于协议书中手写部分的内容，法院予以认可。本案原告及其妻子与被告之间，互为发送大量的短信等行为，直至双方的生活、工作均受到了影响，但该影响的起因并不能确定是由被告先行挑起，不能将该责任完全归责于被告。原告依据这一事实，要求被告返还60万元，理由不充分，证据不足，法院不予支持。

广西壮族自治区象州县人民法院依照《中华人民共和国合同法》第一百八十五条、第一百九十条，《中华人民共和国民事诉讼法》第六十四条之规定，作出如下判决：

驳回原告罗某的诉讼请求。

一审宣判后，原、被告各方当事人均未上诉，该判决已发生法律效力。

【法官后语】

赠与可以附义务。赠与附义务的，受赠人应当按照约定履行义务。附义务的赠与合同生效后，受赠人应当按照合同约定履行所附义务，受赠人拒不履行的，赠与人可以要求其履行。

本案原、被告系同居情侣关系，原告为解除其与被告之间的同居关系，并弥补其对被告的伤害，将个人财产赠与被告，被告接收财物，赠与合同生效。其中合同约定付清60万元人民币后，双方不得影响对方生活、工作及家人生活，如有以上情况，被告则有义务归还原告60万元人民币。原告以被告违反该项约定为由，要求被告返还60万元。但经查证，原告及其妻子与被告之间，互为发送大量的短信等等行为，导致双方的生活、工作均受到了影响，但该影响的起因并不能确定是由被告先行挑起的，不能将该责任完全归责于被告。

附义务的赠与中赠与人享有法定撤销权。《中华人民共和国民法典》第第六百六十三条第一款规定："受赠人有下列情形之一的，赠与人可以撤销赠与：（一）严重侵害赠与人或者赠与人近亲属的合法权益；（二）对赠与人有扶养义务而不履行；（三）不履行赠与合同约定的义务。"其中，"不履行赠与合同约定的义务"即附义务合同受赠人不履行所附义务的情形，赠与人享有法定撤销权。本案中，原告及其妻子和被告之间发生的行为，导致双方生活、工作都受到影响，不能仅凭此认定被告未履行合同所附义务，因此，原告不能以被告不履行赠与合同约定的义务行使法定撤销权。

编写人：广西壮族自治区象州县人民法院　韦如意

12

夫妻共同财产单方赠与他人行为的效力认定

——季某园诉楼某鹏、何某英赠与合同案

【案件基本信息】

1. 裁判书字号

浙江省金华市中级人民法院（2020）浙07民终4284号民事裁定书

2. 案由：赠与合同纠纷

3. 当事人

原告（被上诉人）：季某园

被告（上诉人）：何某英

被告：楼某鹏

【基本案情】

原告季某园与被告楼某鹏系夫妻关系，于1975年2月2日登记结婚，婚姻关系持续至今。

被告楼某鹏与被告何某英系婚外情关系，于2010年认识，双方情人关系一直持续至2019年年底。

被告何某英于2013年10月生育儿子何某昭。被告楼某鹏、何某英曾就被告楼某鹏与何某昭是否系亲子关系委托生物技术服务公司进行检测。2017年1月4日，该检测公司出具DNA检测意见书一份，检验意见为：依据DNA分析结果，支持1号检材所属人楼某鹏与2号检材所属人何某昭存在亲子关系。双方情人关系存续期间，被告楼某鹏为被告何某英购买小型汽车一辆、义乌市房产一套，并通过银行现存方式向被告何某英多次存款。庭审中，被告何某英自认收到的款项为302万元。

【案件焦点】

1. 夫或妻在处理夫妻共同财产时，未经对方同意，超出日常生活所需的单方赠与行为是否有效；2. 已婚妇女在面临丈夫赠送大量共同财产给第三者的情形，自身合法权益如何获得保障。

【法院裁判要旨】

浙江省义乌市人民法院经审理认为：本案的争议焦点为（1）被告楼某鹏与被告何某英是何关系；（2）被告楼某鹏赠与的财产是赠与给被告何某英还是赠与何某英生育的儿子何某昭的；（3）若系赠与被告何某英的，被告何某英是否有义务返还获赠的财产；（4）被告楼某鹏赠与的财产有哪些。

关于争议焦点一：第一次庭审中被告何某英认可与被告楼某鹏系男女朋友关系，但是在第二次庭审中又陈述系代孕关系，但是从各方提供的证据来看，两被告的关系自2010年持续至2019年，其间被告何某英生育了儿子何某昭，且被告楼某鹏为被告何某英购买汽车、房产及多次银行现存现金，上述行为均符合长期情人关系的特点，故法院认为被告何某英的第一次庭审陈述更符合客观实际，应以该陈述为准。

关于争议焦点二：被告楼某鹏赠与给被告何某英的车子、房产及银行现存方式存入的现金均登记在被告何某英名下，被告何某英有权自由处分上述财产，虽然被告楼某鹏有在微信中作出上述财产由何某昭继承的意思表示，但是该表述应视为被告楼某鹏对赠与被告何某英财产后，再对该财产的后续处置进行的约定，不影响其对被告何某英赠与行为的认定，故法院对被告何某英要求追加何某昭为第三人参加诉讼的申请，未予准许，对被告何某英关于上述财产系赠与非婚生子何某昭的辩解亦不予采信。

关于争议焦点三：原告季某园与被告楼某鹏夫妻关系存续期间，夫妻共同财产是一个不可分割的整体，非因日常生活需要对夫妻共同财产做重要处理决定，夫妻双方应当协商一致。在被告楼某鹏与被告何某英发生婚外情期间，被告楼某鹏未经原告季某园同意，擅自将夫妻共同财产赠与被告何某英，其行为有违公序良俗原则，被告何某英取得上述财产并非出自善意，同时也严重侵害了原告季某园对夫妻共同财产的所有权和处分权，故原告季某园有权提起本案诉讼，其诉讼主体适格。同时，被告楼某鹏赠与被告何某英的财产数额较大，既非日常生活所需，又未经原告季某园同意，被告楼某鹏的赠与与被告何某英的接受赠与，是基于双方的不正当男女关系，其二人的过错行为损害了原告季某园的合法权益，该赠与行为应确认无效。赠与无效后，原告季某园可要求被告何某英返还获赠的财产及款项。

关于争议焦点四：原、被告三方对于被告楼某鹏赠与被告何某英小型轿车一辆均无异议，法院依法予以确认；对于案涉房产，被告何某英认可尾款125万元系由被告楼某鹏支付的，但认为定金15万元是其支付的，但是并未提供收入来源证明，该辩解法院亦不予采信，依法认定该处房产系被告楼某鹏所购买；对于现金存款问题，由于均采取银行现存方式，无法直接体现系被告楼某鹏转账交付的，结合原告方提供的证据3及庭审原、被告各方的陈述，法院依法采信被告何某英的自认，依法确认被告楼某鹏交付给被告何某英的款项为302万元。

综上，浙江省义乌市人民法院依照《中华人民共和国合同法》第五十八条、第一百八十五条，《中华人民共和国婚姻法》第十七条，《最高人民法院关于适用〈中华人民共和国婚姻法〉若干问题的解释（一）》第十七条的规定，作出如下判决：

一、确认被告楼某鹏赠与被告何某英小型轿车一辆、案涉房屋、人民币302万元的行为无效；

二、被告何某英于判决生效后十日内返还给原告季某园小型轿车一辆、义乌市房产一套、人民币302万元及利息损失（以302万元为基数，自2020年3月23日起按全国银行间同业拆借中心公布的同期贷款市场报价利率计付至实际履行完毕之日止）。

被告何某英不服一审判决，提出上诉。

浙江省金华市中级人民法院经审理认为：上诉人何某英未在法定期间内缴纳二审案件受理费，亦未提出减免或缓交诉讼费的申请，不履行二审诉讼义务，依法应视为自动撤回上诉。依照《中华人民共和国民事诉讼法》第一百五十四条第一款第十一项、《最高人民法院关于适用〈中华人民共和国民事诉讼法〉的解释》第三百二十条的规定，作出如下裁定：

本案按上诉人何某英自动撤回上诉处理。一审判决自本裁定书送达之日起发生法律效力。

【法官后语】

夫或妻在处理夫妻共同财产上权利平等。因日常生活需要而处理夫妻共同财产的，任何一方均有权决定，非因日常生活需要对共同财产作出重要处理的，夫妻双方应当平等协商，取得一致意见。夫或妻一方将夫妻共同财产赠与他人且未经另一方同意或追认的，该赠与行为无效，但不得对抗善意第三人。

夫妻共同财产主要是指：夫妻在婚姻关系存续期间所得的以下财产：（1）工资、奖金、劳务报酬；（2）生产、经营、投资的收益；（3）知识产权的收益；（4）继承或者受赠的财产，但遗嘱或赠与合同中明确只归一方的财产除外；（5）其他应当归共同所有的财产。

在婚姻关系存续期间，夫妻双方对共同财产有平等的处理权，因日常生活需要而处理夫妻共同财产的，任何一方均有权决定。非因日常生活需要对夫妻共同财产作重大处分时，夫妻双方应当平等协商，取得一致意见。夫妻一方超出日常生活需要将巨额财产赠与他人，严重侵犯了另一方对共同财产的所有权，这既是一种无权处分行为，又有悖公序良俗，因此这种赠与行为是无效的。

夫妻共同财产是基于法律的规定，因夫妻关系的存在而产生的。在夫妻双方未选择其他财产制的情形下，夫妻对共同财产形成共同共有，而非按份共有。在处理涉及夫妻共同财产的问题时，应将夫妻共同财产看作一个不可分割的整体，夫妻对全部共同财产不分份额地享有所有权。因此，一方面，夫或妻一方擅自将共同财产赠与他人的行为应为全部无效，而非部分无效；另一方面，夫或妻另一方有权就全部赠与财产主张返还，而非部分返还。

结合到本案，楼某鹏基于与何某英的长期情人关系而对其进行的财产赠与有违公序良俗，何某英取得上述财产亦非出自善意，同时也严重侵害了季某园对夫妻共同财产的所有权和处分权，故法院判决何某英返还全部赠与的财产。

编写人：浙江省义乌市人民法院　叶芸

13

为求赡养赠与未成年孙子女房产应为附义务的赠与

——李某伦诉李某鸣等附义务赠与合同案

【案件基本信息】

1. 裁判书字号

安徽省淮南市中级人民法院（2020）皖04民终1131号民事判决书

2. 案由：附义务赠与合同纠纷

3. 当事人

原告（被上诉人）：李某伦

被告（上诉人）：李某鸣、李某昕、张某红

【基本案情】

李某伦一生育有六个子女，按出生先后分别是长女李某珍、长子李某振、次子李某鹏、次女李某芳、小女李某妹、幼子李某昕。李某昕与张某红生育一子李某鸣。

李某昕自八岁起便与李某伦生活在一起，由李某伦照抚长大，与张某红结婚后仍和李某伦共同生活在李某伦名下位于淮南市某小区一处房屋内。2010年4月19日，李某昕、张某红生育一子李某鸣，其一家三口继续居住在上述房屋内，与李某伦一起生活，多年来一直相安无事。随着李某鸣逐年长大，李某伦年事已高，身体每况愈下，张某红便向李某伦提议将上述房屋赠与李某鸣，其和李某昕二人负责赡养李某伦，李某伦同意后，便于2017年6月15日与李某鸣（李某昕作为代理人）签订《存量房买卖合同》，以买卖方式将上述房屋赠与李某鸣，并办理了房屋过户手续，现房屋登记在李某鸣名下。房屋赠与完成后，李某伦与李某昕一家三口继续在上述房屋内生活，但李某昕、张某红不再尽心赡养李某伦，还于2019年5月要求李某伦向法院起诉让其他子女支付赡养费或轮流赡养照顾，并索要了李某伦的工资卡，每月只给500元让李某伦买饭吃，李某伦不得以才让李某鹏将其接走。后经法院调解并明晰李某伦起诉并非出自其本意，李某伦申请撤回了起诉。之后，李某伦欲让李某昕一家返还房屋，便于2020年1月14日，向淮南市八公山区人民法院起诉李某鸣、李某昕、张某红。2020年3月5日，淮南市中级人民法院裁定该案由淮南市谢家集区人民法院审理。经征得李某伦同意，2020年4月26日，李某鹏、李某妹与老年公寓签订委托护理协议，李某伦入住该老年公寓至今。

【案件焦点】

1. 以买卖形式办理过户，《存量房买卖合同》的效力如何认定；2. 诉讼请求撤销赠与，是否超过法定期间；3. 要求返还赠与的房屋，能否得到支持。

【法院裁判要旨】

安徽省淮南市谢家集区人民法院经审理认为：李某伦与李某鸣（李某昕作

为代理人）签订《存量房买卖合同》，以买卖方式将案涉房屋过户给李某鸣，并非当事人真实意思表示，其背后隐藏的赠与合同关系才是当事人的真实意思表示，即李某伦将案涉房屋赠与李某鸣，李某昕、张某红负责赡养李某伦，《存量房买卖合同》系当事人虚假意思表示，属无效合同。案涉房屋已经赠与完成产权变更登记，权利已经转移至李某鸣名下，李某昕、张某红夫妇应按约全面履行赡养义务，让李某伦安度晚年。但自2019年5月起李某昕、张某红不再尽心照顾李某伦，无论是日常生活方面还是精神慰藉方面，均未尽到义务，致李某伦无法与李某昕一家继续生活在一起，2020年4月入住老年公寓后至今无家可归，其行为于法不符，更与中华民族传统美德相悖，李某伦基于与李某昕、张某红之间的约定，在知道撤销事由后一年内依法起诉要求撤销赠与，未超过法定除斥期间，依法应予以支持。根据《中华人民共和国合同法》第一百九十四条"撤销权人撤销赠与的，可以向受赠人要求返还赠与的财产"的规定，李某伦要求返还房屋，并由李某昕一家协助办理过户手续，符合法律规定。

安徽省淮南市谢家集区人民法院依照《中华人民共和国合同法》第六十条、第一百八十五条、第一百九十条、第一百九十二条、第一百九十四条，《中华人民共和国民事诉讼法》第六十四条的规定，作出如下判决：

一、撤销原告李某伦与被告李某鸣、李某昕、张某红之间就案涉房屋达成的赠与合同；

二、被告李某鸣、李某昕、张某红于本判决生效之日起十日内将上述第一项所列房屋返还原告李某伦，并协助将房屋产权变更登记至原告李某伦名下；

三、驳回原告李某伦的其他诉讼请求。

李某鸣、李某昕、张某红不服一审判决，提出上诉。

安徽省淮南市中级人民法院经审理认为：赠与合同是赠与人将自己的财产无偿给予受赠人，受赠人表示接受赠与的合同。本案中，案涉赠与是基于李某伦与李某鸣之间的特殊身份关系即祖孙关系，李某伦将房屋无偿赠与李某鸣的同时，也附有由李某昕、张某红夫妇负责赡养李某伦的意思，对此一审证人李某珍、李某振、李某鹏、李某妹均出庭作证予以证实，故李某伦的赠与系附条件的赠与，李某鸣、李某昕、张某红上诉称案涉赠与合同未附有义务的理由不能成立，法院依法不予支持。

赡养父母是成年子女应尽的法定义务，亦是中华民族的传统美德。李某昕、张某红在其子李某鸣获得赠与房屋后，不再尽心照顾李某伦，无论是在日常生活还是精神慰藉方面，均未尽到应尽的赡养义务，导致李某伦不愿与李某鸣、李某昕、张某红继续共同生活，在李某昕、张某红未按约定履行赡养义务的情况下，李某伦诉请撤销案涉赠与合同符合法律规定，一审判决撤销赠与并无不当，李某鸣、李某昕、张某红上诉称赠与已经完成、不存在撤销的事实和法律依据的理由不能成立，依法不予支持。

安徽省淮南市中级人民法院依照《中华人民共和国民事诉讼法》第一百七十条第一款第一项之规定，作出如下判决：

驳回上诉，维持原判。

【法官后语】

附义务的赠与合同，是指赠与人对其赠与附加一定的条件，使受赠人负担一定义务的合同。附义务的赠与是一种特殊的赠与，所附义务不是单独的另一个合同内容，而是赠与合同的一部分，在受赠人不履行约定的义务时，法定期限内赠与人可撤销赠与。

随着社会人口老龄化加快，老人的赡养已成为每个家庭非常重要的一件事，许多老人会将自己名下的财产赠与子女，并要求子女履行赡养义务，这就是一种附赡养义务的赠与。但是，现实生活中老人的赠与方式有很多种，有的是直接的赠与，如存款或不用进行登记的动产，有的是以买卖方式进行过户登记的赠与，如房产、车辆等。要判断一个民事法律行为的性质，首先需要分析其背后隐藏的真实意思表示。以买卖方式进行过户登记的，如果没有实际支付对价，其本质上就是赠与。

赡养老人是中华民族的传统美德，也是弘扬社会主义核心价值观的体现。

《中华人民共和国民法典》第二十六条第二款“成年子女对父母有赡养、扶助和保护的义务”以及第一千零六十七条第二款“成年子女不履行赡养义务的，缺乏劳动能力或者生活困难的父母，有要求成年子女给付赡养费的权利”的规定，成年子女有赡养父母的法定义务。但因为社会、生活压力不断加大，许多老人为了减轻子女负担并得到赡养，会将自己的财产赠与子女，甚至未成年孙（外孙）子女。对于将财产赠与子女而求赡养的，毋庸置疑应为附赡养义务的赠与，但赠与未成年孙（外孙）子女财产应如何定性的问题，仍应分析其真实的意思表示，未成年孙（外孙）子女并没有法定的赡养义务，亦无赡养能力，如果老人赠与财产的真实目的是希望能够得到子女的赡养，则赠与未成年孙（外孙）子女的财产，也应为附赡养义务的赠与，在义务人不履行赡养义务时，老人仍有权要求撤销赠与。

关于撤销赠与的法定期间，《中华人民共和国民法典》第六百六十三条规定：“受赠人有下列情形之一的，赠与人可以撤销赠与：（一）严重侵害赠与人或者赠与人近亲属的合法权益；（二）对赠与人有扶养义务而不履行；（三）不履行赠与合同约定的义务。赠与人的撤销权，自知道或者应当知道撤销事由之日起一年内行使。”这里《中华人民共和国民法典》沿用了《中华人民共和国合同法》第一百九十二条关于“一年”除斥期间的规定，即赠与人应在知道撤销事由后一年内依法起诉要求撤销赠与。本案中，原告主张撤销并未超过法定期间，被告未履行赡养义务，导致附义务的赠与被撤销。该案件经过两级法院裁判，最终的判决结果起到了很好的社会引导作用，体现了社会主义核心价值观，也实现了法律效果和社会效果的统一。

编写人：安徽省淮南市谢家集区人民法院　王健雯

14

赠与合同可撤销的司法认定

——于某华诉何某甲、范某赠与合同案

【案件基本信息】

1. 裁判书字号

天津市第一中级人民法院（2020）津01民终4489号民事判决书

2. 案由：赠与合同纠纷

3. 当事人

原告（被上诉人）：于某华

被告（上诉人）：何某甲

被告：范某

【基本案情】

何某甲系于某华的孙子，何某乙（已去世）与范某系何某甲的父母。何某乙系于某华的儿子。后范某、何某甲与于某华及其两个女儿达成协议，由范某给付于某华折价款35万元，于2020年2月5日前付清。2019年12月12日，范某在邻居的见证下，携带35万元现金到于某华的住所，声称履行给付内容，并要求于某华在事先打印好的收据上签字，于某华未亲自签字，由何某甲代签，于某华在名字上捺印。后何某甲称因买房需要用钱与于某华商量，于某华同意将这笔款项让何某甲买房使用。后于某华曾因此事报警。2019年12月14日，于某华曾打电话给范某与何某甲，索要35万元未果。后于某华诉至一审法院。

【案件焦点】

案涉赠与行为是否系于某华真实意思表示。

【法院裁判要旨】

天津市蓟州区人民法院经审理认为：本案的争议问题有，第一，2019年12月12日于某华是否能准确认识自身行为。第二，诉争的35万元款项，于某华是否明确赠与何某甲。

针对争议问题一，通过双方提交的证据，当时于某华卧床未起，在何某甲提交的视频和音频中，根据于某华当时的陈述，可知于某华当时能说话，也能与别人交流，但并不能完事理解其他人的意思，而且还出现人与名对错的情况，故此不能认定当时于某华本人能准确明白发生的事情和自己行为的意义。

针对争议问题二，通过庭审，结合双方提交的证据，特别是何某甲提供的录音中于某华的表述，即“这钱留着你买房使？我得跟那两个丫头商量商量”“买房使，这点钱就买房使，我就当家了”“就是留他买房使，没有这钱他买不了房”，根据以上陈述，于某华均没有将款项赠与何某甲的明确意思。另外，2019年12月12日于某华曾报警求助警察索要诉争款项。2019年12月14日于某华曾通过电话向范某和何某甲催要这笔款项。故于某华主张将35万元款项赠与何某甲系对行为性质认识错误，涉案款项并非赠与何某甲，只是让何某甲买房使用。

天津市蓟州区人民法院认为，于某华将涉案款项交付何某甲的行为并非赠与，于某华与何某甲之间并不成立赠与关系，无需撤销，故对于某华要求撤销口头赠与行为的诉求，不予支持。涉案款项应属于某华所有，因涉案款项系于某华给何某甲买房使用，现于某华要求返还，故涉案款项应由何某甲返还。于某华要求范某返还，理据不足，不予支持。遂依照《中华人民共和国民法通则》第一百零八条之规定，作出如下判决：

一、何某甲返还于某华款项35万元，于本判决生效之日起十日内付清；

二、驳回于某华的其他诉讼请求。

何某甲不服，提起上诉。

天津市第一中级人民法院经审理认为：《中华人民共和国老年人权益保障法》第二十二条第一款规定：“老年人对个人的财产，依法享有占有、使用、收益和处分的权利，子女或者其他亲属不得干涉，不得以窃取、骗取、强行索取等方式侵犯老年人的财产权益。”上述法律明确了老年人对个人财产的自主处分权，任何亲属不得以任何违反老年人真实意思的方式侵犯老年人的财产权益。因此，本案的争议焦点就是涉案赠与行为是否系于某华真实意思表示。

首先，就赠与行为的启动而言，2019 年 12 月 12 日上午的现场录音显示，在于某华未表示赠与涉案款项时，于某华的保姆对大额现金存放在于某华处表达了担心，何某甲和范某明确表示何某甲还要将 35 万元现金拿走。范某表示“让何某甲拿着吧”；何某甲表示“一会我拿着吧，您甭担心了”。上述情节可以证明何某甲拿走涉案款项的想法在于某华赠与行为之前已经产生。然后，在于某华未有任何赠与的意思表示时，何某甲主动向于某华表示“奶，这钱能拿给我买房使吗”。因此，涉案赠与行为并非于某华主动提出，而是何某甲先有获得涉案款项的想法，然后主动提出让于某华将涉案款项赠与何某甲。

其次，就赠与行为的过程而言，何某甲请求于某华将涉案款项给自己使用后，于某华并没有立即同意，而是明确表示要与两位女儿协商一下，“我得跟那俩丫头商量商量”。但在何某甲表示“奶要跟她们商量我就真没有了”之后，于某华担心影响家庭和谐才作出了赠与的表示，“那俩钱快给你吧，别因为这俩钱成天的……”“别闹了你们呐，就因为这俩钱”。同时，于某华当时已经对何某甲一方面将涉案款项拿走，另一方面又让于某华在收取折价款 35 万元的收条上按手印明确表示不理解，“这钱留着你买房使，那我按手印干啥呢”，“你们别害我”。因此，于某华赠与的意思并非完全出自内心，而是在何某甲的影响之下，担心影响家庭和谐才作出的。

最后，从于某华事后的行为而言，在何某甲取走涉案款项的当天下午，于某华就向公安机关表达其受骗了，希望公安机关追回涉案款项的意见；2020 年 1 月 6 日，于某华以向人民法院起诉的方式要求取回涉案款项；本案二审庭审中，于某华本人出庭参加诉讼，亦明确表明要求取回涉案款项的意见。于某华追回涉案款项的意思在赠与行为之后就产生了，且延续至今，亦可以反映出于某华赠与的意思并非出于深思熟虑的结果。

综上，虽然何某甲的行为达不到一般民事活动中欺诈和胁迫的程度，但考虑于某华当时年近80周岁，且有病在床的身体情况；于某华的丈夫和儿子已经死亡，何某甲系其唯一孙子的特殊亲属关系情况，可以认定于某华是在受到何某甲影响之下，担心影响家庭和谐而作出的违背内心真实意思的赠与意思表示，于某华有权根据《中华人民共和国合同法》第五十四条第二款的规定撤销赠与合同。在本案中，于某华在赠与合同履行当天即要求撤销赠与合同，并在法定的期限内起诉撤销赠与合同，应当予以支持。根据《中华人民共和国合同法》第五十八条的规定，赠与合同被撤销后，何某甲应当返还于某华涉案款项。

关于何某甲主张赠与财产权利已经转移，不能撤销赠与合同的问题，法院认为，《中华人民共和国合同法》第一百八十六条规定的撤销赠与合同的限制系对赠与人任意撤销权的限制。而在本案中，于某华认为其作出赠与的意思表示系在何某甲欺骗和纠缠之下作出的不真实的意思表示，进而主张撤销合同。根据该主张，其系根据《中华人民共和国合同法》第五十四条第二款的规定主张撤销权，与《中华人民共和国合同法》第一百八十六条规定的赠与人任意撤销权系不同的法律制度，不受赠与财产权利是否转移的限制。

另外，法院注意到，在庭审过程中，范某和何某甲均表达了对于某华的尊重，流露出浓浓的亲情，并希望于某华能够在范某名下的房屋中安享晚年，范某和何某甲愿意养老尽孝；于某华也给予了积极的回应。法院希望各方当事人能够尽快摆脱本次纠纷的影响，互相体谅，互相扶持，弘扬尊老敬老的中华民族传统美德，共享天伦之乐，让于某华的晚年生活更加幸福。

综上，何某甲的上诉请求，没有事实和法律依据，法院不予支持。一审判决认定事实清楚，判决结果无误，应予以维持。天津市第一中级人民法院依照《中华人民共和国民事诉讼法》第一百七十条第一款第一项之规定，作出如下判决：

驳回上诉，维持原判。

【法官后语】

本案是典型的老年人赠与合同纠纷案件。老年人作为赠与人将个人合法财产赠与亲属是老年人依法处理个人财产的方式之一，是遗嘱继承的重要补充方式。但现实中，存在受赠与人利用赠与人年老体衰，意志薄弱，采取诱使、哄骗或利用特殊身份、家庭关系使赠与人迫于压力、碍于情面、丧失自主自愿的情形下作出赠与的意思表示，严重损害了老年人的合法权益，违反了《中华人民共和国老年人权益保障法》明确的老年人对个人财产拥有自主处分权的精神。

对于老年人作为赠与人与亲属订立的赠与合同，在赠与财产权利转移后向法院主张撤销的，应当审查赠与人在作出赠与行为时是否违背真实意思，是否存在《中华人民共和国合同法》第五十四条第二款可撤销民事法律行为的情形，在保障老年人合法权益的前提下，依法公正作出裁判。本案明确了对于此类案件的审查重点为赠与人在作出赠与行为时是否违背真实意思。对于赠与人是否违背真实意思的审查，应当结合赠与人的年龄和身体状况、赠与合同双方之间的关系、赠与人主张撤销的时间等具体情况进行具体的分析认定。即使受赠与人的行为达不到一般民事活动中欺诈和胁迫的程度，但可以认定赠与人的意思表示存在瑕疵的，亦可参照可撤销民事法律行为之规定，予以撤销。

本案不仅弘扬了尊老敬老的中华民族传统美德，有力地保护了老年人的合法权益，还明确了此类案件的审查重点和认定标准，对同类案件具有借鉴意义。

编写人：天津市第一中级人民法院　史会明

五、保证合同纠纷

15

合同的变更应经清晰明了并确认无疑的意思表示

——某银行北京分行诉投资公司保证合同案

【案件基本信息】

1. 裁判书字号

北京市第一中级人民法院（2020）京 01 民终 7287 号民事判决书

2. 案由：保证合同纠纷

3. 当事人

原告（被上诉人）：某银行北京分行

被告（上诉人）：投资公司

第三人：融资担保公司、置业发展公司

【基本案情】

自 2009 年 9 月 24 日以来，某银行北京分行与第三人融资担保公司签署系列相关《合作协议》及《合作补充协议》。在上述《合作协议》及《合作补充协议》的基础上，某银行北京分行与投资公司签署了《最高额担保合同》（编号：X201471615-A），并就投资公司担保范围在该合同第 1.4 条款中约定如下："为确保第三人融资担保有限公司与某银行北京分行于 2009 年 9 月 24 日签署的

《个人信贷业务专业担保事项合作协议》、2009年11月30日签署的《个人信贷业务专业担保事项合作协议补充协议》、2009年12月30日签署的《个人信贷业务专业担保事项合作协议》、2009年12月30日签署的《个人信贷业务专业担保事项合作协议补充协议》、2010年12月31日签署的《个人信贷业务专业担保事项合作协议》、2010年12月31日签署的《个人信贷业务专业担保事项合作协议补充协议》、2011年9月24日签署的《个人信贷业务专业担保事项合作协议补充协议》、2011年12月31日签署的《个人信贷业务专业担保事项合作协议补充协议》、2012年9月24日签署的《个人信贷业务专业担保事项合作协议补充协议》、2012年12月31日签署的《个人信贷业务专业担保事项合作协议补充协议》项下，融资担保公司同意提供担保责任的是丁方已经申请授信/贷款的借款人与丁方所签署的全部授信/借款合同及具体业务合同（上述共同构成本合同的主合同，以下统称主合同）项下的丁方全部债权（包括或有负债）。最高额担保所担保的主债权的发生期间为2009年9月24日-2014年12月30日。为防止歧义，主合同的具体范围见附件二。”截至2014年年初，本案《最高额担保合同》项下多起主合同债权发生逾期违约。2014年8月，某银行北京分行以金融借款合同纠纷为由，将主合同项下债务人高某民、李某源、叶某琴、吴某旺、徐某、陈某芳、钟某云、黄某富等15人诉至北京市海淀区人民法院，同时要求投资公司承担最高额担保责任。投资公司认为，在上述15起金融借款合同纠纷案件中投资公司不应承担最高额担保责任，同时投资公司单方提供了本案《最高额担保合同》“附件二”的内容，并主张因其提供的“附件二”所列名单中并不包含15名主合同债务人，故上述15起主合同金融借款合同纠纷案件所涉债权不在本案《最高额担保合同》担保范围内，投资公司无须承担该15起案件的最高额担保责任。某银行北京分行请求对《最高额担保合同》所涉主债权发生期间予以确认。某银行北京分行认为，本案《最高额担保合同》第1.4条款中约定：“最高额担保所担保的主债权发生期间为2009年9月24日-2014年12月30日。”当时双方仅约定了主债权发生的起始期限，未约定主债权发生的终止期限。依据《最高额担保合同》篇首约定及第1.4条款的约定，本案最高额担保的主债权发生期间应为2009年9月24日至2014年12月30日，故某银行北京分行诉至法院，请求法院依法予以确认。

【案件焦点】

1. 涉案《最高额担保合同》的性质是普通担保还是最高额担保；2. 能否将投资公司提供的附件二认定为双方对主债权范围进行变更的真实意思表示并以此推翻合同的最高额担保的性质；3. 涉案《最高额担保合同》中主债权的发生期间应如何确定。

【法院裁判要旨】

北京市海淀区人民法院经审理认为：合同的当事人对因相关条款约定不明发生争议时，应当以合同文义、体系为基础，以公平、诚信为原则，结合合同订立的背景及目的、当事人的真实意思表示、交易习惯及法律规定等因素进行综合判断。本案中，某银行北京分行与投资公司签订《最高额担保合同》后，本应遵循诚实信用原则，按照合同约定全面履行各自的权利、义务，但双方在履行合同的过程中对上述担保合同的性质及主债权的范围发生争议：某银行北京分行认为涉案担保合同的性质系最高额担保合同，主债权的范围为融资担保公司与其订立的各合作协议及补充协议项下的所有借款合同产生的全部债权，要求法院确认决算期；而投资公司抗辩称上述担保合同并非最高额担保合同，而系普通的担保合同，并主张以其提交的《附件二》作为认定主债权范围的唯一依据。

结合某银行北京分行的诉讼主张与投资公司的答辩意见，法院认为本案的争议焦点包括以下三点：（1）案涉《最高额担保合同》的性质是普通担保还是最高额担保；（2）能否将投资公司提供的附件二认定为双方对主债权范围进行变更的真实意思表示并以此推翻合同的最高额担保的性质；（3）案涉《最高额担保合同》中主债权的发生期间应如何确定。

1. 案涉《最高额担保合同》的性质是普通担保还是最高额担保

根据担保的相关法律规定，担保人与债权人可以就单个主合同分别订立担保合同，也可以协议在最高债权额限度内就一定期间连续发生的借款合同或者某项商品交易合同订立一个担保合同，这一规定中前者指的就是普通的担保合同，而后一种类型的担保合同即是最高额担保合同。最高额担保区别于普通担保的最显著的特征即债权的不特定性，在合同约定的决算期内形成的主合同双方的债权债务关系是不确定的，只有决算期届至，担保的债权才能最终确定，决算前最高额担保从属于基础法律关系而不从属于具体特定的债权。根据上述最高额担保合同的特征可知，最高额担保是为一定期间连续发生的债务提供担保，在此期间存在诸多不确定因素，担保人承担责任的风险极高，在签订此类合同时担保人自然应当更加审慎地作出决定。双方在签订合同时，均应认真审查合同内容、研究合同条款，在充分理解合同约定的情况下，表达真实意思。

具体到本案，首先，从合同内容来看，合同名称明确标注为“最高额担保合同”；篇首合同目的部分的内容非常明确地表明了订立该合同的目的是针对自 2009 年 9 月 24 日以后一定期间内连续发生的、不特定债权提供最高额担保；合同中约定了最高额担保的起始日期、最高债权额度、最高债权额的范围以及主债权的合同范围；其他相关权利义务的条款的约定亦均符合最高额担保合同的特征。

其次，从合同的签订过程来看，虽然担保合同的范本系由某银行北京分行提供，但投资公司亦有专业的法务人员参与签约；融资担保公司作为专业的担保公司，与某银行北京分行就担保业务自 2009 年起至签订案涉合同时已合作多年，合作周期较长；而张某作为融资担保公司和投资公司共同的法定代表人，其对于担保业务的交易流程、交易习惯及担保类型等必然是清楚的；投资公司和张某显然不可能在签订这样一份担保额高达 4 亿元的担保合同时无视合同名称、标题、具体内容及各项权利义务的种种约定均指向担保性质为最高额担保时，仅依据一句“为防止歧义，主合同的具体范围见附件二”的表述而误以为其提供的仅是普通担保草率地签约。

综上，投资公司和法定代表人张某分别以盖章、签名的形式对案涉《最高额担保合同》进行了确认，某银行北京分行亦已在合同上签字盖章确认，投资公司亦未能提供证据证明案涉合同是在受到欺诈、胁迫的情形下签署的，可以认定双方签署的《最高额担保合同》系投资公司向某银行北京分行提供最高额担保的真实意思表示，案涉合同的性质应为最高额担保。

2. 能否将投资公司提供的附件二认定为系双方对主债权范围变更的真实意思表示并以此推翻合同的最高额担保的性质

本案中，双方之所以对主债权范围发生争议，根源于合同中第1.4条关于主债权的大段文字表述后所载明的“为防止歧义，主合同的具体范围见附件二”这句话。仅从合同文义来看，对于该句表述可以有如下两种理解：第一种理解，合同篇首及第1.4条中罗列10份合作协议及补充协议的表述过于冗繁，如某银行北京分行所述，担保项目下涉及的债权较多且后续还会产生新的债权，文字表述过于笼统，其本意是想通过附件二对借款人的情况进行梳理，同时对后续可能发生的借款加以说明，从而使得主债权的范围看起来更加直观清晰；第二种理解，如投资公司所言，双方意图通过附件二对合同篇首及第1.4条中的两段文字所确认的主合同的范围进行更改，此时融资担保公司与某银行北京分行所签署的合作协议仍在继续履行，即还有可能会发生新的债权，双方拟对合作协议及补充协议项下的借款合同进行筛选，投资公司不再是对合作协议项下的已发生和未发生的全部债权进行担保，而是仅对部分已发生的债权提供担保，即某银行北京分行自愿放弃部分担保权利。

如按第二种理解，应以附件二作为认定主债权范围的依据，那么附件二的内容如与合同名称及合同正文中所确认的担保的主债权范围发生矛盾，这种冲突就会构成对主债权范围的更改，继而因此推定合同性质并非最高额担保而是普通的担保，这也是投资公司作出的一种逆向推定。

投资公司的上述推理显然是不符合法理与逻辑的，也是不符合客观事实的。

从本案审理情况来看，投资公司提交的关键证据即电子邮件及电话录音，关于电子邮件的证据来源，投资公司主张该邮件系由某银行北京分行的工作人员转发至融资担保公司的工作人员的电子邮箱后，该工作人员又将邮件转发给投资公司本案的委托代理人。首先，从该电子邮件的附件标题来看，标题显示的合同编号与案涉合同编号并不完全一致；其次，该邮件是转发邮件，并非由某银行北京分行直接发送给投资公司的代理律师，故该证据为传来证据；最后，投资公司虽提供录音证据作为佐证，但亦未能提供该录音证据的原始载体。综上，投资公司提供的上述证据均非原始证据，在没有其他有效证据予以佐证的情况下，法院对上述证据的真实性及证明力均无法予以确认。

然而，退而言之，尽管投资公司提供的现有证据不足以证明，但亦不能排除此种可能性，即投资公司所提供的电子版合同文本及附件一、二均确系由某银行北京分行发送。即便如此，如前所述，在这种情况下，投资公司仍需对双方对合同变更达成意思表示一致承担举证责任，并不能直接因此免除担保责任。

事实上，合同的变更将使当事人在缔结合同时所期待的法律后果发生重大改变，因此合同变更适用禁止推定原则，变更的内容必须准确、真实、一致地表达出来。民事权利的放弃必须采取明示的意思表示才能发生法律效力，默示的意思表示只有在法律有明确的规定及当事人有特别约定的情况下才能发生法律效力。如双方要对主债权的范围进行变更，首先，变更后的内容需要经双方协商形成一致意见；其次，变更后的内容要经双方明确予以确认，即更新债务必须至少要以双方当事人认可的文字记录形式来表达变更合同意愿。主债权的范围对于案涉担保合同是至关重要的核心要素，双方更应当以清晰明了并确认无疑的意思表示予以确认。

具体到本案，投资公司提供的合同正文落款处加盖有投资公司与某银行北京分行双方的印章；而其提交的作为确定案涉担保合同核心内容即主债权范围的这样一份至关重要的附件二，自然也须加盖双方的印章或签字进行确认，但该份附件二上却仅加盖了投资公司的公章，某银行北京分行并未在该附件二上予以盖章或签字确认。可见，某银行北京分行并未通过积极行为如在附件二上签字盖章的方式明示放弃部分债权，其亦未采用默示的消极行为方式将主债权的范围予以变更，相反其在 2014 年 8 月起诉主债务人的一系列金融借款合同纠纷案件中，均一并主张了投资公司的担保责任，其上述行为亦表明其从未放弃过 2009 年合作协议项下部分债权的担保权利，亦未就主债权范围的变更与投资公司达成一致的意思表示。

相较而言，法院认为，上述第一种理解是更为客观的，也更符合双方签订案涉合同的背景和目的。在签订合同时，某银行北京分行与融资担保公司之间是基于一个总额高达 4 亿元的项目且长达四五年的长期的合作关系，双方并非仅基于单独的某一笔贷款的担保进行合作。作为张某绝对控股并担任法定代表人的投资公司，其为亦由张某担任法定代表人的融资担保公司的项目签署最高额担保合同的合同目的显然是追加担保，从而保障某银行北京分行的现有债权和将来可能发生的债权的安全。这也说明合作协议项下原有的融资担保公司提供的担保已不能足以保障某银行北京分行债权的安全性。投资公司之所以为融资担保公司所担保的债权提供追加担保，究其深层次原因，极有可能是为让某银行北京分行能够更放心地继续履行合作协议，为融资担保公司推荐的客户发放新的贷款，在这种情况下，提供一揽子的概括担保更符合双方订立合同的真正目的。

综上，合同正文是关于债权人和担保人之间约定担保法律关系和相关权利义务关系的直接合同依据，虽然双方对于附件二的存无及内容存在争议，但现结合合同的文义、体系、订立背景和目的等其他要素足以认定最高额担保是双方内心的真实意思表示，亦足以认定担保的主债权的范围。故投资公司提供的附件二不能认定为系双方对主债权范围变更的真实意思表示，亦不能推翻合同的最高额担保的性质。

3. 主债权发生期间应如何确定

最高额担保合同的不特定债权确定后，担保人应当对在最高债权额限度内就一定期间连续发生的债权余额承担担保责任。不特定债权的确定，涉及被担保债权的识别，在担保法理中是以决算日作为确定标准的。发生特定的原因或当事人之间约定的期限届满时，当事人在担保合同中明确约定了最高额担保的存续期间、存续期间的终点，即为债权额的决算期，在该期日所担保的不特定债权即归于确定，决算日后不再发生新的债权，即主债权的发生期间届至。

本案中，某银行北京分行与融资担保公司最早签订的合作协议即 2009 年合作协议的签订日期为2009年9月24日，案涉《最高额担保合同》亦明确约定了主债权发生期间的起始日期为2009年9月24日，双方对此并无异议。但是合同中对于决算日即主债权的发生期间的终止日期并未明确，此时应依据2009年合作协议及补充协议来确定主债权的发生期间的终止日期。根据查明事实，某银行北京分行与融资担保公司就2009年合作协议签订的最后一份补充协议即于2012年12月31日签订的《个人信贷业务专业担保事项合作协议补充协议》。根据该补充协议的约定，除保证金账户的相关事宜外其他事项应均按2009年合作协议的约定执行。原合同约定合同有效期为2年，故该补充协议的到期日应为2014年年终，现双方均认可2014年12月30日之后即再无新的债权发生，某银行北京分行要求确认2014年12月30日为决算日即主债权发生期间的终止日期，并无不当，法院对此不持异议。对于某银行北京分行要求确认案涉《最高额担保合同》项下主债权的发生期间为2009年9月24日起至2014年12月30日止的诉讼请求，法院予以支持。

北京市海淀区人民法院依照《中华人民共和国合同法》第六条、第八条、第六十条、第一百二十五条，《中华人民共和国担保法》第十四条、第二十七条，《中华人民共和国民事诉讼法》第一百四十四条之规定，作出如下判决：

确认投资公司在某银行北京分行与其签订的《最高额担保合同》合同项下担保的主债权的发生期间为2009年9月24日起至2014年12月30日止。

投资公司不服原审判决，提起上诉。

北京市第一中级人民法院经审理认为：最高额担保是指担保人与债权人约定在最高债权额限度内就一定期间连续发生的借款合同或者某项商品交易合同订立担保合同，而普通担保是指担保人和债权人约定就特定的主合同订立担保合同。二者的区别在于普通担保合同担保的主债权是确定的，而最高额担保合同担保的主债权是不确定的，只有等决算期届至，主债权的范围才能最终确认。本案中，某银行北京分行与投资公司签订的《最高额担保合同》的名称为“最高额担保”，约定了最高额担保的起始日期、最高债权额度、最高债权额的范围以及主债权的合同范围等，对其他相关条款的约定亦符合最高额担保合同的特征，因此，从案涉《最高额担保合同》的名称和内容来看，该合同系针对自 2009 年 9 月 24 日以来一定期间连续发生的不特定的债权提供担保，符合最高额担保合同的特征，其性质属于最高额担保。投资公司上诉主张双方以附件二的形式确认案涉《最高额担保合同》的性质为普通担保，但该附件二上并无某银行北京分行的盖章确认。即使该附件二确由某银行北京分行发送给融资担保公司，但对于将案涉《最高额担保合同》的性质从最高额担保合同变更为普通担保合同这一重大的合同变更事项，在无某银行北京分行的正式盖章确认的情况下，不能单独以一份电子邮件即表明某银行北京分行以明示或者默示的方式变更了合同的性质。且从某银行北京分行后续的行为来看，其在 2014 年 8 月起诉主债务人的一系列金融借款合同纠纷案件中一并主张让投资公司承担担保责任，表明其并未以附件二的形式放弃其对投资公司享有最高额担保的权利。故投资公司关于案涉《最高额担保合同》的性质为普通担保而非最高额担保的上诉理由不能成立。

关于案涉《最高额担保合同》的主债权终止日期的确定。案涉《最高额担保合同》仅约定了主债权的起始日期，并未约定主债权的终止日期。但从案涉《最高额担保合同》项下包含的主合同范围来看，其包含了融资担保公司与某银行北京分行从 2009 年 9 月 24 日起至 2012 年 12 月 31 日止签署的 9 份合同的内容。在案涉《最高额担保合同》未约定主债权的终止日期时，应以该 9 份合同中最后一份合同，即 2012 年 12 月 31 日签订的《个人信贷业务专业担保事项合作协议补充协议》中约定的主债权的终止日期作为案涉《最高额担保合同》主债权的终止日期。而 2012 年 12 月 31 日签订的《个人信贷业务专业担保事项合作协议补充协议》中约定，除保证金账户的相关事宜外其他事项应均按 2009 年 9 月 24 日签署的《个人信贷业务专业担保事项合作协议》的约定执行。2009 年 9 月 24 日签署的《个人信贷业务专业担保事项合作协议》则约定，协议有效期为 2 年。故 2012 年 12 月 31 日签订的《个人信贷业务专业担保事项合作协议补充协议》的有效期亦为 2 年，即主债权的终止日期应为 2014 年 12 月 31

日。故投资公司关于案涉合同主债权的截止日期为2013年9月24日的上诉理由不能成立。

另，关于张某与某银行北京分行签署的《最高额担保合同》真实与否不影响对本案最高额担保合同性质的认定和担保主债权终止日期的确定。

北京市第一中级人民法院依照《中华人民共和国民事诉讼法》第一百七十条第一款第一项之规定，作出如下判决：

驳回上诉，维持原判。

【法官后语】

当合同双方当事人对相关条款约定不明发生争议时，应按照合同所使用的词句、合同的有关条款、合同的订立背景、合同的目的、交易习惯及诚实信用原则等因素进行综合判断。合同的变更应经清晰明了并确认无疑的意思表示予以确认。

在本案中，双方当事人的争议焦点有三点：一是案涉的《最高额担保合同》是最高额担保还是实际上为普通担保，二是投资公司提供的主合同附件二是否能够作为推翻合同最高额担保性质的依据，三是最高额担保的主债权发生期间如何确定。

首先，从合同的签署情况来看，根据融资担保公司与某银行北京分行在2009年至2012年签订的一系列合作协议及其补充协议的内容可知，融资担保公司作为某银行北京分行的特约担保服务机构，与民生银行开展的是长期的业务合作关系，投资公司与某银行北京分行签署《最高额担保合同》，正是为以上一系列合作协议及补充协议项下的债权作担保，且该《最高额担保合同》约定了最高额担保的起始日期、最高债权额度、最高债权额的范围以及主债权的合同范围等，对其他相关条款的约定亦符合最高额担保合同的特征，因此从案涉《最高额担保合同》的名称和内容来看，该合同系针对自2009年9月24日以来一定期间连续发生的不特定的债权提供担保，符合最高额担保合同的特征，其性质应属于最高额担保。且案涉《最高额担保合同》上均有某银行北京分行的盖章及投资公司和法定代表人张某的盖章、签名，在投资公司无法举证证明合同存在无效或可撤销的情况下，应当认定该合同系双方的真实意思表示。

其次，最高额担保与普通担保存在明显的区别，如涉及对合同性质的改变，当事人应当作出明确的意思表示并将该意思表示送达对方，本案中，投资公司提交了主合同附件二，并称该附件二系由某银行北京分行的工作人员通过电子邮件发送，但该份证据的证明力薄弱，没有其他相关证据进行佐证，其真实性尚且无法认定，且该附件二上仅有投资公司的盖章，而没有某银行北京分行的盖章确认，亦无法认定双方就改变合同性质达成了一致的意思表示，所以不能仅凭投资公司提供的主合同附件二作为推翻合同最高额担保性质的依据。

最后，双方均认可案涉《最高额担保合同》亦明确约定了主债权发生期间的起始日期为2009年9月24日。担保人与债权人协议在最高债权额限度内就一定期间连续发生的借款合同或者某项商品交易合同订立一个担保合同，即是最高额担保合同。确立最高额担保合同的决算日应依据最后一份合同的约定。根据查明事实，某银行北京分行与融资担保公司就2009年合作协议签订的最后一份补充协议为2012年12月31日签订的《个人信贷业务专业担保事项合作协议补充协议》。根据该补充协议的约定，除保证金账户的相关事宜外其他事项应均按2009年合作协议的约定执行。原合同约定合同有效期为2年，故该补充协议的到期日应为2014年年终，现双方均认可2014年12月30日之后即再无新的债权发生，某银行北京分行要求确认2014年12月30日为决算日即主债权发生期间的终止日期，该诉讼请求应予支持。

综上，笔者认为，在审理双方当事人对合同相关条款存在争议的相关案件时，应当根据双方当事人提交的证据综合考察合同签订的背景、目的，根据交易习惯并在遵循诚实信用原则的基础上作出判断。

编写人：北京市海淀区人民法院温泉人民法庭　陈平　刘鸽

六、租赁合同纠纷

16

甲醛超标案件违约责任之界定

——徐某诉邵某峰房屋租赁合同案

【案件基本信息】

1. 裁判书字号

北京市第三中级人民法院（2020）京03民终14907号民事判决书

2. 案由：房屋租赁合同纠纷

3. 当事人

原告（反诉被告、被上诉人）：徐某

被告（反诉原告、上诉人）：邵某峰

【基本案情】

2018年7月8日，邵某峰（作为出租人、甲方）与徐某（作为承租人、乙方）签订《北京市房屋租赁合同》，约定徐某承租案涉房屋，房屋租赁期自2018年7月8日至2019年7月8日，甲方应于2018年7月8日前将房屋按约定条件交付给乙方。租金标准为每月3800元，押金为3800元，租赁期内水费等生活费用由乙方承担。关于合同解除：甲方有下列情形之一的，乙方有权单方解除合同：交付的房屋严重不符合合同约定或影响乙方安全、健康的。关于违约责任：甲方有第八条第三款约定情形之一的，应按月租金的50%向乙方支付违约金。同日，邵某峰将房屋交付徐某，徐某交纳租金1.14万元、押金3800元、上网费500元、燃气费540元、电费80元，保洁费100元。

徐某于2018年7月将案涉房屋门锁更换。

2018年7月13日、9月16日，根据徐某的委托，检测机构对案涉房屋内甲醛等污染物含量进行采样检测，两次检测结果载明室内客厅及卧室的甲醛含量不符合标准。为此，徐某支付检测费724元。邵某峰未认可上述证据的真实性。

另查一，双方曾就房屋租赁事宜发生争议，并就此进行多次微信及短信联络。

另查二，徐某曾前往医院进行诊治，其中2018年7月27日的病历载明“搬家后出现颈部水肿（新房甲醛超标），近2日出现心慌、双腋下水肿等”。

庭审中，徐某提交酒店订单信息、账单记录及邮件、微信账单等，因案涉房屋不能居住导致了自己的损失。邵某峰未予认可。

审理中，邵某峰提交转账凭证，用以证明其开锁费用。徐某未予认可。

审理中，邵某峰自述徐某共用了7个字的燃气，费用共计15.96元；7月至10月的电费分别为47.37元、4.88元、6.84元、3.91元；上网费每月50元，扣除150元，退还350元，并就此陈述提交租赁合同、电量分析截屏打印件等证据予以佐证。徐某认为燃气费、电费、网费必须全额退回。

【案件焦点】

1. 案涉房屋甲醛含量是否超标；2. 租赁合同于何时解除。

【法院裁判要旨】

北京市朝阳区人民法院经审理认为：依法成立的合同，对双方当事人具有法律约束力。徐某与邵某峰自愿签订《北京市房屋租赁合同》，约定内容不违反法律、行政法规的强制性规定，应属合法有效。原告、被告均应按照合同约定全面、适当地履行自己的义务。

关于争议焦点一，根据在案证据所示，徐某在入住案涉房屋后身体不适，自行委托检测机构进行检测，检测报告显示案涉房屋甲醛超标。虽然邵某峰对此予以否认，但并未提交相反的证据予以证明，应承担举证不能之责任。对于邵某峰的抗辩意见，法院不予采信。综上，法院经审查并结合相关事实，案涉房屋甲醛超标具有高度盖然性，应当认定该事实存在。

关于争议焦点二，邵某峰作为出租人有义务保障出租房屋适宜居住，现案涉房屋甲醛超标，无法实现徐某作为承租人的居住用途，租赁合同目的无法实现，徐某有权解除案涉合同。当事人主张解除合同的，应当通知对方，合同自通知到达对方时解除。徐某于2018年8月20日向邵某峰发送短信，明确“退租”事宜，其真实意思应为解除合同，故法院确认案涉合同于2018年8月20日解除。此外，徐某主张邵某峰于2018年7月29日向徐某发出解除合同的短信，双方合同应于当日解除。法院认为，作为违约方，邵某峰并无合同解除权，在徐某并未明确表示同意合同解除的前提下，双方未就解除合同达成一致，租赁合同亦未解除。故对于徐某的意见，法院不予采信。

关于本诉诉讼请求：关于房屋押金，鉴于合同已解除，邵某峰应予退还。关于燃气费、上网费及电费，徐某应负担合同解除前的部分费用，具体数额法院结合邵某峰提交的燃气费、电费凭据等证据酌定为160元，邵某青应退还960元。

关于房屋租金一节，鉴于合同已经解除，邵某峰应当将解除后的租金退还徐某。至于合同期间的租金，考虑到室内空气质量虽然不合格，但案涉房屋仍具有一定使用价值，承租人仍获得部分居住使用利益，故出租人对上述期间已付的租金仅负有部分返还义务。综合室内空气质量不合格的程度、承租人实际遭受的损害后果、居住时间等因素，法院酌情确定邵某峰退还租金的数额为5700元。

关于违约金一节，违约方向守约方支付违约金以双方合同有明确约定为前提。本案中，租赁合同并不包含关于空气质量问题的违约金条款，则对于徐某以室内空气质量不合格为由要求邵某峰支付违约金的诉讼请求，法院不予支持。

关于甲醛检测费用，是徐某为了确认在合同履行期间房屋空气质量所必需发生的费用，且空气质量中甲醛确实存在超标情形，其要求邵某峰负担该笔费用，法院予以支持。

关于酒店住宿费，徐某提交的证据不足以证明该损失因邵某峰违约而发生，亦不能说明该笔费用支出的必要性和合理性，法院不予支持。

关于反诉诉讼请求，鉴于邵某峰违约在先，对于其要求判令双方之间的房屋租赁协议于 2018 年 8 月 12 日解除，并要求赔偿违约金、租金损失等诉讼请求，法院均不予支持。北京市朝阳区人民法院作出如下判决：

一、确认徐某与邵某峰签署的《房屋租赁合同》于 2018 年 8 月 20 日解除；

二、邵某峰于判决生效后七日内向徐某退还押金 3800 元、租金 5700 元；

三、邵某峰于判决生效后七日内向徐某退还燃气费、上网费、电费共计 960 元；

四、邵某峰于判决生效后给付徐某甲醛检测费 724 元；

五、驳回徐某的其他诉讼请求；

六、驳回邵某峰的全部诉讼请求。

邵某峰不服，提起上诉。

北京市第三中级人民法院经审理认为：一审判决认定事实清楚，适用法律正确，应予维持。依照《中华人民共和国民事诉讼法》第一百七十条第一款第一项之规定，作出如下判决：

驳回上诉，维持原判。

【法官后语】

房屋租赁合同属于继续性合同，其是以房屋的使用、收益为合同目的。出租方为履行合同而让渡了房屋使用、收益的效益，承租方为履行合同而支付房租等相关费用。空气污染物超标属房屋的“隐蔽瑕疵”，此类房屋不符合居住适用条件，长期居住会给身体健康带来一定的危害，降低了房屋居住使用价值，与租赁合同目的相悖，但司法实践中对于此类纠纷的裁判路径不一。《中华人民共和国民法典》第七百二十四条规定：“有下列情形之一，非因承租人原因致使租赁物无法使用的，承租人可以解除合同：（一）租赁物被司法机关或者行政机关依法查封、扣押；（二）租赁物权属有争议；（三）租赁物具有违反法律、行政法规关于使用条件的强制性规定情形。”第七百三十一条规定：“租赁物危及承租人的安全或者健康的，即使承租人订立合同时明知该租赁物质量不合格，承租人仍然可以随时解除合同。”综上，若租住房屋空气质量不合格，承租人可随时解除合同，但仍存在空气质量条款的认定、相应违约责任的承担等问题亟需明确。

1. 是否约定房屋空气质量条款、支付违约金应根据条款具体内容判断

房屋租赁合同中很少明确约定房屋空气质量条款，大多表述为“租住房屋危及人身健康”或“不符合居住使用条件”。本案中表述为“交付的房屋严重不符合合同约定或影响乙方安全、健康的”。此类条款虽然有“危及人身健康”的类似表述，但是并未明确指出是因为空气污染物超标所致。如果将上述概述性条款一律认定为空气质量条款，则有扩大解释之嫌，并对违约责任的承担产生直接影响。故空气质量条款的认定应坚持限缩原则，条款中应限定何种污染物、污染物浓度的合理区间值及协商一致的专业检测机构等具体内容，在此基础上才能被认定为存在空气质量条款。那么，后续违约金的支付问题也应建立在明确的空气质量条款之上，即违约方向守约方支付违约金以双方合同有明确约定为前提，如果双方合同并不包含关于空气质量问题的违约金条款，则对于承租人以室内空气质量不合格为由要求出租人支付违约金的诉讼请求，应当予以驳回。

2. 承租人单方委托形成的检测报告满足一定条件可予以确认

在此类纠纷中，由于室内空气质量检测具有很强的时效性，故双方提交的相关检测报告成为法院认定污染物是否超标的重要依据，但实践中由于出租人的不配合，大多数检测报告均由承租人单方委托所得，对于其证明效力的认可应满足一定条件：一是委托的专业检测机构必须具备相应资质且检测程序、方法、依据不存在瑕疵；二是检测报告需经过出租人质证，根据质证情况分别处理。如出租人认可该检测报告的真实性、合法性、关联性，则该检测报告可予

以确认。如出租人否认检测报告的证明效力，则进行举证责任转移，其应提交证明力足以推翻该检测报告的相应证据，如不能提交或申请重新检测但无其他正当理由的，对其主张不予准许，仍应确认该检测报告的证明效力。

3. 已付租金与相关费用的返还范围应分情况区别处理

关于合同解除后已付租金的返还问题。鉴于房屋仍有一定的使用价值，故应避免“全有或全无”的处理方式，而应综合考虑空气质量不合格程度、承租人实际遭受的损害后果、承租人居住时间的长短等因素酌情处理。对于上述因素的衡量应依据检测报告、病历、租赁合同等证据辅助认定，如房屋污染物超标严重、承租人遭受了严重的损害后果（如难以治愈的疾病或慢性病等）、居住时间较短，则出租人应返还绝大部分租金，反之，出租人应返还的租金可酌情减少；关于检测费用应予以全部返还。因检测费用是为了确认在合同履行期间房屋空气质量所必需发生的费用，且空气质量中甲醛确实存在超标情形，故该费用应全部返还；关于合同履行过程中产生的其他费用。这里的其他费用主要包括燃气费、电费、水费等租住过程中产生的生活费用及酒店住宿或另行租住费用。其中生活费用应以实际发生为基本原则，依据当事人提交的缴费单据等相关证据予以认定。因在租金返还中已综合考虑各类因素，且支付租金属于主合同义务，支付生活费用只是附随义务，违约行为对附随义务的履行影响不大，故无须再行考虑其他因素，只以实际发生费用为准即可。其中酒店住宿或另行租住费用，应考虑费用支出的必要性、合理性，如花费费用明显没有必要或过高的，则考虑不予支持。

编写人：北京市朝阳区人民法院　王乐　贾宜臻

17

出租房屋的产权有瑕疵不应影响租赁合同效力

——王某一诉电气公司房屋租赁合同案

【案件基本信息】

1. 裁判书字号

北京市第三中级人民法院（2020）京03民终7554号民事判决书

2. 案由：房屋租赁合同纠纷

3. 当事人

原告（反诉被告、上诉人）：王某一

被告（反诉原告、被上诉人）：电气公司

【基本案情】

2015年1月22日，电气公司（甲方）与王某一（乙方）签订了《房屋场地租赁合同》，合同约定：电气公司将其位于密云区一套门面房2层（建筑面积420平方米）出租给王某一作为办公使用，租赁期限自2015年4月1日至2020年3月31日，年租金为5万元，每年4月15日之前交纳年租金的100%。合同第4条约定：根据房屋情况，在租赁合同签订后，乙方在承租期间，在不损坏房屋主体结构的情况下，征得甲方同意乙方可以进行改造装修，其费用由乙方承担。承租期满如不再承租，房屋及室内外设施应完好无偿保留给甲方。乙方在承租期内，对所承租房屋的正常维修负责，其费用由乙方承担。如一方需要对房屋进行大规模改造或搭建临时建筑，必须经双方协商征得甲方同意后方可施工。王某一承租后对所租赁房屋进行了装修，装修后用于经营餐饮会所（已实际经营），并按合同约定交付了前4年的租金。合同履行过程中，电气公司与王某一签订两份补充协议，内容分别为：因门脸房公共部分房屋屋顶多处出现漏雨情况，经协商由承租方负责维修，对房屋防水进行全面维修后，承租方承诺承租期内如果房屋屋顶出现漏雨情况，由承租方自行负责维修，房屋屋顶防水费用从 2015 年租金中扣除；因门脸房暖气管道破裂造成多处损坏情况，经协商由承租方负责维修，对房屋损坏部分进行全面维修后，承租方承诺承租期内如果房屋损坏部分再有损坏的情况，由承租方自行负责维修，房屋屋顶防水费用从 2016 年租金中扣除。房屋维修费用总计：63674 元。

现王某一以涉案房屋无产权证明，不能办理营业执照为由，认为双方签订的房屋租赁合同无效。

【案件焦点】

原、被告双方签订房屋租赁合同，约定原告租赁被告的房屋，该房屋无产权证明，不能办理营业执照。原、被告双方签订的房屋租赁合同的效力，是否会因此而受到影响。

【法院裁判要旨】

北京市密云区人民法院经审理认为：虽然涉案房屋租赁合同涉及的房屋未办理不动产权属证书。但根据调取的《建设工程规划许可证》及附图等证据，足以证明涉案房屋的建设经过了行政管理部门的规划许可。王某一以涉案房屋无产权证明为由主张涉案房屋租赁合同无效，缺乏事实与法律依据，不予采信。诉争双方签订的涉案房屋租赁合同是双方真实意思表示，不违反法律、行政法规的强制性规定，属合法有效。

北京市密云区人民法院依据《中华人民共和国合同法》第八条、第四十四条、第二百二十六条，《中华人民共和国民事诉讼法》第六十四条，《最高人民法院关于适用〈中华人民共和国民事诉讼法〉的解释》第九十条之规定，作出如下判决：

一、驳回原告（反诉被告）王某一的诉讼请求；

二、原告（反诉被告）王某一于本判决生效之日起七日内支付被告（反诉原告）电气公司租金5万元；

王某一不服本判决结果，提起上诉。

北京市第三中级人民法院经审理认为：关于合同效力问题，王某一主张涉案房屋未取得施工许可，无产权证明，属于违法建筑，双方之间所签租赁合同应属无效。但根据已经查明的事实，电气公司提供产权说明、商品房买卖合同，原审法院就此亦向有关机构进行调查咨询，并查询相应建设规划许可证及房屋规划图等材料，在此基础上，原审法院认为上述证据足以证明涉案房屋的建设经过行政管理部门的规划许可，并据此驳回王某一主张涉案房屋租赁合同无效的诉讼请求，处理适当。

北京市第三中级人民法院依照《中华人民共和国民事诉讼法》第一百七十条第一款第一项之规定，作出如下判决：

驳回上诉，维持原判。

【法官后语】

在当今社会，人与人之间的交往大多都是通过合同的方式来进行。从《中华人民共和国合同法》，再到民法典时代，关于合同的内容更加完善，几乎占据了《中华人民共和国民法典》的半壁江山。合同行为，作为能够分配社会物质资源，优化营商环境的重要行为，便能够得到足够的规范来指引。

关于合同的立法，便是通过规则设计，促使交易便利，鼓励交易完成，尽可能让合同具备能够履行的效力，尽可能让生效的合同确认的权利人的权利都能圆满的得以实现。在这个宗旨下，我们建立起了完善的合同效力判定体系。合同是否有效，法律上有明确的规定与判断标准。一般而言，只要合同双方民事行为能力适格，意思表示真实自由，内容不违反致使合同无效的效力性强制性规定，合同就是有效的，对合同双方都有约束力。

具体到本案，争议最大的焦点之一是被出租的房屋没有产权证明这个瑕疵，能否导致房屋租赁合同的无效。答案应该是否定的。在本案一审、二审的判案理由中，承办人都指出，涉案房屋的建设经过行政管理部门的规划许可，强调了房屋的合法性，这当然是对判决认定房屋租赁合同有效的有力支撑。这说明房屋不存在违法情形，不会产生影响使用的后果，当然也就不会影响合同义务的履行，所以不会影响合同目的的实现。

进一步讲，即使房屋产权上的瑕疵再大，甚至成为缺陷，就能影响合同的效力吗？也不一定。在无权处分合同中，如“一物二卖”的场合，原所有权人就自己所有之物先与第一位买受人签订买卖合同，并完成物权转移。而后再与第二位买受人签订买卖合同，此时，第二份买卖合同当然是无法履行的了，因为出卖人已经没有了所有权。但是，若没有其他会导致合同无效的情形，第二份买卖合同，应该也是有效的。第二位买受人可以依据生效的合同，要求原所有权人即出卖人承担违约责任。

具体到本案中，可以看一下《中华人民共和国民法典》合同编租赁合同章第七百二十四条的规定，有下列情形之一，非因承租人原因致使租赁物无法使用的，承租人可以解除合同：(1) 租赁物被司法机关或者行政机关依法查封、扣押；(2) 租赁物权属有争议；(3) 租赁物具有违反法律、行政法规关于使用条件的强制性规定情形。本案中涉案房屋的产权的瑕疵只是没有拿到产权证，但都不符合上述条文列举的内容，未被查封扣押，更没有权属争议，也不具有违反法律、行政法规关于使用条件的强制性规定情形。所以，原告不能依据产权上的瑕疵请求法院确认房屋租赁合同无效。

鼓励交易，促进交易便利迅捷，保障交易安全，是关于合同内容的立法宗旨。这在民法典中的很多条文都有体现。例如，《中华人民共和国民法典》第一百五十三条规定，违反法律、行政法规的强制性规定的民事法律行为无效。但是，该强制性规定不导致该民事法律行为无效的除外。大意是一份合同违反法律规定，并不必然无效。若违反的是任意性规定，还是有效的，即使违反的是强制性规定，若这个强制性规定不能导致该民事法律行为无效，那仍然是有效的。这对我们所有人的日常生活，都有极强的指导意义。

编写人：北京市密云区人民法院　张常富

18

长期性合同违约方起诉请求解除合同的处理

——吴某诉丁某房屋租赁合同案

【案件基本信息】

1. 裁判书字号

广东省潮州市中级人民法院（2020）粤51民终197号民事判决书

2. 案由：房屋租赁合同纠纷

3. 当事人

原告（上诉人）：吴某

被告（被上诉人）：丁某

【基本案情】

2017年4月23日，吴某（甲方）与丁某（乙方）签订《租赁合同》1份，将其所有的房屋及平台出租给丁某使用，约定租赁期限为10年。《租赁合同》签订后，吴某将租赁房屋交付丁某使用，丁某在上述房屋开办学生托管中心。2017年6月15日，丁某付还吴某自2017年7月15日至2018年7月14日的租金7.08万元，吴某出具《收据》1份交丁某存执。丁某将该房屋用于经营学生托管中心。后因丁某经营的学生托管中心没有办理有关登记手续及政府整治客运三轮车乱载现象等原因，丁某认为其学生托管中心难以继续经营，故自2018年7月15日起停止经营，上述租赁房屋空置，由丁某保管，但自2018年7月15日起，丁某没有向吴某交纳房屋租金。2019年5月20日，吴某委托律师事务所律师向丁某发出律师函，要求丁某在收到律师函之日起5日内付还拖欠吴某2018年7月15日至2019年7月14日的租金7万元，且务必在2019年6月

15日前付还2019年7月15日至2020年7月14日的租金7万元。后因丁某仍没有支付租金，吴某遂于2019年6月11日诉至法院，提出上述诉讼请求。诉讼期间，丁某提起反诉，提出反诉请求解除租赁合同和办理房产及物品移交手续。

【案件焦点】

1. 一审判决解除案涉房屋租赁合同是否正确；2. 上诉人请求被上诉人支付租金14万元及利息应否得到支持。

【法院裁判要旨】

广东省潮州市湘桥区人民法院经审理认为：案涉房屋为吴某所有，有房地产权证为据，事实清楚，可予认定。吴某于2017年4月23日将上述房屋及由其使用的平台出租给丁某使用，双方签订的《租赁合同》，系双方真实的意思表示，且合同内容不违反法律、行政法规的强制性规定，合法有效，受法律保护。根据《租赁合同》的约定，丁某应于2018年6月15日付还吴某上述房屋自2018年7月15日起至2019年7月14日止的租金，应于2019年6月15日付还吴某上述房屋自2019年7月15日起至2020年7月14日止的租金，但丁某至今没有按合同约定履行付还租金的义务，已构成违约。关于丁某作为违约方是否可以请求解除合同的问题，从《租赁合同》第三条“乙方承租该房产之后，必须于8月30日前办好该房产各种营业证件，逾期不办理，出租方有权要求终止租赁合同，并退回租金，收回承租权。在乙方承租期间，发生的一切营业行为及造成任何损害损失后果，皆由乙方自行承担，概与甲方无关”的约定可以看出，丁某向吴某承租上述房屋的目的是用于营业，但丁某承租房屋后，在上述房屋经营学生托管中心过程中因故停止经营，现上述租赁房屋空置，丁某因承租房屋的目的无法实现而要求解除合同，吴某不同意解除合同，双方形成合同僵局。因合同剩余租期尚较长，似此情况继续维持下去，对合同双方当事人都不利。根据《最高人民法院关于适用〈中华人民共和国合同法〉若干问题的解释（二）》第二十六条“合同成立以后客观情况发生了当事人在订立合同时无法预见的、非不可抗力造成的不属于商业风险的重大变化，继续履行合同对于一方当事人明显不公平或者不能实现合同目的，当事人请求人民法院变更或者解除合同的，人民法院应当根据公平原则，并结合案件的实际情况确定是否变更或者解除”的规定，现丁某反诉请求解除《租赁合同》，根据本案实际情况及公平原则，法院依法予以支持，合同解除的时间应认定为吴某收到丁某的民事反诉状的时间，即 2019 年 7 月 9 日，但丁某按合同的约定应承担的违约责任不能因为合同解除而减少或免除。根据《中华人民共和国合同法》第一百零七条“当事人一方不履行合同义务或者履行合同义务不符合约定的，应当承担继续履行、采取补救措施或者赔偿损失等违约责任”的规定，现吴某要求丁某付还自 2018 年 7 月 15 日起至 2020 年 7 月 14 日止的租金 14 万元及该款利息，因租赁合同已于 2019 年 7 月 9 日解除，因此，租金应按每年 7 万元的标准自 2018 年 7 月 15 日起计至 2019 年 7 月 9 日止，利息应按全国银行间同业拆借中心公布的贷款市场报价利率计算。根据《中华人民共和国合同法》第九十七条“合同解除后，尚未履行的，终止履行；已经履行的，根据履行情况和合同性质，当事人可以要求恢复原状、采取其他补救措施，并有权要求赔偿损失”的规定，上述《租赁合同》解除后，丁某应将租赁房屋交还吴某使用，丁某反诉请求判决双方办理租赁房屋及物品的移交手续，可予支持。自《租赁合同》解除之日起至丁某将租赁房屋移交吴某使用之日止，丁某应按每年 7 万元的标准向吴某支付房屋占有使用费。因请求解除合同的丁某是违约方，为保证对方当事人即吴某的现实既得利益不因合同解除而减少，丁某应对吴某承担赔偿责任，赔偿的金额酌定为《租赁合同》约定的半年租金即 3.5 万元。

广东省潮州市湘桥区人民法院依照《中华人民共和国合同法》第四十四条、第九十七条、第一百零七条，《最高人民法院关于适用〈中华人民共和国合同法〉若干问题的解释（二）》第二十六条之规定，作出如下判决：

一、吴某与丁某 2017 年 4 月 23 日签订的《租赁合同》于 2019 年 7 月 9 日解除；

二、丁某应于判决发生法律效力之日起 10 日内将案涉房屋及该两套房之间的平台和三轮车3辆（无牌证）、投影1套、监控电视1台、厨房用品、学生课桌椅20多套交还吴某使用；

三、丁某应于判决发生法律效力之日起10日内付还吴某自2018年7月15日起至2019年7月9日止按每年7万元的标准计算的房屋租金及应计利息（利息按全国银行间同业拆借中心公布的贷款市场报价利率计算，自2018年6月16日起计至租金清偿完毕之日止）；

四、丁某应于判决发生法律效力之日起10日内付还吴某自2019年7月10日起至其将租赁房屋交还吴某使用之日止的房屋占有使用费（按每年7万元的标准计算）；

五、丁某应赔偿吴某3.5万元，该款应在判决发生法律效力之日起10日内付清；

六、驳回吴某的其他诉讼请求；

七、驳回丁某的其他反诉请求。

吴某不服，向广东省潮州市中级人民法院提起上诉。

广东省潮州市中级人民法院经审理认为：本案双方当事人于2017年4月23日签订《租赁合同》，约定丁某向吴某承租案涉房屋及物品，该租赁合同是双方当事人经协商一致自愿签订的，是双方当事人的真实意思表示，合同内容并未违反法律法规的规定，故该合同应认定为有效，对双方当事人均具有约束力。按照诚实信用原则，交易双方都应当善意行使权利、履行义务。从案涉《租赁合同》第三条、第四条第五点的内容以及租赁的物品均可反映双方在订立合同时对于丁某承租房屋是作为营业所用这一目的是清楚的。虽然经营活动的风险是必然存在的，丁某作为经营者应当有所预见也应自行承担经营风险，但从本案房屋租赁合同履行的实际情况看，合同约定的租赁期限长达10年，在履行了第一年之后，丁某因自身经营上的原因没有继续使用该租赁房屋，如不允许解除租赁合同，一方面，将导致房屋长期闲置；另一方面，又使丁某在不占有使用房屋的情况下承担租金，进而，因丁某不使用租赁房屋，其支付租金的能力将受到限制，反过来也使得吴某应获得的租金难以得到保障。在此情况下，双方已陷入合同僵局，对双方都是不利的。因此，一审法院结合本案实际情况在判令丁某承担违约赔偿责任的同时，判决解除案涉房屋租赁合同，符合合同法上的公平和诚实信用原则，处理恰当，应予维持。

有关丁某尚欠吴某的房屋租金问题，在双方租赁合同解除的情况下，原审判决丁某应向吴某支付自 2018 年 7 月 15 日起至 2019 年 7 月 9 日租赁合同解除之日止按每年 7 万元的标准计算的房屋租金及应计利息和自 2019 年 7 月 10 日起至其将租赁房屋交还吴某使用之日止按每年 7 万元的标准计算的房屋占有使用费，符合法律规定，法院予以维持。

综上所述，上诉人吴某的上诉请求不成立，应予驳回；原审判决认定事实清楚，适用法律正确，处理恰当。广东省潮州市中级人民法院依照《中华人民共和国民事诉讼法》第一百七十条第一款第一项之规定，作出如下判决：

驳回上诉，维持原判。

【法官后语】

审判实践中关于违约方能否解除合同的问题，存在两种观点：一种观点认为，合同解除作为非违约方的救济方式之一，只能为非违约方的救济方式之一，只有非违约方才享有解除权，违约方无权解除合同。另一种观点认为，在合同陷入僵局等特定情况下，应当允许违约方通过起诉方式由人民法院决定是否解除合同，以打破合同僵局。

《全国法院民商事审判工作会议纪要》（2019 年 11 月 8 日发布）第四十八条为该问题提供了较为明确的解决思路："违约方不享有单方解除合同的权利。但是，在一些长期性合同如房屋租赁合同履行过程中，双方形成合同僵局，一概不允许违约方通过起诉的方式解除合同，有时对双方都不利。在此前提下，符合下列条件，违约方起诉请求解除合同的，人民法院依法予以支持：（1）违约方不存在恶意违约的情形；（2）违约方继续履行合同，对其显示公平；（3）守约方拒绝解除合同，违反诚实信用原则。人民法院判决解除合同的，违约方本应当承担的违约责任不能因解除合同而减少或者免除。"

合同严守是审判实践中应遵循的一项重要原则，但在房屋租赁等长期性合同中，一方因为经济形势的变化、履约能力等原因，导致不可能履行长期合同，需要提前解约，而另一方拒绝解除合同。在出现合同僵局的情形下，允许违约方向法院提起诉讼，请求法院通过裁判终结合同关系，从而使当事人从难以继续履行的合同中脱身，有利于充分发挥物的价值，减少财产浪费，有效利用资源。通过明确违约方起诉请求法院解除合同的条件和法律后果，有利于破解合同僵局，实现实质正义，促进市场经济发展。对于不能履行的交易，以鼓励交易的名义强制履行，并不是鼓励交易的真义。按照诚实信用原则，交易双方都要善意行使权利，在合同履行不能时，应当允许违约方起诉请求解除合同。

本案双方当事人签订了长达十年的租赁合同，在履行一年自后，由于客观情况发生了变化，承租方原先承租房屋用于经营，由于客观条件的变化，承租方的经营活动难以继续。虽然经营活动的风险是必然存在的，丁某作为经营者应当有所预见也应自行承担经营风险，但从本案房屋租赁合同履行的实际情况看，合同约定的租赁期限长达10年，在履行了第一年之后，丁某因自身经营上的原因没有继续使用该租赁房屋，如不允许解除租赁合同，一方面将导致房屋长期闲置，另一方面又使丁某在不占有使用房屋的情况下承担租金，进而，因丁某不使用租赁房屋，其支付租金的能力将受到限制，反过来也使得吴某应获得的租金难以得到保障。在此情况下，双方已陷入合同僵局，对双方都是不利的。本案的处理符合《全国法院民商事审判工作会议纪要》第四十八条的精神。

编写人：广东省潮州市中级人民法院　朱萍

19

出租人无权处分租赁标的物不影响房屋租赁合同的效力

——物业管理公司诉林某新房屋租赁合同案

【案件基本信息】

1. 裁判书字号

北京市第二中级人民法院（2020）京02民终1677号民事判决书

2. 案由：房屋租赁合同纠纷

3. 当事人

原告（上诉人）：物业管理公司

被告（被上诉人）：林某新

第三人（被上诉人）：物流公司北京分公司、商贸公司

【基本案情】

商贸公司原系北京市丰台区一处房屋的所有权人。后商贸公司以转让的方式将该房屋出售给某物流公司北京分公司。2012年5月4日，某物流公司北京分公司取得该房屋的所有权证，该房屋登记在某物流公司北京分公司名下。2017年12月，物流公司北京分公司在北京市第二中级人民法院起诉商贸公司，要求商贸公司继续履行资产转让协议和存量房屋买卖合同，向该公司交付北京市丰台区程庄路的案涉房屋、土地及地上设施等。北京市第二中级人民法院经审理认定，物流公司北京分公司至迟于2016年7月曾提出要求商贸公司办理交接的要求，而商贸公司在没有得到物流公司北京分公司许可的情况下继续使用该院落缺乏合法依据。故判决商贸公司将坐落在北京市丰台区程庄路的土地、房屋及地上设施交付物流公司北京分公司并办理该院落用水、用电、用气的变

更手续。现该判决已生效。

另，2016年6月15日，林某新与物业管理公司签订《房屋租赁合同》，物业管理公司自林某新处承租北京市丰台区程庄路共三层房屋，房屋结构为框架，房屋用途为仓储、办公，租赁期限自2016年6月15日至2021年7月19日。同日，林某新与物业管理公司签订《房屋租赁合同补充协议》，约定林某新在该房屋不拆迁的前提下，租赁期满后自动延续5年。另就租赁标的物、租金标准、违约责任等进行了明确约定，并写明附件有：（1）一二三层平面图各一份；（2）房屋原租赁合同；（3）权利人同意转租文件；（4）租赁房屋清单；（5）《房屋附属设施、设备清单》。庭审中，物业管理公司与林某新均表示没有租赁房屋清单及《房屋附属设施、设备清单》。物业管理公司向法院提交2016年6月10日由安某签字、商贸公司加盖印章与林某新签订的《房屋租赁合同》及安某签字、商贸公司加盖印章的《说明》、商贸公司加盖印章的《委托物业管理证明》和《营业执照》以及登记时间为2012年4月12日、北京市丰台区程庄路的房屋登记在商贸公司名下的房屋所有权证，表示上述证据均系林某新提供，为物业管理公司与林某新签订的《房屋租赁合同补充协议》的附件2和3，林某新对此予以认可，表示上述证据系商贸公司提供给林某新的。商贸公司对此予以否认。商贸公司对2016年6月10日《房屋租赁合同》落款处该公司印章的真实性不予认可并申请鉴定。经北京市高级人民法院指定，法院委托证据鉴定中心对商贸公司印章印文与样本上的相同内容印章印文是否为同一枚印章所盖印进行鉴定，结论为不是同一枚印章所盖印。庭审中，商贸公司亦否认《说明》《委托物业管理证明》和《营业执照》中该公司印章的真实性。物业管理公司向法院提交有安某签字、商贸公司加盖印章的2016年9月20日该公司签订的《房屋租赁合同》及《房屋租赁安全协议书》，该合同中约定商贸公司自物业管理公司处承租北京市丰台区程庄路一处楼房第二层整层，租赁期限自2016年9月12日起至2017年9月11日止，并就租金、权利义务等进行了约定。商贸公司否认《房屋租赁合同》及《房屋租赁安全协议书》中落款处该公司印章的真实性。

2017年10月26日，商贸公司曾向北京市公安局丰台分局卢沟桥派出所报称该公司被伪造印章。经北京市公安司法鉴定中心鉴定，2016年9月20日的物业管理公司与安某签字、商贸公司加盖印章签订的《房屋租赁合同》及《房屋租赁安全协议书》上的商贸公司印文均与样本上相同内容的印文不是同一枚印章盖印。本案审理过程中，经法院与北京市公安局丰台分局卢沟桥派出所警官联系，其表示犯罪嫌疑人安某（商贸公司老总王某宝的司机）不承认伪造印章行为，称印章是他从商贸公司拿出来的，而商贸公司也没有提出新的证据证明安某伪造了公司印章，故该案无法继续工作。若报案人能提出新的证据证明安某伪造公司印章则该派出所会继续工作，但此案是行政案件，并非刑事案件。

王某宝（甲方）代表商贸公司与林某新（乙方）于2016年4月10日签订的《房屋租赁合同》，该合同中写明商贸公司将北京市丰台区程庄路71号院共三层房屋出租给林某新，房屋用途为主楼一、二、三层为仓储库房，二层东西各一间作为办公库管用房，三层东西各两间作为办公用房，除双方另有约定外，林某新不得改变房屋用途。并写明因政府或王某宝开发等原因需收回出租房屋时，林某新必须无条件全力配合撤场。商贸公司还向法院提交王某宝（甲方）代表其公司与林某新（乙方）于2016年9月15日签订的《房屋置换合同》，该合同中写明甲方以位于北京市丰台区程庄路的门脸房300平方米、南小院及平房8间200平方米，与乙方平等置换院内楼房第2层楼使用权。双方不得有其他费用，不得以任何理由任意调整置换事宜。置换期限自2016年9月15日至2021年12月30日。商贸公司表示林某新在未告知及书面通知该公司的情况下，擅自改变房屋用途，将仓库改造成写字楼，构成违约。林某新对商贸公司提交的《房屋租赁合同》和《房屋置换合同》的真实性予以认可，但表示从2016年6月其将位于北京市丰台区程庄路的房屋出租给物业管理公司，商贸公司既已知情并允许。

故原告物业管理公司起诉要求确认我公司与林某新之间的《房屋租赁合同》及《补充协议》合法有效并继续履行。

【案件焦点】

1. 物业管理公司与林某新签订的《房屋租赁合同》及《房屋租赁合同补充协议》是否适用《中华人民共和国合同法》第五十一条有关无权处分未予追认致合同无效的相关规定；2. 如认定前述《房屋租赁合同》及《房屋租赁合同补充协议》有效，是否影响对于合同继续履行的审理结果。

【法院裁判要旨】

北京市丰台区人民法院经审理认为：无处分权的人处分他人财产，经权利人追认或者无处分权的人订立合同后取得处分权的，该合同有效。本案的争议焦点为林某新与物业管理公司签订《房屋租赁合同》及《房屋租赁合同补充协议》时林某新是否具有诉争房屋的合法处分权。根据已查明的事实，诉争房屋自 2012 年 5 月 4 日始即登记在物流公司北京分公司名下，而林某新、物业管理公司均未提供相关证据证明 2016 年 6 月 15 日双方签订《房屋租赁合同》及《房屋租赁合同补充协议》时林某新系经物流公司北京分公司授权或同意，现物流公司北京分公司亦不予追认林某新与物业管理公司签订《房屋租赁合同》及《房屋租赁合同补充协议》的行为。物业管理公司、林某新称商贸公司知情并同意，但物业管理公司与林某新签订合同时商贸公司并非诉争房屋的所有权人，其是否同意林某新将诉争房屋转租给物业管理公司均不能导致在物流公司北京分公司不同意且不追认物业管理公司与林某新签订合同的情况下，物业管理公司与林某新签订合同的行为有效，而商贸公司亦未能提供物流公司北京分公司授权或同意其将诉争房屋进行出租的相关证据，且现生效法律文书已确认商贸公司将诉争房屋交付给物流公司北京分公司。故在诉争房屋所有权人物流公司北京分公司不追认的情况下，法院认定林某新与物业管理公司签订《房屋租赁合同》及《补充协议》的行为为无权处分。现物业管理公司要求确认其与林某新签订的《房屋租赁合同》及《补充协议》合法有效并继续履行，没有法律依据。关于本案中商贸公司交纳的鉴定费，商贸公司虽否认该公司有多枚印章，但根据北京市公安局丰台分局卢沟桥派出所的卷宗及法院与该所警官的调查记录，商贸公司没有提出证据证明安某伪造该公司印章，安某亦不承认其伪造印章的行为，现公安机关亦未对安某采取限制措施，故本案的鉴定费由商贸公司先行负担，待伪造公章案侦破后可另行主张其权利。

北京市丰台区人民法院依照《中华人民共和国合同法》第五十一条之规定，作出如下判决：

驳回物业管理公司的诉讼请求。

物业管理公司不服原审判决，提起上诉。

北京市第二中级人民法院经审理认为：《中华人民共和国合同法》第四十四条规定："依法成立的合同，自成立时生效。法律、行政法规规定应当办理批准、登记等手续生效的，依照其规定。"本案中，物业管理公司与林某新签订的《房屋租赁合同》及《房屋租赁合同补充协议》系双方当事人真实意思表示，内容未违反法律、行政法规的强制性规定，不存在需要批准、登记的事项，亦不存在其他导致合同无效或可撤销的法定事由，因此，上述《房屋租赁合同》及《房屋租赁合同补充协议》自合同成立时即发生法律效力，物业管理公司要求确认《房屋租赁合同》及《房屋租赁合同补充协议》有效，有事实及法律依据，法院予以支持。至于商贸公司是否有权对外出租涉案场地及房屋，并不影响物业管理公司与林某新之间合同的效力。一审法院对此处理有误，法院依法予以纠正。

关于上述合同是否能够继续履行的问题。物业管理公司及商贸公司提交的现有证据不足以证明商贸公司对涉案场地和房屋有对外出租经营的权利，而根据人民法院生效判决，商贸公司应当将包括涉案房屋在内的北京市丰台区程庄路71号的土地、房屋及地上设施全部交还邮政集团北京分公司，上述判决具有法律执行力。综上，综合考虑本案实际情况，法院认为虽然物业管理公司与林某新签订的《房屋租赁合同》及《房屋租赁合同补充协议》合法有效，但上述合同在客观上已经不具备继续履行的条件，故物业管理公司要求确认上述合同继续履行的诉讼请求，法院难以支持。物业管理公司因上述合同不能继续履行导致的损失，可另行主张解决。

关于本案案件受理费的负担。物业管理公司起诉要求确认合同有效并继续履行，但本案原审被告林某新并未对该项诉讼请求予以反对，即使法院改判确认合同有效，亦不能因此认为被告败诉。另，无论物业管理公司是单独起诉要求确认合同有效，还是单独起诉要求继续履行合同，均应当以诉讼请求涉及的合同标的额作为诉讼请求标的额收取案件受理费。经审查，本案收取的一、二审案件受理费均是以一审法庭辩论终结后未履行部分的合同标的额为基数予以收取，在物业管理公司要求继续履行合同的诉讼请求未获支持的情况下，由其承担按照未履行部分的合同标的额计算的案件受理费亦无不妥。综合以上分析，本案二审虽然部分改判，但仍以物业管理公司负担一、二审案件受理费为宜，法院不再对此作出调整。

北京市第二中级人民法院依照《中华人民共和国合同法》第四十四条，《中华人民共和国民事诉讼法》第一百七十条第一款第二项之规定，作出如下判决：

一、撤销北京市丰台区人民法院民事判决；

二、确认物业管理公司与林某新之间的《房屋租赁合同》及《房屋租赁合同补充协议》合法有效；

三、驳回物业管理公司的其他诉讼请求。

【法官后语】

本案的争议焦点为物业管理公司与林某新签订的《房屋租赁合同》及《房屋租赁合同补充协议》是否适用《中华人民共和国合同法》第五十一有关无权处分未予追认致合同无效的相关规定；如认定前述《房屋租赁合同》及《房屋租赁合同补充协议》有效，是否影响对于合同继续履行的审理结果。

诉争房屋产权人原系商贸公司，商贸公司将诉争房屋出租给林某新，林某新于 2016 年 6 月 15 日将诉争房屋转租给物业管理公司，2012 年物流公司北京分公司取得诉争房屋所有权证。换言之，承租人林某新在将诉争房屋转租给次承租人物业管理公司时，原先具备对诉争房屋处分权利的商贸公司已经失去处分权，林某新承接下来的处分权利亦已失去。在此情况下，如果按照《合同法》第五十一条的规定来适用，即未被追认的无权处分致合同无效，则前述两份合同不能生效，这是第一种观点。然而，第二种观点认为，订立合同，是典型的债权行为，在当事人之间产生的是债权上的法律关系，认定房屋租赁合同是否有效，应着重审查合同是否系双方当事人真实意思表示，合同内容是否有违反法律、行政法规效力性强制性规定的地方，出租人对租赁标的物是否有处分权，并不影响房屋租赁合同的效力。笔者更认同第二种观点。

第一，从我国立法的趋势及价值上来看，此次《中华人民共和国民法典》放弃了《中华人民共和国合同法》第五十一条的规定，是坚持民法科学性原则的体现，更加倾向于从实践中交易的本质出发，以合同有效作为一项较为基本的、重要的原则，鼓励市场交易行为。人们在交易中，就是先订立合同，才履行合同，合同关系约束着当事人。另案的生效判决确认了商贸公司应将诉争房屋交付给物流公司北京分公司。在此情况下，林某新与物业管理公司之间的房屋租赁合同存在了客观的履行障碍，物业管理公司可能难以继续占有、使用诉争房屋，依照前述两份合同，物业管理公司可以主张林某新承担相应的违约责任，因为提供适租房屋是出租人的主要合同义务。

第二，从“举重以明轻”这一基本法理来理解此观点。《最高人民法院关于审理买卖合同纠纷案件适用法律问题的解释》第三条第一款规定，当事人一方以出卖人在缔约时对标的物没有所有权或者处分权为由主张合同无效的，人民法院不予支持。买卖行为是对标的所有权的处分，既然在无权处分所有权的情形下，都不能影响合同的效力，那么，在出租人对诉争房屋无处分权的情况下，亦不能影响合同的效力，出租标的物的权利明显较买卖标的物的权利更为片面，此次《中华人民共和国民法典》亦吸收了前述第三条之规定。

编写人：北京市第二中级人民法院　王磊　辛明明

20

一定条件下违约方享有解除合同的权利

——白某全诉潘某强房屋租赁合同案

【案件基本信息】

1. 裁判书字号

广东省清远市中级人民法院（2020）粤18民终3552号民事判决书

2. 案由：房屋租赁合同纠纷

3. 当事人

原告（上诉人）：白某全

被告（被上诉人）：潘某强

【基本案情】

2017年6月1日，白某全作为出租人，与潘某强作为承租人签订《房屋租赁合同》，约定：白某全将位于清远市清城区一间商铺租给潘某强经营某综合门诊，租赁期限为四年，第一年租金为每月8400元，此后租金每年递增5%，实行先交租后使用的方式，于每月1日交纳当月租金。合同还约定，白某全收取潘某强房屋押金1.6万元，合同期满后潘某强凭收款收据可退还押金，如潘某强中途退场视为毁约论处，其押金不予退还，本合同亦同时作废；如潘某强擅自将商铺转让、转租他人或不按时交纳租金超过两天的，白某全有权终止合同，不返还押金并立即开锁收回商铺。

合同签订后，潘某强在经营某综合门诊的过程中因自身原因陷入困境，致使该综合门诊无法继续经营，因此，潘某强向白某全提出解除租赁合同，并同意白某全没收押金作为解除合同的违约金，但白某全不同意解除合同。2019年

9 月，潘某强在缴清租金后搬离租赁商铺，并在致电白某全后将商铺钥匙放在旁边的家具店里。2020 年 3 月，白某全以潘某强从 2019 年 10 月起拖欠租金为由诉至法院，要求解除与潘某强签订的《房屋租赁合同》，并要求潘某强支付租金至返还商铺之日止。

【案件焦点】

1. 潘某强是否仍占有或使用租赁商铺；2. 如何认定《房屋租赁合同》解除的时间。

【法院裁判要旨】

广东省清远市清城区人民法院经审理认为：白某全在诉讼过程中多次否认已拿回租赁商铺的钥匙，在法院告知虚假陈述的法律后果后，白某全才承认已拿回商铺钥匙的事实，白某全的行为已违背诚实信用原则，因此法院确认潘某强已于 2019 年 9 月交还租赁商铺给白某全，白某全对租赁商铺已实际控制占有。双方均确认潘某强在 2019 年 9 月前的租金已全部缴清，在白某全未提供证据证明潘某强在 2019 年 10 月后仍实际占有使用租赁商铺的情形下，白某全要求潘某强支付租金至返还商铺之日止的诉讼请求，事实依据不足。合同在履行过程中，潘某强于 2019 年 9 月退出租赁商铺并交还钥匙，根据《房屋租赁合同》关于“如被告中途退场视为毁约论处，其抵押金不退还，本合同亦同时作废”的约定，解除合同的条件已成就，而且白某全已收回租赁商铺并没收押金 1.6 万元，故白某全与潘某强签订的《房屋租赁合同》事实上已于 2019 年 9 月解除。

广东省清远市清城区人民法院依照《中华人民共和国合同法》第六十条、第二百一十二条，《最高人民法院关于适用〈中华人民共和国民事诉讼法〉的解释》第九十条之规定，作出如下判决：

驳回白某全的诉讼请求。

白某全不服一审判决，提出上诉。

广东省清远市中级人民法院经审理认为：潘某强已于 2019 年 9 月交还钥匙

给白某全，白某全也承认已拿回钥匙，符合《房屋租赁合同》中关于潘某强中途退场，以抵押金为代价解除合同的约定，而且白某全取回钥匙后已实际取回了租赁商铺的占有使用权，因此，一审法院认定租赁合同于 2019 年 9 月已解除并无不当，白某全要求继续收取租金的依据不足。

广东省清远市中级人民法院依照《中华人民共和国民事诉讼法》第一百七十条第一款第一项的规定，作出如下判决：

驳回上诉，维持原判。

【法官后语】

遍布大街小巷的蔬果店、美食店、服饰店等商铺，几乎承包了百姓基本生活所需及服务，随着经济的发展，租赁商铺使用权已成为市场主要的经营模式，为各地的经济发展作出了贡献。租赁合同所约定的租赁期限一般为一年至几年不等，最长不超过二十年，承租人的经营状况并非一成不变，由于市场需求的变动、网店的冲击等因素，承租人所经营的店铺可能会陷入困境，在承租人无法经营的情况下，如一概不允许违约方行使解除合同的权利，将使承租人雪上加霜，不利于经济社会的发展。

租赁押金是质押担保的一种特殊形式，由承租人将一定数额的金钱移交给出租人占有，在承租人不履行合同时，出租人可没收押金。本案中，潘某强已向白某全支付了租赁押金 1.6 万元，并同意以没收押金为代价解除合同，但白某全拒绝解除合同并要求潘某强继续交纳租金，使双方的租赁合同陷入僵局。2019 年 9 月，潘某强以搬离商铺并交还钥匙的方式将商铺使用权交还给白某全，因此，潘某强的合同目的已无法实现，白某全没收押金及取回商铺使用权的行为应认定为同意解除合同的意思表示，法院以此认定双方的租赁合同已于 2019 年 9 月解除。

出租人向承租人索要租金的纠纷时有发生，如承租人经营陷入困难却又置之不理，将使自身处于弱势地位，可能会面临更大的经济损失。由于违约方不享有单方解除合同的权利，承租人应采取积极的态度与出租人协商解决，如出租人拒绝收回商铺或解除合同，在一定条件下，承租人可通过起诉的方式解除合同。对此，最高人民法院在2019年发布的《全国法院民商事审判工作会议纪要》第四十八条已作出规定，在一些长期性合同如房屋租赁合同履行过程中，双方形成合同僵局，违约方在一定条件下可通过起诉的方式解除合同，充分体现了合同的平等性及法律的公正性。

编写人：广东省清远市清城区人民法院　胡容容

21

违约方不能证明自己没有过错的，应承担违约责任

——左某锋、孙某诉汽车装饰公司、黄某建房屋租赁合同案

【案件基本信息】

1. 裁判书字号

北京市第一中级人民法院（2020）京01民终8020号民事判决书

2. 案由：房屋租赁合同纠纷

3. 当事人

原告（被上诉人）：左某锋、孙某

被告（上诉人）：汽车装饰公司、黄某建

【基本案情】

2018年7月31日，左某峰、孙某（乙方）与黄某建（甲方）签订《汽车装饰公司汽车美容托管协议》。该协议约定黄某建将位于北京市昌平区某处地下停车场2层的店面（以下简称涉案店面）出租给左某峰、孙某使用，自2018年8月1日至2023年7月31日，每月租金为1万元，乙方负责水电网费；乙方支付甲方1万元作为押金，若乙方单方于2023年7月31日前撤出，则甲方将从押金中扣除1万元，若甲方单方面终止合同，则需支付乙方3个月租金3

万元；若面临水电改造，购买重要产品时，由双方协商出资金购买。协议还约定了其他内容。协议尾部有黄某建签字，汽车装饰公司加盖公章。协议履行过程中，2019 年 8 月 9 日，左某峰、孙某向黄某建补缴押金 1 万元，之后黄某建告知左某峰、孙某因商场物业要求对店面位置进行调整，需对店面进行重新装修故需停业并要求二人将物品搬出，后又要求左某峰、孙某承担装修费用。左某峰、孙某认为协议中未约定装修费用由乙方承担，故不同意支付装修费用，由此双方发生争议。协商过程中，黄某建将店面另行转租他人，并曾于 2019 年 9 月 8 日通过微信方式通知左某峰、孙某进行交接。左某峰、孙某要求黄某建先行承担违约责任，否则不同意交接店面，双方未能协商一致，左某峰、孙某诉至法院。

另查，2019 年 11 月 21 日为汽车装饰公司与黄某建接收本案起诉状之日。再查，汽车装饰公司于 2015 年 3 月 10 日成立，为自然人独资有限责任公司，黄某建为该公司唯一自然人股东。

【案件焦点】

汽车装饰公司、黄某建是否构成违约，违约责任的成立是否以过错为要件。

【法院裁判要旨】

北京市昌平区人民法院经审理认为：黄某建与汽车装饰公司将店面另行转租他人，致左某峰、孙某不能继续使用店面，黄某建与汽车装饰公司的行为违反了合同约定，左某峰、孙某要求解除合同，于法有据。黄某建与汽车装饰公司于 2019 年 11 月 21 日接收左某峰、孙某的起诉状，故双方之间的合同于 2019 年 11 月 21 日解除。合同解除后，黄某建与汽车装饰公司理应将押金退还左某峰、孙某。黄某建与汽车装饰公司违反合同约定，左某峰、孙某要求黄某建与汽车装饰公司支付违约金 3 万元，确有合同依据，应予以支持。左某峰、孙某要求黄某建与汽车装饰公司对上述义务承担连带责任，依据充分，应予以支持。

北京市昌平区人民法院依据《中华人民共和国合同法》第八条、第九十四条、第一百零七条之规定，作出如下判决：

一、确认左某峰、孙某与黄某建、汽车装饰公司签订的《汽车美容托管协议》于2019年11月21日解除；

二、黄某建、汽车装饰公司于本判决生效之日起七日内退还左某峰、孙某押金1万元；

三、黄某建、汽车装饰公司于本判决生效之日起七日内赔偿左某峰、孙某违约金3万元；

四、黄某建与汽车装饰公司对上述第二项、第三项给付款项义务承担连带责任；

五、驳回左某峰、孙某其他诉讼请求。

黄某建、汽车装饰公司不服一审判决，提出上诉。

北京市第一中级人民法院经审理认为：根据合同相对性原则，应向左某锋、孙某提供适租店面的合同义务方系汽车装饰公司、黄某建。故无论汽车装饰公司、黄某建与物业公司之间是否协议解除了租赁合同，也无论涉案店面系由汽车装饰公司、黄某建另行转租或由物业公司另行出租，均不影响在本案双方合同履行期内汽车装饰公司、黄某建不能再向左某锋、孙某提供适租店面的事实。因此，左某锋、孙某以汽车装饰公司、黄某建违约为由主张解除合同，具有事实和法律依据。汽车装饰公司、黄某建在本案双方合同履行期间不能再向左某锋、孙某提供适租的店面，构成违约，应承担相应的违约责任。

综上，北京市第一中级人民法院依照《中华人民共和国民事诉讼法》第一百七十条第一款第一项之规定，作出如下判决：

驳回上诉，维持原判。

【法官后语】

一审中汽车装饰公司、黄某建作为被告在法院向其确认的地址邮寄开庭传票的情况下，汽车装饰公司、黄某建未到庭参加诉讼，一审法院的送达程序及缺席审理符合法定程序。二审中，汽车装饰公司、黄某建主张其与物业公司解除了双方间的租赁合同，物业公司将涉案店面转租他人，故其不构成违约。因此本案的争议焦点在于汽车装饰公司、黄某建是否构成违约。

汽车装饰公司、黄某建的上诉理由主要在于并非由其将涉案房屋转租，也就是对于其无法将涉案店面交付给左某锋与孙某其不具有过错。但《中华人民共和国合同法》第一百零七条规定，当事人一方不履行合同义务或者履行合同义务不符合约定的，应当承担继续履行、采取补救措施或者赔偿损失等违约责任。根据该条规定，违约责任的成立不以违约方有过错为前提，因此，只要合同一方不履行合同义务或者履行合同义务不符合约定的，就构成违约，就应当承担相应的违约责任。本案中，汽车装饰公司、黄某建未能向左某锋、孙某提供涉案店面，不管是否系因物业公司与汽车装饰公司、黄某建解除租赁合同在先，对于左某锋、孙某而言，汽车装饰公司、黄某建作为合同相对人都构成违约。如汽车装饰公司、黄某建认为物业公司与其解除租赁合同给其造成损失，其可向物业公司主张相应权利。

至于在本案中是否需对汽车装饰公司、黄某建所主张的物业公司先与其解除租赁合同，然后物业公司将涉案店面出租的事实进行认定。需明确，诉讼法中的事实分为主要事实、间接事实与辅助事实三种类型。对于主要事实的界定，理论上分为两种观点，传统观点将主要事实等同于要件事实，即对于权利的发生、变更或消灭的法律效果有直接作用且必要的事实，也就是法律条文中规定的要件事实①。新理论考虑到一些法律规范是以抽象的形式来陈述事项，例如通过“过失”“正当理由”等抽象概念来表达。此种一般条款中的要件事实即为“过失”“正当理由”，此时如果将要件事实与主要事实等同会产生范围过广、法官与当事人对于主要事实认识不同而产生突然袭击等效果，因此认为应当区分要件事实与主要事实，认为主要事实是能够被作为审理对象，且能够成为证明及证据调查对象的事实，也即对要件事实进行充分化的现实生活中的具体事实。间接事实是指借助经验法则及逻辑法则在推定主要事实过程中发挥作用的事实。辅助事实是指能够明确证据的证据能力或证据力的事实，也即对证据的可信度有影响的事实。本案中，汽车装饰公司、黄某建所主张的物业公司

① 张卫平：《诉讼构架与程式》，清华大学出版社2000年版，第176页。

先与其解除租赁合同，然后物业公司将涉案店面出租的事实不属于要件事实，无论上述事实是真是假，均不影响违约责任的成立，故可不对上述事实进行认定。

编写人：北京市第一中级人民法院　付雅卓

七、融资租赁合同纠纷

22

生物资产作为融资租赁合同标的物是否适格

——融资租赁公司诉农业发展公司等融资租赁合同案

【案件基本信息】

1. 裁判书字号

上海金融法院（2020）沪74民终72号民事裁定书

2. 案由：融资租赁合同纠纷

3. 当事人

原告（被上诉人）：融资租赁公司

被告（上诉人）：农业发展公司、张某海、张某萍

被告：甲养殖专业合作社、乙养殖专业合作社、丙养殖农民专业合作社

【基本案情】

2016年5月17日，原告融资租赁公司与被告农业发展公司签订《售后回租协议》，约定原告向被告农业发展公司购买西门塔尔基础奶牛275头并回租给被告农业发展公司使用，租赁物购买总价款为330万元，保证金16.5万元，该款项于出租人向承租人支付的购置价款中抵扣。其后，被告农业发展公司签署《租赁物件接收证明》《备案登记证明》《付款通知书》《资金收据》。《备案登

记证明》同时由备案机构某畜牧兽医局盖章，确认上述《售后回租协议》项下融资租赁物件为275头生产性生物资产——西门塔尔基础奶牛，原告为出租人和租赁物件所有权人，被告农业发展公司为承租人和租赁物件使用人。

2016年5月17日，被告张某海、张某萍与原告签订了最高额连带保证合同，约定对被告农业发展公司在2016年5月5日至2021年5月5日期间签订的不超过1960.5万元的主合同项下应当支付的全部负债承担连带保证责任。

2016年5月20日，原告在中国人民银行征信中心对上述融资租赁业务进行动产权属统一登记。被告农业发展公司向原告发出《付款通知书》，原告按约实际向被告农业发展公司支付313.5万元。

在合同履行过程中，被告农业发展公司未向原告按期足额支付租金，被告张某、某合作社等亦未承担连带保证责任，故原告融资租赁公司向浦东法院提起诉讼，要求被告农业发展公司支付全部未付租金及迟延罚金，并要求被告张某、某合作社等五被告承担连带保证责任。被告农业发展公司辩称，本案系争的租赁物并不适格，名为融资租赁实为民间借贷，双方签订的合同应以借款合同认定，且因原告无金融放贷业务从业许可证，故借款合同也应当认定无效。

【案件焦点】

以生物资产作为标的物是否能够成立有效的融资租赁法律关系。

【法院裁判要旨】

上海市浦东新区人民法院经审理认为：原告与被告农业发展公司之间成立有效的融资租赁法律关系。原告为证明双方的融资租赁法律关系成立并生效，提供有被告农业发展公司盖章的《售后回租协议》《租赁物清单》《备案登记证明》《奶牛养殖保险保险单》《抵押登记补充协议》，被告农业发展公司在上述证据文本上均加盖真实印章，该组证据已经形成证据锁链，能够证明本案系争融资租赁物为275头西门塔尔基础奶牛，并且能够证明原告与被告农业发展公司融资租赁法律关系成立、有效。虽然被告农业发展公司认为奶牛作为融资租赁中的租赁物不适格，本案法律关系应当认定为民间借贷关系，但由于本案所涉西门塔尔基础奶牛属于畜牧场的生产性生物资产，其所有权和使用权可分离，同时，其作为活体租赁物的风险在一定程度是可控的。故原告与被告农业发展公司签订的《售后回租协议》系当事人真实意思的表示，内容不违反法律、行政法规的强制性规定，依法具有法律效力，当事人理应恪守，对原告要求被告农业发展公司支付全部剩余租金及迟延罚金的诉请请求予以支持。

综上，上海市浦东新区人民法院依照《中华人民共和国合同法》第六十条第一款、第二百三十七条、第二百四十八条，《中华人民共和国担保法》第十八条、第二十一条第一款、第三十一条，《最高人民法院关于审理融资租赁合同纠纷案件适用法律问题的解释》第二十条，《最高人民法院关于适用〈中华人民共和国民事诉讼法〉的解释》第九十条，《中华人民共和国民事诉讼法》第一百四十四条之规定，作出如下判决：

一、被告农业发展公司应于本判决生效之日起十日内给付原告融资租赁公司全部未付租金人民币 307.4 万元；

二、被告农业发展公司应于本判决生效之日起十日内向原告融资租赁公司支付自 2018 年 7 月 15 日起至 2018 年 11 月 20 日的迟延罚金 43860 元（以未付租金 68 万元为基数按每日万分之五的利率计算）；

三、被告农业发展公司应于本判决生效之日起十日内向原告融资租赁公司支付自 2018 年 8 月 15 日起至 2018 年 11 月 20 日的迟延罚金 33320 元（以未付租金 68 万元为基数按每日万分之五的利率计算）；

四、被告农业发展公司应于本判决生效之日起十日内向原告融资租赁公司支付自 2018 年 11 月 15 日起至 2018 年 11 月 20 日的迟延罚金 576 元（以未付租金 19.2 万元为基数按每日万分之五的利率计算）；

五、被告农业发展公司应于本判决生效之日起十日内向原告融资租赁公司支付自 2018 年 11 月 21 日起至实际清偿日止的以到期未付租金 155.2 万元为基数按每日万分之五的利率计算的迟延罚金；

六、被告农业发展公司应于本判决生效之日起十日内向原告融资租赁公司支付律师费 18 万元；

七、被告张某海、张某萍、甲养殖专业合作社、乙养殖专业合作社、丙养殖农民专业合作社对被告农业发展公司在《售后回租协议》项下确定的租金、迟延罚息和律师费的付款义务在最高限额1960.5万元范围内承担连带清偿责任，被告张某海、张某萍、甲养殖专业合作社、乙养殖专业合作社、丙养殖农民专业合作社承担保证责任后，有权向被告农业发展公司追偿；

八、驳回原告融资租赁公司其他诉讼请求。

农业发展公司、张某海、张某萍不服一审判决，提起上诉。

上海金融法院经审理认为：二审上诉人未在指定期限内交纳上诉费，经二审法院再次通知后逾期仍不予交纳，视为自动撤回上诉。依照《中华人民共和国民事诉讼法》第一百五十四条第一款第十一项，《最高人民法院关于适用的解释》第三百二十条之规定，作出如下裁定：

本案按上诉人农业发展公司、张某海、张某萍自动撤回上诉处理。一审判决自之日起发生法律效力。

【法官后语】

融资租赁是目前国际上较为普遍和基本的非银行金融形式，系出租人根据承租人对租赁物件的特定要求和对供货人的选择，出资向供货人购买租赁物件并租给承租人使用，承租人分期向出租人支付租金，在租赁期内租赁物件的所有权属于出租人所有，承租人拥有租赁物件的使用权。由此可见，融资租赁是一种集融资与融物于一体的综合性交易，融资是承租人的目的，融物是出租人债权的保障。

由于其兼具融资和融物的特征，融资租赁合同逐步成为吸引外资、企业技术改造、设备更新的重要途径。近年来，上海自贸试验区融资租赁公司的数量、业务总量均呈现高速增长态势，融资租赁标的物范围已经扩展到农业生产等领域，由此带来的融资租赁合同纠纷也持续增长。本案以判决形式肯定了融资租赁中以生产性生物资产（奶牛）作为租赁物的可行性，主要是基于以下两点考虑：第一，本案融资租赁的标的物为275头西门塔尔基础奶牛，其属于畜牧场的生产性生物资产，非消耗物，使用寿命一般为5-6年，可以自由转让，并且所有权与使用权可分离；第二，虽然奶牛与一般的机械设备相比，容易受到生长周期、生存环境动物疫病等方面的影响，作为租赁物的风险较大。但该风险在一定程度上是可控的，可以通过科学的管理饲养和监测能够保障其健康或价值，所以本案所涉奶牛符合融资租赁的租赁物的相关要求。本案判决明确，以生物资产作为租赁物开展真实的融资租赁业务，只要其业务模式其他要件符合《中华人民共和国民法典》中关于融资租赁合同的相关规定，应属合法有效的交易。

随着自贸区产业的蓬勃发展，类似以活体物进行融资租赁的案例越来越多。本案的审理结果具有统一裁判思路的积极意义，体现了司法裁判在推动融资租赁行业积极健康发展的价值引领功能，同时也有助于拓宽农业生产的融资渠道，推动融资租赁行业更好地支持和服务农业生产经营活动。

编写人：最高人民法院司法案例研究院与对外经济贸易大学联合培养实习生　时心雨

八、承揽合同纠纷

23

定作人对其雇员受损赔偿后在承揽合同关系中享有追偿权

——易某良诉易某提承揽合同案

【案件基本信息】

1. 裁判书字号

湖南省长沙市中级人民法院（2020）湘01民终7096号民事判决书

2. 案由：承揽合同纠纷

3. 当事人

原告（反诉被告、上诉人）：易某良

被告（反诉原告、被上诉人）：易某提

【基本案情】

2016年11月，易某提因其建房需要挖机和铲车施工而与易某良口头商定，由易某良以自带挖机和铲车的方式承包其挖机和铲车施工作业，费用按280元/小时计算。2016年11月30日傍晚，易某良与其雇请的开挖机司机一起将挖机送至施工工地附近，随后易某良即回家吃饭，由该开挖机司机将挖机开至施工地点。当晚施工的内容为继续开挖沟槽并铺设排水管。同时，易某提雇请了朱某家在沟槽内进行人工清土作业。当朱某家站在沟槽内清土时，突遇沟壁土方坍塌将其掩埋，后朱某家经抢救无效死亡。后易某提与死者朱某的家属达成调解协议。协议签订后，易某提按照协议履行，并于 2017 年 9 月 30 日将赔偿款全部支付完毕。易某良未参与此调解。

事故发生后，根据易某提的要求，易某良继续为易某提将前述工地的挖机作业完成，直至 2016 年 12 月结束。后易某良与易某提的妻子刘某华进行对账，双方确认，挖机和铲车作业的费用共计 5 万元，已付 1 万元，还剩 4 万元未付。2020 年 1 月农历过年前，易某良向易某提催问并要求其转据，易某提认为其未出具过欠条，不存在转据故予以拒绝，易某良遂起诉至法院，要求易某提支付所欠余款 4 万元及逾期付款违约金；易某提亦提出反诉，要求易某良支付其垫付的赔偿款 42 万元。

诉讼中法院查明，事故发生时朱某家所站的沟槽为易某良的挖机挖出的沟槽，有数米深，土质为疏松的黄土，易某良称该沟槽为头天晚上挖好的，而易某提则称该沟槽为当晚所挖，并认为土方坍塌系挖机挖沟时未放坡导致，但未提交证据证明。

【案件焦点】

易某良是否应对朱某家的死亡承担全部赔偿责任。

【法院裁判要旨】

湖南省浏阳市人民法院经审理认为：关于易某提是否应当支付易某良欠款 4 万元及逾期付款利息的问题，法院认为，当事人双方之间形成了真实、合法、有效的承揽合同关系，双方均应全面履行合同义务。现易某良完成了施工作业的义务，尤其是事故发生之后易某良仍然根据易某提的要求完成了剩余施工作业，那么易某提理应履行给付报酬的义务，但易某提现仍欠易某良报酬 4 万元未付，故对于易某良要求易某提支付所欠款 4 万元的诉讼请求，予以支持。易某提未及时付款，构成违约，应承担赔偿利息损失的违约责任，但是因欠条上记载的日期为易某良书写，易某良亦未提交其他证据证明对账的具体时间以及其后催问的具体时间，故确定逾期付款利息的具体计算方式为自本案本诉立案受理之日即2020年2月3日开始以4万元为基数按照同期全国银行间同业拆借中心公布的贷款市场报价利率标准计算至实际履行之日止。

关于易某良是否应当赔偿易某提损失42万元的问题，法院认为，死者朱某家系易某提雇请做事，故易某提与死者朱某家之间形成了劳务合同关系，而易某提与易某良之间是承揽合同关系，根据《最高人民法院关于审理人身损害赔偿案件适用法律若干问题的解释》第十一条“雇员在从事雇佣活动中遭受人身损害，雇主应当承担赔偿责任。雇佣关系以外的第三人造成雇员人身损害的，赔偿权利人可以请求第三人承担赔偿责任，也可以请求雇主承担赔偿责任。雇主承担赔偿责任后，可以向第三人追偿”的规定、以及第十条“承揽人在完成工作过程中对第三人造成损害或者造成自身损害的，定作人不承担赔偿责任。但定作人对定作、指示或者选任有过失的，应当承担相应的赔偿责任”的规定，本案中，易某提雇请的死者朱某家系在提供劳务的过程中死亡，死者朱某家的家属与易某提达成了赔偿调解协议，系死者家属向作为雇主的易某提主张权利，虽然易某提与死者朱某家的家属达成的赔偿调解协议因易某良并非当事人而不能约束易某良，但是该协议系经人民调解委员会调解达成，且易某提实际支付了赔偿款，故可以确认易某提已实际足额承担了赔偿责任。易某提承担赔偿责任后，其认为朱某家的死亡系因雇佣关系以外的第三人即易某良造成的，可以向易某良追偿。

关于赔偿责任大小的问题，从本案目前的证据可以确定的是朱某家系因沟壁土方坍塌掩埋致死，易某提作为定作人同时又是雇主，在傍晚光线不佳的情况下安排雇员在较深又是松土的沟槽内作业，未提供安全环境和安全条件，其对于损害后果的发生存在较大的过错，应承担相应的赔偿责任；而朱某家所站的沟槽系作为承揽人的易某良所挖，虽然双方对于该沟槽系当时所挖还是头一天所挖说法不一致，但不论何时所挖均系易某良承揽工作的范围，而易某良未尽到安全注意义务导致损害后果的发生，亦存在一定的过错，亦应承担相应的赔偿责任。虽然易某提认为沟壁土方坍塌系易某良的挖机挖沟时经验不足未放坡等原因造成以及易某良及其雇请的开挖机的司机未及时抢救导致朱某家的死亡，但均未提交充足证据证实，对其该主张，不予认定。根据易某提、易某良的过错程度，同时综合考虑损害事故发生的原因、易某提赔偿受害人的具体情况，酌情确定易某良应当承担易某提所付赔偿款42万元中的10%即4.2万元。易某提要求易某良返还其所垫付的全部赔偿款42万元，缺乏事实和法律依据，故对于其反诉请求，予以部分支持。

湖南省浏阳市人民法院依照《中华人民共和国民法总则》第一百八十八条、第一百九十五条，《中华人民共和国合同法》第六十条、第一百零七条、第二百五十一条、第二百六十三条，《最高人民法院关于审理人身损害赔偿案件适用法律若干问题的解释》第十条、第十一条，《最高人民法院关于适用〈中华人民共和国民事诉讼法〉的解释》第九十条之规定，作出如下判决：

一、易某提于本判决生效之日起五日内给付易某良剩余报酬4万元及逾期付款利息（利息具体计算方式：自2020年2月3日起以4万元为基数按照同期全国银行间同业拆借中心公布的贷款市场报价利率标准计算至实际履行之日止）；

二、易某良于本判决生效之日起五日内给付易某提垫付赔偿款4.2万元；

三、驳回易某良的其他诉讼请求；

四、驳回易某提的其他反诉请求。

一审宣判后，易某良不服一审判决提起上诉。

湖南省长沙市中级人民法院经审理认为：《最高人民法院关于适用〈中华人民共和国民事诉讼法〉的解释》第二百三十二条规定："在案件受理后，法庭辩论结束前，原告增加诉讼请求，被告提出反诉，第三人提出与本案有关的诉讼请求，可以合并审理的，人民法院应当合并审理。"第二百三十三条第二款规定："反诉与本诉的诉讼请求基于相同法律关系、诉讼请求之间具有因果关系，或者反诉与本诉的诉讼请求基于相同事实的，人民法院应当合并审理。"本案中，易某良与易某提之间形成承揽合同法律关系，一审法院受理易某提的反诉符合法律规定，审判程序并未违法。关于易某良是否应当赔偿易某提损失的问题。根据《最高人民法院关于审理人身损害赔偿案件适用法律若干问题的解释》第十条“承揽人在完成工作过程中对第三人造成损害或者造成自身损害的，定作人不承担赔偿责任。但定作人对定作、指示或者选任有过失的，应当承担相应的赔偿责任”的规定。本案中，易某提雇请的朱某家系在提供劳务的过程中死亡，从本案现有证据可以确定朱某家系因沟壁土方坍塌掩埋致死，朱某家所站的沟槽系作为承揽人的易某良所挖，系易某良承揽工作的范围，而易某良未尽到安全注意义务，存在一定的过错，应承担相应的责任。一审法院根据易某提、易某良的过错程度，综合考虑损害事故发生的原因、易某提赔偿受害人的具体情况，酌情确定易某良承担易某提所付赔偿款42万元中10%即4.2万元，合法合理，且理由阐述充分，并无不当，法院予以确认。

综上所述，易某良的上诉请求不能成立，应予驳回；一审判决认定事实清楚，适用法律正确，应予维持。湖南省长沙市中级人民法院依照《中华人民共和国民事诉讼法》第一百七十条第一款第一项之规定，作出如下判决：

驳回上诉，维持原判。

【法官后语】

本案的处理重点在于反诉请求的审理。首先，本案系承揽合同纠纷，易某良起诉要求易某提支付承揽报酬，而易某良以易某提违反承揽合同约定义务为由抗辩同时以易某良应对承揽合同履行过程中造成的其雇请的雇员死亡赔偿承担全部责任为由提出反诉，易某良在二审中认为此不构成反诉，应由易某提另行起诉，但是一、二审法院均认为一审法院受理易某提的反诉符合法律规定，理由是根据法律规定：被告在法定期限内提出反诉的，反诉与本诉的诉讼请求基于相同法律关系、诉讼请求之间具有因果关系，或者反诉与本诉的诉讼请求基于相同事实的，人民法院应当合并审理。本案中，易某良与易某提之间形成承揽合同法律关系，根据《最高人民法院关于审理人身损害赔偿案件适用法律若干问题的解释》第十条“承揽人在完成工作过程中对第三人造成损害或者造成自身损害的，定作人不承担赔偿责任。但定作人对定作、指示或者选任有过失的，应当承担相应的赔偿责任”的规定，易某提系依据该条规定提出的反诉请求，所以还是基于承揽合同法律关系而提出的反诉请求，因此，受理反诉的条件成立。

其次，因本案系审理承揽合同关系纠纷，而死者朱某家相对于本案当事人双方来说是合同之外的第三人，所以要厘清的是承揽合同关系中第三人受损的责任承担，根据上述司法解释的规定，一般情况下定作人是不承担赔偿责任，只有在定作人对定作、指示或者选任有过失的，才应当承担相应的赔偿责任，但本案并不是第三人请求赔偿纠纷，而是既作为定作人又作为死者的雇主双重身份的易某提依据承揽合同关系来追偿，那么就同时要适用《最高人民法院关于审理人身损害赔偿案件适用法律若干问题的解释》第十一条的规定，雇主在承担责任后可以向第三人追偿，此处的“第三人”在本案中就是作为承揽人的易某良，所以易某提在实际足额承担相应的赔偿责任后，其是享有这个追偿权的。但不管是适用司法解释的第十条还是第十一条，归结到底都是易某良应承担多少责任的问题。虽然本案一定程度上难点是事实的认定，但是根据现有证据可以认定的事实是朱某家系因沟壁土方坍塌掩埋致死，而沟壁土方坍塌的原因无法作出认定，但挖掘沟壁是易某良的承揽工作范围，其没有尽到安全注意义务对朱某家的死亡存在一定过错，但由于易某良并没有参与调解，对于调解金额的确定其并不知情，而受害人已经死亡，对于受害人自身责任的认定和赔偿金额的重新确定在本案中显然并无必要，所以最终根据易某提、易某良的过错程度，同时综合考虑损害事故发生的原因、易某提赔偿受害人的具体情况，酌情确定易某良应当承担易某提所付赔偿款42万元中10%即4.2万元。

在司法实践中，关于个人劳务关系与承揽关系交错情形下损害赔偿责任问题很多，当然普遍的是承揽人的雇员受损，定作人的责任承担问题，像本案这种定作人的雇员在承揽人工作范围内受损责任承担且又是追偿的问题还是比较少见。但不管何种情形都是要在依照法律规定，综合案情具体情况，平衡当事人利益的基础上作出公正判决。

编写人：湖南省浏阳市人民法院　陈钟婧

24

对于无法继续履行的合同违约一方是否享有法定解除权

——冶金炉料公司诉电气设备公司承揽合同案

【案件基本信息】

1. 裁判书字号

湖南省衡阳市中级人民法院（2020）湘04民终2684号民事判决书

2. 案由：承揽合同纠纷

3. 当事人

原告（反诉被告、被上诉人）：冶金炉料公司

被告（反诉原告、上诉人）：电气设备公司

【基本案情】

2017年11月14日，原告（反诉被告）冶金炉料公司与被告（反诉原告）电气设备公司签订一份《变压器改造协议》，约定："甲方：冶金炉料公司、乙方：电气设备公司，经甲、乙双方友好协商就甲方一台12500KVA/35电炉变压器改造达成如下协议：第一，改造内容（1）变压器高压线圈全部重新制作；（2）变压器铁芯窗高尺寸要加大；（3）变压器低压线圈尺寸调整；（4）变压器线圈子绝缘级器身绝缘重新制作；（5）变压器全套密封件更换；（6）五励磁开关更换为V型有载分接开关（长征开关）；（7）变压器油处理；（8）变压器邮箱更改并喷漆；（9）出厂试验，并出具是要报告合格证。第二，改造费用及付款方式：（1）整体改造费用为36万元人民币（36万），含增值税17%；（2）甲方预付改造费30%计金额10.8万元。乙方改造好，甲方提货时付款16万元，余下款项在甲方正常生产半个月无质量问题后尾款付清；（3）支付方式：银行转

账电汇。第四，运输方式、由乙方负责到厂。第五，甲方未按合同履行支付价款义务的，标的物所有权属乙方所有。第六，合同生效不可解除，违约责任按国家合同法执行。未尽事宜，双方友好协商解决。”

协议签订后，冶金炉料公司将变压器运送至电气设备公司，电气设备公司支付了运输费用并着手改造工作。在拆解中电气设备公司发现，冶金炉料公司交付的变压器额定容量并非合同约定的12500KVA，而是10000KVA。电气设备公司即通知冶金炉料公司，并提出可将该台变压器由10000KVA增容为12500KVA进行改造的方案。后因预估增容改造成本过高，电气设备公司又提出在其公司以旧换新购买一台12500KVA电炉变压器的方案。2017年11月27日，电气设备公司起草一份《工业品买卖合同》，内容为：“出卖人（甲方）电气设备公司、买受人（乙方）冶金炉料公司，一、标的、数量、价款及交（提）货时间（单位：万元）：产品名称：电炉变压器，规格型号：HKSSPZ-12500/35，数量：一台，单价、总金额：95万元。备注：此价格含税、运费、送货到乙方厂内。四、乙方已运到我公司电炉变压（HKSSPZ-10000/35旧变压器）作价25万元给甲方，乙方需支付甲方70万元变压器款。十五、本合同自双方签字或盖章起生效。”电气设备公司的委托代理人在合同上签字并加盖公章。冶金炉料公司收到合同后未表示同意，亦未在合同上签字或盖章。此后，冶金炉料公司自行购买了四台小型电炉变压器以供使用。

【案件焦点】

1.《变压器改造协议》应当继续履行还是应当解除的问题；2. 合同损失金额的认定问题。

【法院裁判要旨】

湖南省衡阳市雁峰区人民法院经审理认为：关于第一个争议焦点，案涉《变压器改造协议》系双方当事人的真实意思表示，合法有效，对双方当事人均具有法律约束力。冶金炉料公司在合同签订时未尽审慎义务，将其额定容量为10000KVA的电炉变压器误认为是12500KVA而与电气设备公司签订了改造协议，导致该协议因合同标的物错误而无法履行，构成了违约。《中华人民共和国合同法》（本案以下简称《合同法》）第一百零七条规定："当事人一方不履行合同义务或者履行合同义务不符合约定的，应当承担继续履行、采取补救措施或者赔偿损失等违约责任。"由此可见，当违约情况发生时，继续履行是令违约方承担责任的首选方式，相比于采取补救措施、赔偿损失或者支付违约金等其他方式，继续履行更有利于实现合同目的。但是，当继续履行也不能实现合同目的时，就不应再将其作为判令违约方承担责任的方式。《合同法》第一百一十条规定："当事人一方不履行非金钱债务或者履行非金钱债务不符合约定的，对方可以要求履行，但有下列情形之一的除外：（一）法律上或者事实上不能履行；（二）债务的标的不适于强制履行或者履行费用过高；（三）债权人在合理期限内未要求履行。"本案中，合同约定的改造标的物自始不存在，如还判令继续履行，冶金炉料公司必然无法提供约定标的物进行改造，该合同事实上自始就不能履行。而电气设备公司虽然就此提出了更改原合同（变更标的物进行增容改造）及签订新合同（以旧换新另购变压器）的要约，但双方并未就此达成合意。不论是更改原合同还是签订新合同，其本质上均是设立一个新的合同来代替原合同，不是原合同的继续履行，均应以双方自愿达成合意为基础，不能以直接判令继续履行的方式强行更替。《变压器改造协议》虽然约定合同生效不可解除，但在自始不具备履行条件的情形下，仍然继续履行没有实际意义，无法实现合同目的。冶金炉料公司可以赔偿损失等其他方式承担违约责任，取得对合同义务履行的免除。因此，衡平双方利益受损状况，依照公平和诚实信用原则，尽管本案双方之间的承揽合同关系合法有效，尽管电气设备公司在履行合同过程中没有违约行为，本案《变压器改造协议》也应当解除。故对于冶金炉料公司主张解除该协议的诉讼请求，法院不予支持。

经法院多次释明，在明知合同事实上不能履行的情形下，电气设备公司仍坚持要求继续履行而不主张违约责任是非理性的选择，与相关法律规定及立法精神相违背，故对电气设备公司主张继续履行《变压器改造协议》并要求冶金炉料公司预付改造费 10.8 万元的反诉请求，法院不予支持。

关于第二个争议焦点。《中华人民共和国合同法》第九十七规定："合同解除后，尚未履行的，终止履行；已经履行的，根据履行情况和合同性质，当事人可以要求恢复原状、采取补救措施，并有权要求赔偿损失。"《变压器改造协议》解除后，冶金炉料公司有权要求返还案涉电炉变压器，电气设备公司亦有权要求赔偿损失。经法院当庭释明，电气设备公司未在本案中提出要求赔偿损失的反诉请求，对此电气设备公司可另行主张权利。对于案涉电炉变压器的现状，经多次庭审确认，电气设备公司均陈述该变压器经过拆解后已不能复原返还，因此，冶金炉料公司主张要求电气设备公司赔偿不能返还案涉电炉变压器所造成的损失，符合法律规定。审理中，冶金炉料公司就涉案电炉变压器的价值申请评估，但由于其向评估机构提供的资料不完整，且资料的真实性及与变压器实物的一致性均无法确定，电气设备公司亦不配合现场勘查评估，导致评估程序无法正常启动。据此，根据冶金炉料公司提供的资料，对于涉案电炉变压器的品牌、生产厂家、购置时间及购置价格等基本情况均无法确定，故以购置价格或同类商品价格为基数，依照折旧年限进行价值认定亦无法进行。经询问，原、被告双方就涉案电炉变压器的价值未能达成一致意见。

基于本案实际情况，综合双方责任承担及举证义务分析，对于案涉电炉变压器的价值，现原、被告双方均未能证明，而造成本案承揽合同不能履行的责任在冶金炉料公司，作为违约方，冶金炉料公司对于其诉请的价值主张未能提供证据证明，应承担举证不能的不利后果。电气设备公司明知合同不能履行，留置案涉变压器却未积极采取有效措施予以妥善保管，放任损失的发生和扩大，存在一定的过错，且在评估过程中不配合现场勘查，导致评估不能进行，亦应承担举证不能的不利后果。根据现有证据，电气设备公司在其起草并发出的《工业品买卖合同》中，明确提出以案涉电炉变压器作价 25 万元抵扣新变压器货款的要约，该合同虽因冶金炉料公司未表示承诺而未能达成，但该合同要约是电气设备公司的真实意思表示，可视为电气设备公司的价值主张，审理中双方均未举证证明推翻该价值主张。故法院在穷尽价值评估认定方式的情况下，衡量各方责任承担及利益损失，酌定以电气设备公司对案涉电炉变压器的价值主张 25 万元，确定为因不能返还原物给冶金炉料公司造成的损失金额。对冶金炉料公司诉请中的超出部分，法院不予支持。对于冶金炉料公司要求电气设备公司按 59 万元的 20%承担违约责任的诉请，因双方对违约责任无明确约定，故法院不予支持。

湖南省衡阳市雁峰区人民法院依照《中华人民共和国合同法》第八条、第六十条、第九十七条、第一百零七条、第一百一十条、第一百一十四条、第二百五十一条、第二百六十八条，《中华人民共和国民事诉讼法》第十三条、第六十四条，《最高人民法院关于适用〈中华人民共和国民事诉讼法〉的解释》第九十条之规定，作出如下判决：

一、被告（反诉原告）电气设备公司于本判决生效之日起十日内赔偿原告（反诉被告）冶金炉料公司经济损失 25 万元；

二、驳回原告（反诉被告）冶金炉料公司的其他诉讼请求；

三、驳回被告（反诉原告）电气设备公司的反诉请求。

电气设备公司不服，提起上诉。

湖南省衡阳市中级人民法院经审理认为：本案双方当事人一、二审争议的焦点均主要在于案涉承揽合同应否予以解除以及承揽合同解除后定作人原交付改造的电炉变压器无法返还原物时价值应如何确定。从本案一、二审查明的事实可见，双方当事人 2017 年 11 月 14 日签订的《变压器改造协议》明确约定冶金炉料公司将一台自有的额定电容为 12500KVA 的电炉变压器交由电气设备公司改造，但冶金炉料公司实际提交给电气设备公司改造的电炉变压器额定电容却为 10000KVA，导致电气设备公司收货拆解后发现根本无法按合同约定的改造技术标准要求进行改造，故造成变压器改造合同一开始就无法履行的违约责任在于定作人冶金炉料公司。承揽人电气设备公司在发现合同目的已经无法实现时，原本可以通过与定作人冶金炉料公司另行协商对合同内容进行调整或重订以继续双方的交易，也可以采取解除原改造合同要求定作人偿付运输、拆解费用，再向定作人退返变压器的救济措施以避免承揽损失，但电气设备公司却仅于2017年11月27日单方另行拟定了一份将案涉变压器“以旧换新”的《工业品买卖合同》，在冶金炉料公司未对该新合同予以签字、同意的情况下，仍坚持要求定作人冶金炉料公司继续履行原改造合同、支付改造费用，并拒绝退还案涉变压器，对本案合同不能履行后诉讼纠纷的酿成，电气设备公司同样负有一定责任。鉴于案涉改造承揽合同自始至终不具备履行条件，双方又未就继续交易达成具备可行性的新协议，故一审判决对本案变压器改造承揽合同应予解除所作说理释法成立，法院依法予以采纳。至于本案改造承揽合同解除后定作人原交付改造的电炉变压器无法返还原物时价值应如何确定的问题。虽然一审期间，一审法院根据冶金炉料公司的申请曾委托中介机构对案涉变压器的价值进行了评估鉴定，但因双方当事人自身原因，司法评估鉴定无法进行下去，未能得出确定的价值结论。一审法院在变压器所有权人冶金炉料公司不能履行相应的价值举证责任时，只能参照电气设备公司自己拟定《工业品买卖合同》中将案涉变压器估值25万元的意思表示，酌定案涉变压器价值为25万元，属于合理的自由裁量，且对一审判决所认定的变压器价值，冶金炉料公司没有提出上诉。故对一审所作价值认定亦予以采纳。

湖南省衡阳市中级人民法院依照《中华人民共和国民事诉讼法》第一百六十九条第一款、第一百七十条第一款第一项之规定，作出如下判决：

驳回上诉，维持原判。

【法官后语】

本案案涉《变压器改造协议》为对双方当事人均具有法律约束力的合法有效的协议，冶金炉料公司在签订协议时，未尽到审慎义务，误将其额定容量为10000KVA的电炉变压器误认为是12500KVA而与电气设备公司签订了改造协议，导致该协议因合同标的物错误而无法履行，其行为是造成合同无法履行的根本原因，亦系构成案涉合同先违约一方。电气设备公司接收型号错误的变压器后，在发现变压器型号与约定的不一致的情况下，未积极与冶金炉料公司协商，而是就变更标的物进行增容改造为主要内容更改了原合同，并同时提出以旧换新另购变压器为条件对冶金炉料公司出具了一份新《工业品买卖合同》，以此进行新的要约。在双方就此未达成合意的情况下，冶金炉料公司作为违约一方先行向法院提起诉讼要求解除合同并返还案涉变压器。在诉讼过程中，电气设备公司又以《变压器改造协议》约定的合同条款“合同生效不可解除”为由向法院提出要求冶金炉料公司继续履行合同义务，并以此提出反诉要求冶金炉料公司继续支付预付改造费10.8万元。在本案的审理过程中，双方争议的主要焦点为合同是应当继续履行还是应当解除，要解决该争议焦点，则应明确冶金炉料公司作为违约方是否享有申请解除合同的权利。

《中华人民共和国合同法》第九十四条第四项规定，当事一方迟延履行债务或者其他违约行为致使不能实现合同目的，可以解除合同。可见，违约方的违约行为足以导致合同目的不能实现，合同守约方才能行使合同解除权。本案中，冶金炉料公司作为案涉合同的违约方，其向法院提请解除合同的请求并不符合该法条的规定及合同法的立法精神，且依据双方签订的《变压器改造协议》第八条约定的该合同生效不可解除，故依据上述事实理由及法律依据，冶金炉料公司并不享有本案案涉协议的合同解除权。但在此情况下，如依据双方协议的约定判令冶金炉料公司继续履行《变压器改造协议》的交付义务，即冶金炉料公司必然无法提供约定型号的变压器进行改造，且该协议已因提供的变压器型号的错误致使自始就不能履行。事实上，冶金炉料公司已通过另行购买其他型号的变压器达到改造变压器的目的。对于电气设备公司而言，如判令继续履行，电气设备公司可要求冶金炉料公司继续按协议约定预付改造费，亦可能会造成对现有变压器另行改造成本过高而造成其损失。《中华人民共和国合同法》第一百一十条规定：“当事人一方不履行非金钱债务或者履行非金钱债务不符合约定的，对方可以要求履行，但有下列情形之一的除外：（一）法律上或者事实上不能履行；（二）债务的标的不适于强制履行或者履行费用过高；（三）债权人在合理期限内未要求履行。”此条规定了不适用继续履行的几种情形，其中第二项规定的“履行费用过高”，可以根据履约成本是否超过各方所获利益来进行判断。当违约方继续履约所需的财力、物力超过合同双方基于合同履行所能获得的利益时，应该允许违约方解除合同，用赔偿损失来代替继续履行。所以当继续履行不能实现合同目的时，就不应再限制违约方的解除权，并将继续履行作为判令违约一方承担责任的方式。综合衡量本案现有的实际情况，法院从平衡双方当事人目前利益及受损状况出发，在依照公平和诚实信用原则的前提下，考虑在双方合同无法继续履行或强制履行成本过高的情形下，依法判令本案案涉《变压器改造协议》应当解除。对于电气设备公司提出的冶金炉料公司应继续履行协议并预付改造费的反诉请求，因其已明知本案案涉《变压器改造协议》在事实上不能履行，电气设备公司的反诉请求实质上是与相关法律规定及立法精神相违背的，亦是一种非理性的维权方式。经法院多次向其释明，电气设备公司可变更反诉请求要求冶金炉料公司承担违约责任，但电气设备公司仍然坚持要求冶金炉料公司继续履行协议而拒不主张违约责任，故法院依法驳回电气设备公司的反诉请求。

编写人：湖南省衡阳市雁峰区人民法院 唐乐

25

实际行为变更合同的认定

——新能源公司诉金属制品公司定作合同案

【案件基本信息】

1. 裁判书字号

江苏省无锡市中级人民法院（2020）苏02民终2766号民事判决书

2. 案由：定作合同纠纷

3. 当事人

原告（上诉人）：新能源公司

被告（被上诉人）：金属制品公司

【基本案情】

2013 年 12 月 17 日，新能源公司与金属制品公司签订一份铝型材采购合同。后双方又分别于 2016 年 6 月 1 日、2017 年 6 月 1 日签订两份长期定作合同，由新能源公司供给金属制品公司铝型材，合同对产品质量、付款方式、验收、合同解除等均作了约定。双方于 2013 年 12 月 17 日签订的铝型材采购合同中约定付款方式为 70%现金、30%承兑。2016 年 6 月 1 日签订的长期定作合同中约定付款方式为 40%现金、60%承兑。2017 年 6 月 1 日签订的长期定作合同中约定付款方式为 30%现金、70%承兑。2016 年 6 月 1 日合同约定逾期付款违约金为按货款总额的日千分之一计算，2017 年 6 月 1 日合同约定逾期付款违约金为按货款总额的日千分之三计算。后双方按约履行，至起诉之日，金属制品公司尚结欠新能源公司货款 24026.08 元，逾期付款违约金。2016 年 4 月，双方又签订一份铝棒置换合同，合同对产品类型、质量标准、运输、交货、验收等均作了约定，同时约定铝棒磨具由乙方（新能源公司）负责制作，但甲方（金属制品公司）必须全年有 1000 吨的生产量，同时甲方必须先支付 3 万元开模定金，如能达到全年 1000 吨加工铝棒，磨具定金如数退回。合同签订后，新能源公司按约履行，至起诉之日，金属制品公司尚结欠新能源公司加工费 101666.55 元（含 3 万元磨具费）。新能源公司多次催讨未果，于 2019 年 6 月 26 日具状起诉。

新能源公司诉称：新能源公司与金属制品公司双方自 2013 年发生铝型材买卖往来，至起诉时，金属制品公司尚欠新能源公司货款 24893.21 元，依约应支付违约金 78518.64 元，并应承担承兑汇票贴息 1505924.15 元。另外双方又签订了《铝棒置换合同》至 2019 年 3 月 19 日，累计结欠新能源公司加工费 101666.55 元。新能源公司在催要无果的情况下具状起诉，请求法院判令金属制品公司立即支付货款 126559.76 元并承担逾期付款利息 78518.64 元，支付承兑汇票贴息 1505924.15 元，合计 1711002.55 元。

金属制品公司辩称：结欠的货款应该是 24026.08 元，而加工费认可 64319.11 元，其他新能源公司主张的加工费 101666.55 元包含 3 万元磨具款及

7166.95元的差价，不应计算在内。另外，新能源公司主张的逾期付款利息及承兑汇票贴息无事实和法律依据，且约定过高，不应得到法院支持。

【案件焦点】

新能源公司收取金属制品公司给付的超过合同约定比例的承兑汇票，是否表明其同意变更合同约定的付款方式。

【法院裁判要旨】

江苏省江阴市人民法院经审理认为：新能源公司与金属制品公司之间的定作关系合法有效。根据新能源公司所举证据，金属制品公司结欠新能源公司货款24026.08元事实清楚，应承担给付之责，并承担相应的利息损失。新能源公司主张逾期付款违约金按日千分之一及日千分之三计算，金属制品公司主张违约金约定过高，原审法院酌情按日千分之一计算，违约金为51307.65元。关于新能源公司主张的承兑汇票贴息，虽然双方的合同对付款方式有明确约定，但一方如有违约，可根据违约事由解除合同，金属制品公司未按约定，多支付了承兑汇票，新能源公司可以拒收并据此解除合同。但新能源公司仍继续收取承兑汇票，应视为对合同履约情况的变更。且新能源公司提供的备忘录签字不是金属制品公司员工所签，故新能源公司要求金属制品公司承担承兑汇票贴息的诉求，依法不予支持。关于加工费101666.55元，虽然金属制品公司仅认可64319.11元，但金属制品公司对3万元磨具款及7166.95元差价未提供相关依据，法院按新能源公司的主张予以确认。对金属制品公司的抗辩不予采信。

江苏省江阴市人民法院依照《中华人民共和国合同法》第一百零七条、第一百零九条，《中华人民共和国民事诉讼法》第六十四条之规定，作出如下判决：

一、金属制品公司应于判决发生法律效力之日起10日内给付新能源公司货款24026.08元，并承担逾期付款违约金51307.65元；

二、金属制品公司应于判决发生法律效力之日起10日内给付新能源公司加工费101666.55元；

三、驳回新能源公司的其他诉讼请求。

新能源公司不服一审判决，提起上诉。

江苏省无锡市中级人民法院经审理认为：新能源公司与金属制品公司虽然在3份合同中约定了不同比例的现金与承兑汇票的支付方式，但是，在4年的业务往来过程中，对于金属制品公司给付的超过合同约定比例的承兑汇票，新能源公司均予收取，且未有向金属制品公司提出过异议的有效证据。新能源公司收取金属制品公司给付的超过合同约定比例的承兑汇票，应当视为新能源公司同意变更合同约定的付款方式。新能源公司要求金属制品公司承担贴息损失的上诉请求不能成立，应予驳回。

江苏省无锡市中级人民法院依照《中华人民共和国民事诉讼法》第一百七十条第一款第一项之规定，作出如下判决：

驳回上诉，维持原判。

【法官后语】

本案的争议焦点为新能源公司收取金属制品公司给付的超过合同约定比例的承兑汇票，是否以实际行为表示同意变更合同约定的付款方式。在合同交易过程中，一方当事人未按合同约定的履行时间、履行地点、履行方式、标的物数量和质量履行合同义务的情况时有发生，在另一方当事人未提出异议的前提下，一方当事人对合同履行内容的变更，应认定为违约行为还是双方对合同的变更，实践中颇具争议。

1. 合同变更的条件和方式

合同的变更，是指合同成立后，当事人在原合同的基础上对合同的内容进行修改或补充。无论是《中华人民共和国合同法》还是《中华人民共和国民法典》，对合同变更的条件的规定均较为笼统，均规定“当事人协商一致，可以变更合同”，且“当事人对合同变更的内容约定不明确的，推定为未变更”。从法律规定的文义来看，合同的变更须具备两个条件：一是双方当事人协商一致，二是合同变更的内容约定明确。对于如何认定双方当事人对合同变更内容协商一致，法律并未明确规定。合同是双方当事人要约和承诺意思表示一致的结果，一旦成立便对双方当事人产生法律约束力。因此，如果要对双方当事人已经达成一致的意思表示进行变更，那么就必须由双方当事人就修改或补充某项合同内容达成一致的意思表示。尽管法律对合同变更当事人协商一致没有作具体规定，但合同变更与合同成立均应具备当事人意思表示一致的要件，所以合同变更的条件应类推适用合同成立条件的规定。《中华人民共和国合同法》和《中华人民共和国民法典》均规定，当事人订立合同可以采取要约、承诺方式或者其他方式，当事人未在书面合同上签名、盖章或者按指印、或者未采用书面形式订立但是一方已经履行主要义务，对方接受时合同成立。由此可以推定，当事人变更合同，应由一方发出变更具体合同内容的意思表示，另一方作出接受变更具体合同内容的意思表示，双方可以采用书面形式或者口头协商一致的方式变更合同，也可以通过实际行为变更合同。

2. 当事人以实际行为变更合同约定的认定

在现实交易过程中，市场环境和主客观条件等千变万化，双方当事人在订立合同时对合同履行的约定可能存在不完备、不合理的内容，合同履行时也可能发生合同订立时无法完全预期的变化，导致当事人在履行合同时往往与合同约定的履行内容不完全一致。例如，在建设施工合同中施工方根据施工需要增加了施工量，物业服务合同因政策调整变更了物业费计算标准，租赁合同出租人未按合同约定交付同一品牌的租赁物，承揽合同承揽人未按合同约定交付相同数量的定作物等。除了情势变更和不可抗力导致以外，如果受领给付的另一方当事人在受领后的合理期间对未按合同履行的一方当事人明确提出异议或拒绝履行对价给付，那么一方当事人未按合同履行的行为认定为违约并无争议。实践中，受领给付的另一方当事人在受领一方当事人变更的履行后，在一段时间内未明确提出异议的情形屡有发生。如何区分是当事人一方的违约行为还是双方对合同内容的变更，需综合考量变更履行的原因、双方业务往来经历、交易习惯、合同目的等因素谨慎判断。从保证经济交易效率和合理配置市场资源的角度出发，如果一方当事人变更合同履行内容不影响主要合同目的的实现，且另一方当事人在受领变更的给付后合理期间内未提出异议，并继续履行对价给付的，应当认定双方当事人在变更合同履行内容上达成了意思表示一致，以实际行为变更了原合同约定，避免频繁认定违约等导致交易成本的过度增加。本案中，新能源公司与金属制品公司虽然在前后多份合同中约定了不同比例的现金和承兑汇票支付方式，但在双方长期业务往来过程中，新能源公司对金属制品公司超出约定比例支付的承兑汇票均予以收取，且未提出异议，继续履行双方的合同义务，应视为新能源公司同意变更合同约定的付款方式。

编写人：江苏省江阴市人民法院　巴益军　高雅静

九、建设工程合同纠纷

26

建设工程以物抵债协议成立的必备要件

——建筑公司诉房地产开发公司建设工程施工合同案

【案件基本信息】

1. 裁判书字号

新疆维吾尔自治区伊宁市人民法院（2020）新4002民初1816号民事判决书

2. 案由：建设工程施工合同纠纷

3. 当事人

原告：建筑公司

被告：房地产开发公司

【基本案情】

2011年5月12日，被告房地产开发公司（发包人）与原告建筑公司（承包人）签订《建设工程施工合同》，发包方将某地二期商住楼（一标段）1#楼全部工程交由承包人承建。

2013年4月8日，房地产开发公司（甲方）与王某凯（乙方）签订《1-4#楼施工合同补充协议》，协议约定："甲方同意用1-4号楼的房屋抵付乙方已完成工程量30%工程款，抵付工程款的房屋价格可以按一次性付款给予优惠。此项金额待决算审定后，以工程尾款（不包括3%的质保金）相冲抵，双方多退少补。”1-4号楼工程须于2013年6月30日前完成竣工验收，甲方负担项目须于6月10日前全部完成。合同还约定其他相关事宜。

2013年9月6日，由建设、监理、设计、施工、勘察单位五方共同出具新欧国际城1#楼竣工验收资料，五方均同意竣工，验收认为该工程质量合格并加盖公章。在竣工验收资料中王某凯在项目经理处、施工单位处签名。

2015年3月25日，原告建筑公司向被告房地产开发公司出具工程结算签收单，签收单中写明：兹有我单位承建的1#楼项目现将工程结算报于贵公司审核签收提交工程结算资料，被告新欧在签收处签字盖章。

2018年5月30日，造价咨询公司出具关于某地二期商住楼工程一标段（1#楼）工程造价审核报告，审核结论：某地二期商住楼工程一标段（1#楼）工程结算报送总造价为52120417.74元，审核后核减额为13367949元，经审核工程结算总造价为38752468.74元。2019年2月1日建筑公司在工程造价审查定案通知书施工单位处加盖公章，同日建设单位在工程造价审查定案通知书建设单位处加盖公章。

2019年11月25日，原告向法院申请诉前财产保全，并以财产保险公司出具的保单保函提供担保。同日法院下发（2019）新4002财保400号民事裁定书，裁定冻结被申请人房地产开发公司的39.6万元银行存款；原告缴纳财产保全申请费2365元；财产保险公司向原告出具的诉讼责任险保费发票1107元。

【案件焦点】

1. 王某凯与被告房地产开发公司签订《1-4#楼施工合同补充协议》的行为是否对原告建筑公司产生效力；2.《1-4#楼施工合同补充协议》是否成立并生效，本案应否以房屋抵付工程款；3. 原告主张的利息是否合理，应否由被告承担。

【法院裁判要旨】

新疆维吾尔自治区伊宁市人民法院经审理认为：针对焦点一，根据建设工程施工合同、竣工验收资料、以房抵债的协议及收条等证据显示本案工程的项目经理为王某凯，故王某凯签字的行为应视为原告公司行为，由原告公司承担相应的后果。

针对焦点二，本案原、被告双方签订的《1-4#楼施工合补充协议》，有明确的主体即原、被告双方当事人，但合同标的和数量均不明确。合同虽约定"1-4 号楼的房屋抵付乙方已完成工程量 30%工程款"，但对于用于冲抵工程款的房屋没有约定具体的楼层、房号、面积，对于房屋所具体抵付的工程款数额也未明确约定。对于优惠价格具体金额也没有约定，故该补充协议因缺乏明确的标的和数量不符合《中华人民共和国合同法》第十二条规定的合同成立的要件。而根据《中华人民共和国合同法》第六十一条、第六十二条关于合同约定不明情形下的补救、补充条款显示，合同普通条款即质量、价款、履行方式等约定不明时可根据上述法律规定予以明确，而合同的主要条款即合同当事人、合同标的及合同数量等不属于上述法律规定的可补充明确的范围，即无法根据《中华人民共和国合同法》第六十一条、第六十二条的补救、补充条款予以明确。原告基于原建设工程施工合同纠纷起诉主张剩余工程款法院予以支持。

针对焦点三，根据《建设工程施工合同》通用条款第三十二条约定："发包人收到竣工验收报告以及结算资料后 28 天内无正当理由不支付工程竣工结算价款，从第 29 天起按承包人同期向银行贷款利率支付拖欠工程价款利息，并承担违约责任。"现房地产开发公司已经支付 97%的工程款及部分质保金，剩余 369454. 94 元质保金未支付。被告房地产开发公司逾期支付质保金，应当承担逾期付款利息。故原告建筑公司要求被告房地产开发公司对未付 369454. 94 元承担逾期付款利息的诉讼请求，法院予以支持。

新疆维吾尔自治区伊宁市人民法院依据《中华人民共和国合同法》第十二条、第四十九条，《最高人民法院关于审理建设工程施工合同纠纷案件适用法律问题的解释》第十七条、第十八条第一款，《中华人民共和国民事诉讼法》第六十四条第一款之规定，作出如下判决：

一、被告房地产开发公司于本判决生效之日起十五日内向原告建筑公司支付剩余工程款369454.94元；

二、被告房地产开发公司于本判决生效之日起十五日内向原告建筑公司支付利息21203.17元；

三、被告房地产开发公司向原告建筑公司承担2019年12月7日至实际付款之日的逾期付款利息（以369454.94元为基数，按年利率4.35%计算）；

四、被告房地产开发公司于本判决生效之日起十五日内向原告建筑公司支付财产保全申请费2365元，保全担保费1107元；

五、驳回原告建筑公司的其他诉讼请求。

一审宣判后，双方当事人未上诉，现判决已发生法律效力。

【法官后语】

本案处理过程中原、被告双方对存在建设工程施工合同关系及欠付工程款数额均无争议，双方争议的主要焦点是：双方签订的施工合同补充协议约定的以房抵付工程款的效力。根据我院审查该协议属于原、被告约定以被告的房屋抵付其欠付原告的工程款，性质属于以物抵债协议，该协议有明确的主体即原、被告双方当事人，但合同标的和数量均不明确。根据合同法原理部分分析，双方达成的合意不能仅仅是概括同意签订合同，需要双方对合同主体、标的、数量等主要条款做出具体明确的约定，否则不能认定该合同实际成立。合同虽约定“1-4号楼的房屋抵付乙方已完成工程量30%工程款”，但对用于冲抵工程款的房屋没有约定具体的楼层、房号、面积，对于房屋所具体抵付的工程款数额也未明确约定。对于优惠价格具体金额也没有约定，故该补充协议因缺乏明确的标的和数量不符合《中华人民共和国合同法》第十二条（对应《中华人民共和国民法典》第四百七十条）规定的合同成立的要件。而根据《中华人民共和国合同法》第六十一条、第六十二条关于合同约定不明情形下的补救、补充条款显示，合同普通条款即质量、价款、履行方式等约定不明时可根据上述法律规定予以明确，而合同的主要条款即合同当事人、合同标的及合同数量等不属于上述法律规定的可补充明确的范围，即无法根据《中华人民共和国合同法》第六十一条、第六十二条（对应《中华人民共和国民法典》第五百一十条、第五百一十一条）的补救、补充条款予以明确。

即使《1-4#楼施工合同补充协议》成立并生效，根据《全国人民法院民商事审判工作会议纪要》第四十五条规定：当事人在债务履行期满前达成以物抵债协议，抵债物尚未交付债权人，债权人请求债务人交付的，因此种情况不同于本纪要第七十一条规定的让与担保，人民法院应当向其释明，其应当根据原债权债务关系提起诉讼。经释明后当事人仍拒绝变更诉讼请求的，应当驳回其诉讼请求，但不影响其根据原债权债务关系另行提起诉讼。该条款实际上是将在债务履行期限届满前达成的以物抵债作为履行原债权债务关系的担保予以对待，本案中，原、被告双方在签订《1-4#楼施工合同补充协议》时约定用1-4号楼的房屋抵付乙方已完成工程量30%工程款，但原、被告双方均未提供签订协议时乙方已完成的工程量及应支付的工程款，故以房抵工程款的数额及履行期限也不明确，尚需待工程决算后才能最终确定履行数额及期限。而该协议签订时工程尚未竣工验收也未对工程价款进行结算，故本案以物抵债协议法院认定为系原、被告双方在债务履行期限届满前达成，根据上述民事会议纪要精神，该协议属于对原工程价款的担保，被告主张以房屋抵付工程款法院不予支持。原告基于原建设工程施工合同纠纷起诉主张剩余工程款法院予以支持。

编写人：新疆维吾尔自治区伊宁市人民法院　沈玲

27

《中华人民共和国民法典》施行后法院“收缴非法所得”是否还有依据

——建设工程公司诉张某文建设工程施工合同案

【案件基本信息】

1. 裁判书字号

广东省云浮市郁南县人民法院（2020）粤5322民初445号民事判决书

2. 案由：建设工程施工合同纠纷

3. 当事人

原告：建设工程公司

被告：张某文

第三人：医疗科技公司（曾用名：照明科技公司）

【基本案情】

某公路站与建设工程公司于2018年12月21日签订《合同书》，约定将通门安防工程交建设工程公司承包，合同价款为1857070元，合同签订之日起15日内完成施工。除某公路站事先书面同意外，建设工程公司不得部分或全部转让其应履行的合同项下的义务。合同在双方签字盖章后生效。

建设工程公司（甲方）与张某文（乙方）于2018年12月21日签订《施工质量、安全、经济责任合同》，约定甲方将通门安防工程分配给乙方施工管理。乙方必须执行建设工程公司与建设单位签订的承包合同条款内容承包施工，并承担其一切责任。乙方对该工程负全部质量、安全、工期经济及法律法规责任。在工程施工中所需的一切费用，均由乙方负责。公司管理费用由乙方负责，乙方实行项目全额全包，独立经济核算，自负盈亏，按工程结算总造价的2%支付项目管理费。

张某文确认案涉通门安防工程又再转包给照明科技公司，其确认照明科技公司是实际施工人。2019年3月6日，照明科技公司（甲方）与张某文（乙方）对涉案通门安防工程之外的其他工程进行了结算，双方签订《某路安、水毁工程项目清算确认书》（注：某路安、水毁工程是另外同一个工程下面的另外两个项目）。结算后，被告张某文确认照明科技公司在2019年3月已经退出涉案项目施工；通门安防工程没有进行过施工。

某公路站支付了557121元通门安防工程预付款给建设工程公司。建设工程公司在收到某公路站支付的557121元的通门安防工程预付款后，于2019年2月3日向张某文支付了工程预付款421228.9元。剩余部分款项135892.1元（557121元-421228.9元）。用途如下：69038元用于缴纳税金，55712.1元用于工人工资保证金；11142元用于缴纳管理费。

建设工程公司以张某文并未对案涉工程进行施工为由向法院起诉，要求确认合同无效，被告张某文将所收取的案涉工程预付款退还给原告，并返还场地。

【案件焦点】

建设工程公司出借建筑资质所收取的管理费11142元属于非法所得，法院是否可以收缴。

【法院裁判要旨】

广东省云浮市郁南县人民法院经审理认为：某公路站是通门安防工程的发包单位。某公路站将通门安防工程交由中标单位建设工程公司承包，后建设工程公司与张某文签订《施工质量、安全、经济责任合同》，由张某文全额全包、自负盈亏负责该工程，并支付2%的管理费给建设工程公司，故张某文与建设工程公司之间为挂靠关系。

根据《中华人民共和国建筑法》第二十六条“……禁止建筑施工企业超越本企业资质等级许可的业务范围或者以任何形式，用其他建筑施工企业的名义承揽工程。禁止建筑施工企业以任何形式允许其他单位或者个人使用本企业的资质证书、营业执照，以本企业的名义承揽工程”之规定，张某文系自然人，不具有承包建筑工程资质，其挂靠有资质的建筑施工企业建设工程公司承包工程，违反了上述法律的强制性规定。另外，根据《最高人民法院关于审理建设工程施工合同纠纷案件适用法律问题的解释》第一条第二项的规定，建设工程施工合同具有下列情形之一的，应当根据合同法五十二条第五项的规定，认定无效：……（二）没有资质的实际施工人借用有资质的建筑施工企业名义的……故张某文与建设工程公司签订的《施工质量、安全、经济责任合同》无效。

张某文取得的工程预付款421228.9元属因无效合同取得的财产，应返还给建设工程公司，并应退出涉案工程场地，将施工场地交还建设工程公司。

至于建设工程公司收取的11142元，属于非法所得。但是，行政法律规范中将收缴非法所得确定为一种行政职能，由行政部门依法予以行使。人民法院在审理民事案件时，不宜替代行政部门的职能，行使收缴权。

广东省云浮市郁南县人民法院依照《中华人民共和国建筑法》第二十六条，《最高人民法院关于审理建设工程施工合同纠纷案件适用法律问题的解释》第一条，《中华人民共和国合同法》第五十八条的规定，作出如下判决：

一、确认建设工程公司与张某文2018年12月21日签订的《施工质量、安全、经济责任合同》无效；

二、张某文在本判决生效之日起十日内返还421228.9元给建设工程公司；

三、张某文在本判决生效之日起十日内退出涉案施工场地。

一审宣判后，双方当事人未上诉，现判决已发生法律效力。

【法官后语】

关于法院收缴非法所得，《中华人民共和国民法典》实施前属于民事责任的承担方式之一。依据《中华人民共和国民法通则》第一百三十四条第三款规定，人民法院审理民事案件，除适用上述规定外，还可以予以训诫、责令具结悔过，收缴进行非法活动的财物和非法所得，并可以依照法律规定处以罚款、拘留。这是对民事制裁方式的规定。虽然有依据，但是实践中却存在两种观点。

第一种观点：行政法律规范中将收缴非法所得确定为一种行政职能，由行政部门依法予以行使。人民法院在审理民事案件时，不宜替代行政部门的职能，行使收缴权。这种观点在审判实践中也曾被采纳，有些判例中，对于下级法院作出的收缴制裁决定，当事人向上一级人民法院提出复议申请，上级法院有根据上述观点，撤销下级法院收缴决定的复议决定。

第二种观点：人民法院在审理案件时，应当对当事人进行违法活动时约定取得的财产和已经取得的财产均予以收缴。理由是，当事人履行违反法律禁止性规定的合同所取得的财产，应认定为非法所得，予以收缴。《中华人民共和国民法通则》规定的非法所得，应当包括已经取得和约定取得两种形式，按照法律规定的本意，应对约定取得和实际取得的财产一并适用收缴。实践中，最高人民法院有判决认为，对收缴非法所得的范围，认为应适用于实际取得。

但是，《中华人民共和国民法典》施行后“收缴非法所得”已经不作为民事责任承担方式之一。《中华人民共和国民法典》第一百七十九条删除了该民事制裁，从立法者的本意来看，可认为已废除了民事制裁制度。《最高人民法院关于审理建设工程施工合同纠纷案件适用法律问题的解释（一）》也已经删除了对“收缴非法所得”的规定。废除民事制裁措施的主要原因在于：一方面，民法是平等主体之间的法律，在当事人之间不应当有所谓的“制裁”。另一方面，民事责任主要是具有补偿性质的，旨在实现对受害人的救济，制裁的问题应当由其他法律解决，如行政法、刑法等。例如，在当事人从事违法行为所获得的利益，应当通过行政责任等予以收缴。

笔者认为，虽然法院“收缴非法所得”已经没有了法律基础，本案建设工程公司出借建筑资质所收取的管理费11142元不应由法院收缴。但是我们在具体的司法案件中发现“非法所得”的时候，仍应履行好与相关行政部门的衔接。本案的处理方法是法院向建设工程公司所在地的住房和城乡建设局发出了司法建议，告知其建设工程公司在本案中存在的问题，建议其对相关违法行为进行处理等。废除该民事制裁制度的另一个原因是如果给予法官过大的自由裁量权，可能导致民事主体的权益受到侵害。但是如果废除了该民事制裁制度之后，没有相关的制度予以补位，法院发现了“非法所得”也无可奈何，则不利于保护国家、社会利益，因为“非法所得”往往涉及国家利益、社会利益。我们应在具体的司法案件中就如何完善法院与行政机关之间的衔接制度进行更深一层的研究：法院除了“司法建议”之外是否还有其他创新的方式，行政机关对于法院的司法建议作出处理后如何函告法院等都需要时间去沟通与协调，这需要我们共同努力。

编写人：广东省云浮市郁南县人民法院　骆谦冲

28

建设工程经竣工验收合格的，工程价款依法受保护

——建筑公司诉实业公司建设工程施工合同案

【案件基本信息】

1. 裁判书字号

湖北省咸宁市中级人民法院（2020）鄂 12 民终 1663 号民事判决书

2. 案由：建设工程施工合同纠纷

3. 当事人

原告（被上诉人）：建筑公司

被告（上诉人）：实业公司

【基本案情】

2011 年 12 月 1 日，原告建筑公司与被告实业公司签订了《某期工程 1#、2#楼施工合同》，约定被告将该工程发包给原告施工，工程项目经理为焦某某。2012 年 10 月 25 日，案涉主体工程通过验收，2013 年 12 月 16 日，案涉工程通

过竣工验收并办理工程竣工验收备案，同年 12 月 19 日取得工程竣工验收备案证明书。2019 年 4 月 29 日，双方在《建设工程造价结算确认表》确认审定工程价款为 14628724 万元。

按合同约定，案涉主体工程通过验收，被告应给付总工程价款 50%的工程进度款。2012 年 11 月 14 日，经原、被告双方协商，将被告应支付的 600 万元工程进度款作为被告向原告的借款，并支付利息，双方经协商签订了《补充协议》一份。同日，被告向焦某某出具了金额为 600 万元的收据一张，收款事由一栏注明“借款，月息 1%，时间半年”。上述协议签订后，被告按约支付了借期内利息共计 36 万元，在借款期限届满后，分三次付款，被告副总经理夏某某在补充协议中手写“2013 年 7 月 22 日付 100 万元、2013 年 9 月 9 日付 150 万元、2013 年 11 月 27 日付 100 万元，以上利息未计”；原告项目经理焦某某亦签字认可“利息未计”；后被告又分批次给付了工程款 736 万元，原告项目经理焦某某均向被告出具了收据。

【案件焦点】

1. 原、被告所签订的建设施工合同是否有效，被告是否应向原告支付逾期付款利息；2. 原、被告所签订的补充协议涉及的 600 万元借款本息是否已经结清。

【法院裁判要旨】

湖北省咸宁市通山县人民法院经审理认为：对于争议焦点一，根据《中华人民共和国招标投标法》第三条第一款、国务院批准施行的《工程建设项目招标范围和规模标准规定》第三条第五项、《最高人民法院关于审理建设工程施工合同纠纷案件适用法律问题的解释》第一条第三项之规定，本案涉案工程系关系社会公共利益、公众安全的工程建设项目，属于必须招投标工程，未招标或者中标无效的，建设工程施工合同应认定无效。故原、被告签订的建设施工合同，依法应认定无效。合同虽然无效，但建设工程经竣工验收合格，承包人请求参照合同约定支付工程价款的，应予支持。因此，被告应向原告支付尚欠工程款。逾期支付工程款的利息在性质上属于法定孳息，与工程价款具有附随性，与合同无效无关，与是否支付工程款有关。根据《最高人民法院关于审理建设工程施工合同纠纷案件适用法律问题的解释》第十七条的规定，发包人应当支付工程款，就应当支付逾期付款利息，利息计付标准有约定从约定，没有约定的，按照中国人民银行发布的同期同类贷款利率计息。原告主张被告支付逾期付款利息合法有据，逾期利息应自工程竣工验收之日即2013年12月16日起开始计算，同时应该扣减工程总价款5%的质保金在预留期内的利息。经核算，被告尚欠原告工程款35352万元，逾期付款利息应按月利率1%，自2013年12月16日起计算至工程款给付完毕之日止，暂计算至2020年9月4日止为963994万元，以上本息合计999346万元。

对于争议焦点二，原、被告于2012年11月14日签订的《补充协议书》，被告已盖章确认，焦某某亦签字确认，虽未加盖原告印章，但原告已向法院出具证明一份，证明焦某某系其公司项目经理，案涉施工合同是焦某某代表原告与被告签订，并由焦某某担任案涉工程项目经理，该项目的所有人事安排、资金周转均由焦某某全权负责并自负盈亏。本案亦系原告委托焦某某作为其委托诉讼代理人对补充协议所涉债权提起的诉讼，应视为原告已对该补充协议予以确认。上述补充协议是当事人真实意思表示，内容不违反法律法规的强制性规定，合法有效，被告应按协议约定履行还款义务。原、被告签订的补充协议，实际是基于被告资金困难不能按施工合同约定给付工程进度款，从而将该款项作为已经支付给原告，转为向原告的借款，双方还约定了借款期限、借款利率、逾期利率及利息给付方式，被告向原告出具了借据。该补充协议实际是原、被告之间签订的借款合同，原告本应另案主张权利，但考虑到该借款与本案具有关联性，为减少当事人讼累，故在本案一并审理。被告辩称最后一次付款时，已和焦某某达成口头协议，所有借款本息全部结清，原告不应再主张权利。但原告对此不予认可，被告亦未提供有效证据予以证明。为此，被告应按合同约定偿还借款本金，并自逾期还款之日起支付利息至借款清偿完毕之日止。经核算，被告尚欠原告借款本金1189831万元，逾期利息自2013年5月14日起暂计算至 2020 年 9 月 4 日止为 1121614 万元，以上本息合计 2311445 万元。

湖北省咸宁市通山县人民法院依照《中华人民共和国合同法》第五十二条第五项、第二百零五条、第二百零六条、第二百零七条，《最高人民法院关于审理建设工程施工合同纠纷案件适用法律问题的解释》第二条、第十七条，以及《中华人民共和国民事诉讼法》第六十四条第一款之规定，作出如下判决：

一、由被告实业公司于本判决生效后十五日内给付原告建筑公司所欠工程款 35352 万元，利息 963994 万元，本息合计 999346 万元（利息已计算至 2020 年 9 月 4 日止，自 2020 年 9 月 5 日起，按本金 35352 万元，年利率 12%继续计算利息至工程款清偿之日止）；

二、由被告实业公司于本判决生效后十五日内给付原告建筑公司借款本金 1189831 万元，逾期利息 1121614 万元，本息合计 2311445 万元（利息已计算至 2020 年 9 月 4 日止，自 2020 年 9 月 5 日起，按本金 1189831 万元，年利率 24%继续计算利息至借款清偿之日止）；

三、驳回原告建筑公司的其他诉讼请求。

被告不服一审判决，提起上诉。

湖北省咸宁市中级人民法院经审理认为：一审法院认定的事实与二审查明的相符，本案在二审中的争议焦点为，第一，审判决对于《某期工程 1#、2#楼施工合同》的效力认定是否正确；第二，一审判决是否错列本案当事人，建筑公司是否有权向实业公司主张工程款；第三，《补充协议书》的性质及效力问题；第四，一审判决的裁判结果是否正确。

2018 年 3 月 27 日，国家发展计划委员会公布的《必须招标的工程项目规定》以及 2018 年 6 月 6 日发布的《必须招标的基础设施和公用事业项目范围规定》，已不再将民营投资的商品住宅项目列入强制招标的范围。本案当事人签订《某期工程 1#、2#楼施工合同》时，根据当时的相关法律规定，双方所签订的施工合同无效。但现行的新法已对工程建设项目的招投标范围进行了调整，当时适用的《工程建设项目招标范围和规模标准规定》已被废止，调整后的新法不再将民营资本投资的商品住宅项目列入必须招投标的范围。民事法律关系所调整的是平等主体之间的身份关系和财产关系，一般是秉承“法不溯及既往”原则，但在合同效力的认定上，无效合同的本质特征在于其违法性，在本案审理时，相关法律法规发生了符合当事人合同预期的变化，案涉合同不再具有违法性。而且实业公司系案涉房地产开发企业，建筑公司系具有建筑资质的建筑企业，案涉的工程虽然没有经过招投标，但已经全部完工，工程质量经验收合格，已经依法办理相关备案手续，双方还对案涉的工程造价进行了确认，实业公司在诉讼前即将案涉的房屋对外销售。因此，实业公司在诉讼过程中，再以案涉的施工合同未进行招标投标而请求确认合同无效，违背诚实信用原则。根据《中华人民共和国招标投标法》的规定，实业公司系案涉工程的招标人，未履行法定义务的，相关的工程管理部门可以责令实业公司限期改正，并处项目合同金额千分之五以上千分之十以下的罚款。建筑公司收到一审判决后，认为裁判结果正确，未就合同的效力提出上诉。综上，涉案的施工合同系双方当事人真实意思表示，虽然未经过招标投标，但其他内容未违反法律法规强制性效力性规定，合法有效，对双方当事人均具有法律约束力。

焦某某为建筑公司股东，并取得了国家建筑工程二级造价师证书，建筑公司委派焦某某担任案涉工程的项目经理，焦某某是建筑公司派出人员，整个施工过程中，焦某某是履行职务行为，建筑公司作为履行合同的一方当事人有权向实业公司主张权利。

《补充协议书》与《某期工程 1#、2#楼施工合同》系不可分割的组成部分，该协议虽然与建设工程合同密不可分，但协议并没有涉及建筑工程施工内容，仅仅是对实业公司应支付给建筑公司工程进度款予以确认，并约定该进度款利息计算方式，其性质属于结算协议。在建设工程施工纠纷诉讼中，民事主体也应遵循诚实信用原则，在市场经济活动中应讲究信用、恪守诺言，诚实不欺，在不损害他人利益和社会利益的前提下追求自己的利益。如果当事人已经就建设工程施工中最重要的价款结算及利息承担达成意思一致，并形成书面协议，则应恪守承诺，不能言而无信，事后反悔，又企图通过各种理由推翻自己已经认可的协议内容。《补充协议书》为工程价款结算、价款支付期限和垫资利息如何承担的协议，能够独立存在，其效力不因主合同是否有效而受到影响。

一审法院在审理本案时，双方当事人对于工程总价款没有异议，对于实业公司已经支付的工程款数额也无异议，且实业公司支付案涉工程款时，在每笔支付的款项中，均注明了系偿付工程价款本金还是支付的欠款利息。《最高人民法院关于审理建设工程施工合同纠纷案件适用法律问题的解释》第十七条规定："当事人对欠付工程价款利息计付标准有约定的，按照约定处理；没有约定的，按照中国人民银行发布的同期同类贷款利率计息。"第十八条规定，利息从应付工程价款之日计付。一审根据协议书的约定以及实业公司还款的情况，经核算确认实业公司欠付工程款的本金及利息，依据充分。综上所述，一审判决认定事实清楚，虽对于主合同的效力认定存在瑕疵，但裁判结果正确。

湖北省咸宁市中级人民法院依照《中华人民共和国民事诉讼法》第一百七十条第一款第一项、《最高人民法院关于适用〈中华人民共和国民事诉讼法〉的解释》第三百三十四条之规定，作出如下判决：

驳回上诉，维持原判。

【法官后语】

随着国家经济的高速发展，房地产市场蓬勃发展，且进一步带动了房地产的开发建设，建筑工程合同纠纷案件逐年增加。为了进一步规范房地产市场，保障建筑工程的质量，国家颁布了各项法律法规，从规范建设工程的招标投标活动、禁止将工程分包给不具备相应资质条件的单位施工等方面，提高房地产市场的准入标准。

近年来，国家对于建设工程合同案涉案合同是否有效的问题做出了一些调整，比如《中华人民共和国招标投标法》对于必须进行招标的工程建设项目范围进行了调整，不再将民营投资的商品住宅项目列入强制招标的范围。对于必须进行招标的项目而不招标的，或者以其他方式规避招标的，责令限期改正，可以处以罚款，但并不当然导致建设工程合同无效。《中华人民共和国民法典》第七百九十三条第一款明确规定，建设工程施工合同无效，但是建设工程经验收合格的，可以参照合同关于工程价款的约定折价补偿承包人。根据其第二款，对于建设工程经验收不合格的，分情况处理，如果修复之后验收合格，发包人可以请求承包人承担修复费用，如果修复后验收不合格，承包人无权请求参照合同关于工程价款的约定折价补偿。通过区分情况，将工程承包人能否获益的重点放在了工程能否验收合格上，切实保障工程的质量安全。就本案而言，建筑公司施工建设的涉案工程经竣工验收合格，在合同认定无效时，可以参照合同关于工程价款的约定折价补偿。新法调整后，本案审理时，相关法律法规的适用结果发生了符合当事人合同预期的变化，案涉合同不再具有违法性，结合合同实际实施情况，涉案的合同系有效合同，建筑公司依法可以取得工程价款。

编写人：湖北省咸宁市通山县人民法院　金学渊

29

无效建设工程施工合同的参照结算问题

——唐某桂诉公共安全公司、彭某清建设工程施工合同案

【案件基本信息】

1. 裁判书字号

湖南省衡阳市中级人民法院（2020）湘 04 民终 2324 号民事判决书

2. 案由：建设工程施工合同纠纷

3. 当事人

原告（被上诉人）：唐某桂

被告（上诉人）：公共安全公司、彭某清

第三人：某区市政公用事业服务中心

【基本案情】

2018 年 1 月 22 日，被告公共安全公司中标 A 地至 B 地路灯采购及安装工

程。2019 年 6 月 26 日，被告彭某清与原告唐某桂签订《A 地至 B 地路灯土建施工承包合同》（以下简称《土建工程合同》），将公共安全公司所承包的部分路灯土建施工工程分包给不具有建设施工资质的唐某桂，合同约定：合同金额为 136 万元（含主材金额），一次性付清。工程结算方式按工程审查后的项目进行结算，待财政验收审核后进行结算，一次性付清工程款，合同经双方签字盖章生效，至合同工程竣工交验，结清工程尾款。发包方的落款处由彭某清作为公共安全公司的合伙人在合同上签字，承包方的落款处由唐某桂签字。

原告唐某桂承包的上述土建工程实际已于 2016 年完工，原告唐某桂与被告彭某清签订的上述合同实际系对原告唐某桂已完工的土建工程补签的结算合同，被告公共安全公司承包的路灯采购及安装工程已于 2019 年 3 月 5 日完工，经验收合格后已投入使用。

时至庭审，被告公共安全公司及彭某清已经领取大部分工程款，原告分包的工程为整体工程中最先完工的部分，但因被告未支付工程款，导致其无法向工人支付工资，为此原告主张两被告立即支付其工程余款 44.5 万元。被告方认为，案涉工程尚未经财政审核结算，未达到支付工程款的条件。

【案件焦点】

1. 如何确定工程款数额问题，即是否应以财政审核的数额作为工程款数额；2. 如何确定工程款支付时间，即是否应待财政审核后再对工程款进行结算。

【法院裁判要旨】

湖南省衡阳市南岳区人民法院经审理认为：庭审中原告提出虽然《土建工程合同》中约定工程待财政验收审核后进行结算，但由于实际上被告公共安全公司及彭某清的大部分工程款已经领走，而原告施工的土建工程在整个施工进度中是第一个完工的，被告却迟迟不支付工程款，导致原告无法支付工人工资。原告要求先按双方合同约定的工程总金额 136 万元进行结算，若财政审核后的总金额高于或者低于 136 万元，其愿意另行解决。法院认为，本案的土建工程在整个路灯采购及安装工程中最先完工，原告唐某桂组织民工施工，从 2016 年完工至 2019 年补签合同再到目前的法院诉讼，已有四年之久，若按照合同的约定等待财政审核结果出来需要更多的时间；法院考虑到本案广大工人工资已拖欠达四年之久，而包括原告唐某桂土建工程在内的被告公共安全公司的路灯采购及安装工程，于 2019 年 3 月 5 日完工后已验收合格并投入使用，根据《路灯采购及安装工程施工合同》中关于按施工进度付款的约定及原、被告的陈述，被告公共安全公司已领到大部分工程款，具备支付原告工程款的实际条件，结合庭审中原告作出的若财政审核后的总金额高于或者低于双方的结算金额 136 万元，其愿意另行解决的承诺，法院认为该承诺与本案合同的结算精神不相违背，为了社会的和谐稳定，从法律效果与社会效果相统一的角度出发，法院对原告提出的本案先按双方合同约定的工程总金额 136 万元进行结算，若财政审核后的总金额高于或者低于 136 万元，双方另行解决的主张予以支持。

综上所述，被告彭某清应支付原告唐某桂的工程款数额为 136 万元，减去其已支付的 91.5 万元（68 万元+23.5 万元），其还应支付原告唐某桂的工程款为 44.5 万元。被告公共安全公司对上述 44.5 万元款项承担连带责任。

湖南省衡阳市南岳区人民法院依照《最高人民法院关于审理建设工程施工合同纠纷案件适用法律问题的解释》第一条第一款、第二条及《中华人民共和国民法通则》第三十五条第二款之规定，作出如下判决：

限被告公共安全公司、被告彭某清于本判决生效后 10 日内支付原告唐某桂工程款 44.5 万元。两被告对该款项承担连带责任。

公共安全公司及彭某清均不服一审判决，提起上诉。

二审法院经审理后，驳回上诉，维持原判。

【法官后语】

本案关于建设工程施工合同无效，但建设工程经验收合格，应该如何参照合同约定结算工程款的问题值得探讨。

当承包人不具备建筑施工资质时，其所签订的施工合同，因违反法律关于建筑资质管理制度中的强制性规定被认定为无效。《最高人民法院关于审理建设工程施工合同纠纷案件适用法律问题的解释》第二条（对应《最高人民法院关于审理建设工程施工合同纠纷案件适用法律问题的解释（一）》第二十四条第一款）规定，建设工程施工合同无效，但建设工程经竣工验收合格，承包人请求参照合同约定支付工程价款的，应予支持。值得注意的是，参照合同并非依据合同，具体应如何进行参照，法律及司法解释并未给出明确的裁判尺度。因此，当法官对无效施工合同中的条款进行参照时，不可避免地需要进行价值衡量，此种价值衡量本质上是在不同的价值位阶中寻找法律适用的平衡，从而弥合抽象法律规范与具体案件事实之间的罅隙，促成法律规范普遍性与个案审理特殊性的统一，最终实现判决结果具备法效果上妥当性的目标。

具体到本案的审理中，此种价值衡量主要体现在以下两个方面：其一，如何参照合同确定支付工程款的时间；其二，如何参照合同确定工程款数额。

1. 参照合同确定支付工程款的时间：价值位阶的衡量

在对个案进行价值衡量时，面临着一个重要问题就是如何保证衡量的客观性。对此问题的首选解决之道是在进行法的价值衡量过程中，参照法的价值位阶作为衡量的标准。合同法领域所面对的基本价值有：自由、平等、秩序、公平、正义等。法官需要根据个案的具体情况，结合比例原则对具体案件进行具体分析，在个案中作出与立法目的相契合的价值衡量。

本案所涉工程为政府项目的土建工程项目，合同双方当事人将工程款的结算时间约定在整个政府项目经财政验收审核之后，但本案土建工程从2016年完工直至案件受理已达四年之久，财政审核仍未完成，且何时完成亦未可知。为此，法官在参照合同确定工程款的支付时间时，作出了以下三个方面的考量：第一，就《土建工程合同》的合同主体而言，一方是作为发包人的公共安全公司和彭某清，另一方是作为承包人的唐某桂。对发包人来说，在建设工程竣工验收合格的前提下，即便施工合同无效，其依然负有支付工程款的义务，因此改变工程款支付的时间，影响的是发包人在占有工程款期间的财产权；而对承包人唐某桂来说，其代表的是整个施工班组的权益，其背后牵涉大量农民工的工资权益，能否及时受领工程款，关乎施工班组中农民工的日常生活。因此优先保障农民工的权益是遵循价值位序的应有之义。第二，因建筑领域中卖方市场现象突出，处于弱势地位的承包人为促成合同的签订，往往被迫在某些方面作出妥协，放弃其真实的意思表示。具体到本案，体现在原告作为承包人并未按施工惯例以工程完工作为支付时间，而是以工程项目完工并待财政审核后作为结算时间。此为合同法中自由价值与平等价值之间的冲突。若尊重承包人对自身权利的处分，以合同约定时间作为工程款的支付时间，则属于对自由价值的维护；若在参照无效施工合同确定工程款支付时间时，作出对承包人一方的有利倾斜，将使得原本失衡的局面恢复平衡，则属于对平等价值的维护。在本案施工合同已被认定为无效合同的前提下，显然维护平等价值更接近实质正义的实现。第三，作为弱势群体的农民工，当自身的基本生存面临威胁时，他们通常会选择用“弱者的武器”来维护自身的合法权益。因此，应优先保障法的秩序价值，在合理限度内让承包人尽早受领工程款，促使问题尽快得以解决。综合以上三方面的考量，从法律效果与社会效果相统一的角度出发，法院对原告要求被告支付工程款的诉请依法予以支持。既不违背合同的结算精神，又在合理限度内让承包人尽早受领工程款。

2. 参照合同确定工程款数额：法效果妥当性的实现

首先，意思自治既是合同法的灵魂，也是合同案件审理的精神旨归。因此，即便施工合同无效，在工程验收合格的前提下，依然可以“参照合同约定支付工程价款”的法律制度。可见我国法律判定施工合同无效后，并未对当事人合意进行根本性的否定。案涉《土建工程合同》在第三条中将合同金额约定为136万元，在第六条的工程价款的支付与结算中约定“按工程审查后的项目进行结算”“待财政验收审核后进行结算”，综合两个关联条款，可以得出双方当事人《土建工程合同》对工程款数额的约定为：暂定为136万元，待财政审核后多退少补。本案中合同双方当事人，从合同的订立到合同的履行，再到本案关于工程款结算的争议，均以自身的连续和一贯的表示行为，认可上述工程款数额的确定方式。因此，依据双方的真实意思表示确定工程款数额，既遵循了双方当事人的本意，亦更符合私法自治与契约自由的合同法基本原则。

其次，作为政府投资的工程，在施工合同因主体施工资质问题而无效，且合同约定以财政验收审核结论作为结算价款的前提下，在民事审判中不宜对未经依法撤销或变更的财政审核结论作直接或间接的否定。财政部门作为国家机关，其出具的审核结论具有专业性和客观性，未经依法撤销或变更的财政审核结论具有较高的证明力，且财政的评定审核是履行国家对建设单位基本建设资金的监督管理职责，因此以财政审核结论作为工程款结算依据，更有利于维护国家利益。

最后，案件的审理必须以法律为依据，但并非不顾个案的客观具体情况，盲目、机械地套用法律。本案中，因合同双方约定工程款的结算应待财政部门出具审核结论后进行，而直至本案二审期间，仍未有财政审核结果。基于此，公共安全公司、彭某清一方主张应对本案中止审理。而唐某桂一方，在其所承包的工程项目施工完毕四年后，仍未能领取全部工程款，中止案件的审理将导致工程款的结算陷入僵局，意味着其个人利益及其身后的农民工群体的生存利益受到挤压。因此，为实现个案中的利益平衡，促成法效果妥当性的实现，法官在本案的审理中，合理地、能动地行使了法律限度范围内的自由裁量权，作出了先按双方合同约定的工程总金额136万元进行结算，若财政审核后的总金额高于或者低于136万元，双方另行解决的判决。

总体来说，农民工作为弱势群体，他们对工程款请求权应该予以保障，他们凝结物化于建设工程中的劳动价值应该受到尊重。本案通过价值衡量的方法对无效施工合同进行参照，既作出了合理的价值判断，又填补了法律适用上的罅隙，为审判实践中处理同类案件提供了有益参考。

编写人：湖南省衡阳市南岳区人民法院　王丽雯

30

基于结算工程款达成的还款协议
不能改变建设工程施工合同纠纷专属管辖

——电力建设公司诉甲置业公司、乙置业公司建设工程施工合同案

【案件基本信息】

1. 裁判书字号

最高人民法院（2020）最高法民辖72号民事裁定书

2. 案由：建设工程施工合同纠纷

3. 当事人

原告：电力建设公司

被告：甲置业公司、乙置业公司

【基本案情】

原告电力建设公司诉称，原告与被告甲置业公司于2015年7月29日签订《建设施工合同》，2016年4月1日，原告与两被告签订三方还款协议，确认剩余工程款6670718元还款等事项。被告支付50万元后，剩余工程款至今未支付，故诉至河南省郑州市上街区人民法院请求判令两被告支付原告剩余工程款及违约金。

河南省郑州市上街区人民法院认为，本案系电力建设公司依据三方还款协议提起的诉讼，故本案争议的法律关系应为电力建设公司与乙置业公司形成的担保法律关系，电力建设公司与甲置业公司之间的建设工程合同仅为本案诉争三方协议的背景合同，且乙置业公司也不是该建设工程施工合同的合同主体，该合同不宜认定为电力建设公司提起本案诉讼请求权的基础。本案应按照三方还款协议确定管辖，而不应按照建设工程施工合同纠纷的专属管辖确定。因三

方协议中约定发生争议由北京市房山区人民法院继续审理。故裁定：

本案移送北京市房山区人民法院处理。

【案件焦点】

1. 施工合同双方针对案涉工程达成的《还款协议书》的性质；2.《还款协议书》中的约定管辖是否有效。

【法院裁判要旨】

北京市房山区人民法院经审理认为：该案系原告电力建设公司基于向被告甲置业公司提供建设工程施工这一法律事实要求两被告支付剩余的工程款及违约金或利息的建设工程施工合同纠纷案件，根据《最高人民法院关于适用〈中华人民共和国民事诉讼法〉的解释》第二十八条之规定，应由工程所在地河南省郑州市上街区人民法院专属管辖。原、被告三方签订的《还款协议书》实质是对原有的《建设施工合同》的补充，并没有掺杂其他权利义务变为新的合同，该案在审理过程中不能排除法院对《还款协议书》之外的《建设施工合同》进行全面审查的可能性。另外，依据《中华人民共和国民事诉讼法》第三十三条第一项和《最高人民法院关于适用〈中华人民共和国民事诉讼法〉的解释》第二十八条关于不动产专属管辖的规定，该类纠纷无论法律关系是否发生转化，均应适用不动产专属管辖，除非法律另有规定。本案原、被告在《还款协议书》中约定北京市房山区人民法院管辖的条款因违反专属管辖而无效。

据此，北京市房山区人民法院不同意河南省郑州市上街区人民法院移送管辖意见，上报至北京市高级人民法院。北京市高级人民法院同意北京市房山区人民法院意见，经与河南省高级人民法院协商未果，报请最高人民法院。

最高人民法院经审理认为：本案案由为建设工程合同纠纷。电力建设公司与甲置业公司签订《协议书》，约定了工程内容、质量标准、合同总价款及付款方式等建设工程合同内容，二者之间成立建设工程合同关系。在此基础上，《还款协议书》则围绕工程款支付，进一步明确了已付和未付工程款金额，确定了分期付款的具体时间与金额以及乙置业公司的担保义务。两份协议是围绕案涉项目施工、工程款支付等产生的系列协议，应整体看待。从上述协议内容来看，本案争议的基础合同有建设工程合同，也有三方签订的还款协议书。电力建设公司基于上述合同以及还款协议书起诉甲置业公司、乙置业公司，请求给付工程款、违约金等，该争议仍属于建设工程合同纠纷。根据《最高人民法院关于适用〈中华人民共和国民事诉讼法〉的解释》第二十八条第二款、第三款关于“农村土地承包经营合同纠纷、房屋租赁合同纠纷、建设工程施工合同纠纷、政策性房屋买卖合同纠纷，按照不动产纠纷确定管辖。不动产已经登记的，以不动产登记簿记载的所在地为不动产所在地；不动产未登记的，以不动产实际所在地为不动产所在地”的规定，本案应按照不动产纠纷确定管辖，属于专属管辖情形，应由不动产所在地法院管辖。案涉工程位于河南省郑州市上街区，属河南省郑州市上街区管辖范围，该院对本案有管辖权。

最高人民法院依照《中华人民共和国民事诉讼法》第三十六条、第一百五十四条的规定，作出如下裁定：

本案由河南省郑州市上街区人民法院审理。

【法官后语】

建设工程施工完成后，施工方与发包方及第三方就工程款的金额、给付方式、履行期限、违约责任等内容达成结算协议，并约定了争议解决方式；或者施工方与第三方达成协议将涉案工程款转让。后续发生争议时，一方依据还款协议或转让协议要求另一方给付工程款及违约金，如何确定管辖在实践中一直存有争议。一种观点认为，无论是基于还款协议还是债权转让协议，只要争议的债权源于建设工程施工合同纠纷，基于基础法律关系的性质，都应该按照建设工程施工合同纠纷确认管辖，由不动产所在地专属管辖。另一种观点则认为应结合当事人的具体诉求和还款协议或债权转让协议进行审查，区分诉请的工程款是否为权利义务明确的债权纠纷。即如果原、被告双方对工程款的数额、工程质量等与建设工程合同本身的内容没有争议，债权债务明确，原告依据还款协议或债权转让协议主张债权，建设工程合同仅为诉争的背景合同，此时原、被告之间的债权债务关系为一般的合同关系，应适用合同纠纷的一般管辖原则由合同履行地或被告住所地法院管辖，或按双方协议管辖确定管辖法院。

据此，从实践出发，对法律关系“追根溯源”，根据建设工程施工合同这一基础法律关系适用专属管辖更为合理。理由如下：首先，建设工程施工合同纠纷本身是一种债权纠纷，而非因不动产的权利确认、分割、相邻关系等引起的物权纠纷。法律规定建设施工合同纠纷，按照不动产纠纷确定管辖，是基于该类纠纷往往涉及建筑物工程造价评估、质量鉴定、留置权优先受偿、执行拍卖等，由建筑物所在地法院管辖，有利于案件的审理与执行。其次，权利是否明确、能否形成独立的债权债务关系而不仅是对原有建设工程施工合同的补充是一个主观认识的问题，不同法官认识不同是一个常见的现象。最后，立案登记制下法院在立案阶段对民事诉讼进行形式审查，使得立案阶段看似权利义务明确的此类纠纷，在进入审理阶段后，往往出现一方或双方对基础合同（建设工程施工合同）的履行产生争议或进行抗辩，法官为了查明案情，不可避免地会对基础进行审查，必要时对涉案工程进行评估鉴定、现场勘验。这时，由不动产所在地专属管辖对于案件的后续审理非常便利。

编写人：北京市房山区人民法院　陈自喜

31

建设工程合同质保金返还期条款与工程保修期条款的甄别与效力认定

——建筑材料公司诉建设公司建设工程分包合同案

【案件基本信息】

1. 裁判书字号

北京市第一中级人民法院（2020）京01民终7095号民事判决书

2. 案由：建设工程分包合同纠纷

3. 当事人

原告（反诉被告、上诉人）：建筑材料公司

被告（反诉原告、被上诉人）：建设公司

【基本案情】

2013年10月24日，建设公司（甲方）与建筑材料公司（乙方）签订《外墙保温合同》，合同约定：甲方将位于某地定向安置房项目一标段1-10#楼外墙保温工程发包给乙方，范围包括外墙石墨聚苯板保温、防火隔离带、憎水膨胀保温砂浆等外墙保温工程，工程质量标准为合格，且需符合建设方的设计要求，若设计要求中无相应约定，则以国家、地方、行业最新颁布的有效标准及规范为准，并由乙方确保通过政府主管部门所要求的各项验收。合同总价暂定为921万元，乙方向甲方承诺按照合同约定进行施工、竣工，并负责交工前的成品保护工作及保修责任期2年内的保修工作并承担保修费用，本工程保修期为2年，自分包工程竣工验收后，乙方向甲方办理工程移交之日开始计算，合同还约定了其他内容。合同签订后建筑材料公司依约进行了施工，涉案工程完工后双方于2014年10月23日进行了竣工验收，并于2016年1月22日办理了工程结算，结算金额为19874620.09元。庭审中双方一致认可建设公司已给付19230889元，尚欠付643731.09元质保金未给付。

涉案工程完工后，建筑材料公司于2017年4月9日至2017年4月24日对屋面外墙保温和涂料、女儿墙内侧立面保温开裂和檐口部位未到位的保温进行了修补，并对机房涂料起皮等问题进行了维修。建设公司主张建筑材料公司施工的外墙保温工程在2018年仍出现质量问题，经建筑材料公司多次维修后仍不合格，建设公司提交照片、投诉凭证及报修单等证据予以证明。2018年10月8日，建设公司向建筑材料公司发出告知函，主要内容为：建筑材料公司所承建的涉案工程自2015年至今多次接到开发单位的维修通知，经建设公司多次要求维修，建筑材料公司均维修不及时且效果不理想，致使开发单位接到大量业主投诉，为确保小区业主的正常生活并出于维护区域稳定考虑，开发单位将委托第三方维修，经过测算，预计产生维修费用41.6万元，开发单位将向建设公司追索该笔费用，而该费用应从建筑材料公司的涉案工程质保金中扣除。2018年10月12日，建筑材料公司向建设公司复函，主要内容为：依据双方合同约定，该工程质保期为2年，截至2016年12月30日。保修责任期满后如发生建筑维修问题，不属质保范围，故建设公司无权克扣建筑材料公司质保金，开发单位追索的是“工程保修期内”的维修费用，保修期满后的建筑维修费用与专属于质保期内的质保金无关，亦无证据证明工程质量问题与建筑材料公司施工有关。在质保期满后，开发单位单方委托第三方维修的行为与建筑材料公司无关，现工程保质期已过，建设公司应尽快给付建筑材料公司质保金。

故双方均诉至法院，原告建筑材料公司诉请要求建设公司给付质保金工程款643731.09元及利息损失99438.8元。反诉原告建设公司诉请要求建筑材料公司支付41.6万元维修款。

案件审理过程中，一审法院向开发单位核实涉案工程的维修情况，开发单位提交了《某园维修总报价》《某地定向安置房外墙及屋面檐口维修施工合同》《某地定向安置房外墙及屋面檐口维修施工合同结算审核确认单》等材料，并指派工作人员接受法院的调查询问。经调查表明，某地定向安置房项目北区（一标段）项目于2014年12月底完工并交付使用进入质保期。该项目质保期内频繁发生外窗渗漏水的质量问题，开发单位通知建设公司进行维修处理，经各方现场查勘和研究确定外窗漏水原因为外墙保温施工质量存在缺陷，雨水经外墙保温开裂部位进入墙体保温层后从窗户四周渗入室内，同时外墙保温及装饰线条等外墙装饰构件均出现大量开裂。建设公司在质保期内虽对上述问题进行了处理，但同类问题仍然频发，引发大量业主投诉且影响小区居民生活。为进一步解决上述问题，2018年9月，开发单位委托第三方外墙保温施工单位对安置房外墙保温及装饰构件进行维修，并函告建设公司，产生费用约41.6万元，该费用由建设公司承担，将从工程尾款中扣除。《某园维修总报价》显示由节能科技公司对安置房项目涉及建筑材料公司施工部分（1-10#楼）进行维修的费用为413664元。《某地定向安置房外墙及屋面檐口维修施工合同》显示维修范围包括1-24#楼外墙及屋面檐口等部位，具体包含建筑外墙（含外保温）部位、屋面女儿墙、单元门头女儿墙、顶层空调板、顶层阳台板、屋面楼梯间、电梯机房、屋面装饰板等部位，维修内容包括外窗洞口漏水、女儿墙部位涂料、保温板开裂、脱皮、透底、松动、孔洞，屋面檐口女儿墙压顶开裂、孔洞、装饰柱及线条裂缝、松动，顶层空调板、阳台板漏水、开裂渗水，屋面楼梯间、电梯机房、屋面突出装饰板所有漏水、渗水部位，以及物业管理公司、小区居民反映的相关部位质量问题及施工方案范围内的全部内容。《某地定向安置房外墙及屋面檐口维修施工合同结算审核确认单》显示工程造价公司对节能科技公司依据合同约定完成安置房项目维修的工程价款进行审计。建筑材料公司对上述证据不予认可，主张涉案工程的材料由建设公司提供，涉案工程出现漏水等情况不排除是建设公司提供的防水材料存在质量问题所致，不能证明系因其施工存在质量问题造成，其与建设公司约定的工程质保期为2年，现质保期已过，超出质保期外的质量问题不应由其承担维修责任，开发单位单方委托第三方进行维修，维修范围与其施工范围不符，其施工范围为立墙保温，附带做了防水，而开发单位维修的范围包括楼顶、阳台、门窗等，是全方位的维修，据此其对建设公司主张的维修费用不予认可。经一审法院释明，建筑材料公司以建设公司应承担举证责任为由不就涉案工程出现质量问题的原因及维修费用申请司法鉴定，但要求对涉案工程的造价申请鉴定。

【案件焦点】

1. 建设公司应否支付建筑材料公司的工程质量保证金；2. 建筑材料公司与建设公司关于2年工程保修期的约定是否有效，建筑材料公司是否应对约定的工程保修期届满后产生的工程质量问题承担维修责任。

【法院裁判要旨】

北京市昌平区人民法院经审理认为：建设工程施工合同中约定正常使用条件下工程的保修期限低于法律、行政法规规定的最低期限的，该约定无效。当事人就工程质量保修金返还期限有约定的，依照其约定，但不影响承包人在保修期限内承担质量保修责任。《最高人民法院关于审理建设工程施工合同纠纷案件适用法律问题的解释（二）》第八条规定，有下列情形之一，承包人请求发包人返还工程质量保证金的，人民法院应予支持：当事人约定的工程质量保证金返还期限届满……发包人返还工程质量保证金后，不影响承包人根据合同约定或者法律规定履行工程保修义务。《建设工程质量保证金管理办法》第二条第一款和第三款规定，本办法所称建设工程质量保证金是指发包人与承包人在建设工程承包合同中约定，从应付的工程款中预留，用以保证承包人在缺陷责任期内对建设工程出现的缺陷进行维修的资金。缺陷责任期一般为 1 年，最长不超过 2 年，由发、承包双方在合同中约定。第九条规定，缺陷责任期内，由承包人原因造成的缺陷，承包人应负责维修，并承担鉴定及维修费用。如承包人不维修也不承担费用，发包人可按合同约定从保证金或银行保函中扣除，费用超出保证金额的，发包人可按合同约定向承包人进行索赔。承包人维修并承担相应费用后，不免除对工程的损失赔偿责任。第十条规定，缺陷责任期内，承包人认真履行合同约定的责任，到期后，承包人向发包人申请返还保证金。第十三条规定，建设工程实行工程总承包的，总承包单位与分包单位有关保证金的权利与义务的约定，参照本办法关于发包人与承包人相应权利与义务的约定执行。《建设工程质量管理条例》第四十条规定，在正常使用条件下，建设工程的最低保修期限，屋面防水工程、有防水要求的卫生间、房间和外墙面的防渗漏，为 5 年。根据上述规定，工程保修阶段包括缺陷责任期与工程保修期。缺陷责任期内，由承包人原因造成的缺陷，承包人负责维修，并承担鉴定及维修费用。缺陷责任期届满，发包人应当返还工程质量保证金，发包人不能以保修期未届满为由拒绝向承包人返还工程质量保证金。保修期则是承包人按照合同约定对工程承担保修责任的期限，从工程竣工验收合格之日起计算。保修期内，承包人对建设工程的保修义务属于法定义务，不能通过合同约定予以排除。

建筑材料公司与建设公司签订的《外墙保温分包合同》约定：建筑材料公司和建设公司办理完结算后以结算造价的 5%作为工程质量保修金，工程保修期为 2 年，自分包工程竣工验收后，建筑材料公司向建设公司办理工程移交之日开始计算。在保修责任期内，建筑材料公司对其承担的工程质量负有全部经济与法律责任，保修责任期满后，如无质量问题，保修金予以支付。根据上述约定，双方关于2年期限的约定既是关于工程质量保证金返还期限的约定，亦是关于建筑材料公司承担保修义务期限的约定。其中关于工程质量保证金返还期限的约定未违反法律、行政法规的强制性规定，应属有效。但双方关于涉案工程保修期为2年的约定低于《建设工程质量管理条例》关于屋面防水工程最低保修期为5年的强制性规定，应属无效。建筑材料公司关于屋面防水工程最低保修期的强制性规定仅适用于发包人与承包人，不适用于承包人与分包人的抗辩意见，缺乏法律依据，法院不予采信。因涉案工程于2014年10月23日进行了竣工验收，缺陷责任期至2016年10月22日届满，故建设公司应当将质量保证金643731.09元返还建筑材料公司。利息从应付工程价款之日计付，当事人对欠付工程价款利息计付标准有约定的，按照约定处理；没有约定的，按照中国人民银行发布的同期同类贷款利率计息。因建设公司一直未将质量保证金返还建筑材料公司，且双方未就质量保证金的利息作出约定，故建筑材料公司要求建设公司自2016年11月1日起按照国家相应标准支付质量保证金利息的诉讼请求，于法有据，法院予以支持。

如前所述，涉案工程最低保修期限为5年，双方关于涉案工程保修期为2年的约定无效，故建筑材料公司应当承担涉案工程自竣工验收合格之日起5年内的保修义务。关于涉案工程出现的质量问题，开发单位明确表示外窗漏水原因为外墙保温施工质量存在缺陷，雨水经外墙保温开裂部位进入墙体保温层后从窗户四周渗入室内，同时外墙保温及装饰线条等外墙装饰构件均出现大量开裂，因涉案工程尚在保修期内，建筑材料公司作为工程施工方应对工程质量承担相应责任，建筑材料公司对涉案工程出现质量问题并非因其施工原因产生的主张应承担相应的举证责任，但其经法院释明明确表示不就工程质量产生的原因申请司法鉴定，故建筑材料公司应承担举证不能的法律后果。建筑材料公司主张其施工的范围为立墙保温，附带加了防水，开发单位维修的范围包括了楼顶、阳台、门窗等，超出了其维修的范围，但双方签订的《外墙保温合同》明确约定合同范围包括外墙保温、外立面聚氨酯防水施工，包括但不限于窗口四周、楼层接缝及阳台栏板阴阳角等部位、保温层粘结砂浆、保温板、外墙腻子等所有内容。从双方办理结算的内容可以看出建筑材料公司不仅进行了外立面保温的施工，还进行了外立面涂料、外立面线条的施工。开发单位出具的相关材料亦显示外窗漏水原因系外墙保温施工质量存在缺陷，其维修的女儿墙、顶层空调板、顶层阳台板、屋面楼梯间、电梯机房、屋面装饰板等均系因外墙保温质量问题所引发的部位，且建筑材料公司于 2017 年 4 月 9 日至 2017 年 4 月 24 日对屋面外墙保温和涂料、女儿墙内侧立面保温开裂和檐口部位未到位的保温进行了修补，并对机房涂料起皮等问题进行了维修，亦可说明女儿墙内立面保温开裂、檐口部位保温未到位、机房涂料起皮等问题均与建筑材料公司施工的工程直接相关，建筑材料公司关于其施工的范围仅限于立墙保温及防水，开发单位维修的范围明显超出其施工范围的主张，依据不足，法院不予采信。因建筑材料公司于 2018 年 10 月 12 日出具给建设公司的复函明确表示质保期至 2016 年 12 月 30 日，保修责任期满后的维修问题不属于质保问题，在此情况下，开发单位另行委托第三方对涉案工程出现的质量问题进行维修，并从建设公司的质量保证金中予以扣除，而维修期间尚处于涉案工程的保修期限内，建设公司据此要求建筑材料公司负担相应的维修费用于法有据。关于维修费数额的问题，法院向开发单位调查核实的情况及开发单位出具的证据显示，开发单位因维修定向安置房外墙及屋面檐口需向节能科技公司支付涉及建筑材料公司施工部分（1-10#楼）的维修费用为 413664 元，上述证据能够相互印证，建筑材料公司虽对该笔维修费用不予认可，但经法院释明后明确表示不就维修费用申请司法鉴定，建筑材料公司应对此承担举证不能的法律后果，法院对上述证据予以采信，据此法院认定建筑材料公司施工部分的维修费用为 413664 元，建设公司要求建筑材料公司负担该笔维修费用的诉讼请求，理由正当，于法有据，法院予以支持；就涉案工程，建设公司已与建筑材料公司办理了结算，并按结算的金额履行了部分付款义务，建筑材料公司在本案中要求对涉案工程的造价进行鉴定，缺乏依据，法院不予准许。

北京市昌平区人民法院依照《中华人民共和国合同法》第五十二条，《最高人民法院关于审理建设工程施工合同纠纷案件适用法律问题的解释》第十七条，《最高人民法院关于审理建设工程施工合同纠纷案件适用法律问题的解释（二）》第八条、第十二条、第十四条、第一款之规定，作出如下判决：

一、建设公司于本判决生效后十日内支付建筑材料公司质保金 643731 元及利息，利息以 643731.09 元为基数，自 2016 年 11 月 1 日起至 2019 年 8 月 19 日止，按照中国人民银行同期贷款利率计算，自 2019 年 8 月 20 日起至建设公司付清 643731.09 元之日止，按照同期全国银行间同业拆借中心公布的贷款市场报价利率计算；

二、建筑材料公司于本判决生效后十日内支付建设公司维修费 413664 元；

三、驳回建设公司的其他反诉请求。

建筑材料公司不服一审判决，提出上诉。

北京市第一中级人民法院经审理认为：本案的争议焦点是建筑材料公司是否应承担维修款的给付义务。当事人对自己提出的诉讼请求所依据的事实或者反驳对方诉讼请求所依据的事实，应当提供证据加以证明，但法律另有规定的除外。在作出判决前，当事人未能提供证据或者证据不足以证明其事实主张的，由负有举证证明责任的当事人承担不利的后果。

首先，关于保修期的问题，建设工程施工合同中约定正常使用条件下工程的保修期限低于法律、行政法规规定的最低期限的，该约定无效。建设公司与建筑材料公司关于涉案工程保修期为 2 年的约定低于《建设工程质量管理条例》关于屋面防水工程最低保修期为 5 年的强制性规定，应属无效。法律对保修期限予以规定，其本意是约束施工单位所完成的工程符合法律的强制性规定。建筑材料公司作为相应项目的施工人，即便其与建设公司约定了 2 年的质保期，其亦不应因此而降低施工标准使得相应工程在 5 年法律强制的保修期限内即产生漏水问题。建筑材料公司主张后 3 年的保修责任应当由建设公司承担，但并未提供其与建设公司有关维修责任划分的证据。故建筑材料公司关于其应依据合同承担 2 年质保期保修责任的主张，无相应事实与法律依据，法院对此不予采信。其次，关于维修责任的承担主体问题，建设公司要求建筑材料公司承担因未予以维修所产生的维修费，并就此提供开发单位的维修函等证据，一审亦就该问题向开发单位进行了调查，可以认定漏水系因施工质量问题造成，建筑材料公司虽对于维修义务的承担主体存在异议，认为不能证明漏水的原因系因其施工质量问题，但经法院释明仍不申请鉴定，未能就此提供相反证据予以证明，故应承担相应不利后果。虽然建筑材料公司提出其对保修期限条款无效无相应过错，但需要指出的是，其工程质量不符合法律的强制性规定，是其承担维修责任的原因。最后，关于维修费的金额，经一审法院调查核实，涉及建筑材料公司施工部分（1-10#楼）的维修费用为 413664 元，建筑材料公司虽对此不予认可，但经法院释明后明确表示不就维修费用申请司法鉴定，一审法院判决建筑材料公司向建设公司支付 413664 元维修费正确，法院对此予以确认。

北京市第一中级人民法院依照《最高人民法院关于适用〈中华人民共和国民事诉讼法〉的解释》第三百二十三条、《中华人民共和国民事诉讼法》第一百七十条第一款第一项之规定，作出如下判决：

驳回上诉，维持原判。

【法官后语】

本案争议焦点主要为工程质量保证金的返还问题及建设工程质量的责任承担问题。《建设工程质量保证金管理办法》规定，建设工程质量保证金（质保金）是指发包人与承包人在建设工程承包合同中约定，从应付的工程款中预留，用以保证承包人在缺陷责任期内对建设工程出现的缺陷进行维修的资金。根据该规定，质保金对应的责任期限为缺陷责任期。上述规定同时明确了缺陷责任期一般为 1 年，最长不超过 2 年，由发、承包双方在合同中约定，以及缺陷责任期的起算日期等。由此可知，发包人与承包人可在最长 2 年的时限范围内协商工程质量保证金返还期限问题。如此规定的意旨，一方面，是为了约束承包人按照法律规定及双方约定的标准完成工程建设，否则发包人有权从预留的质量保证金中扣除为修复工程所花费的合理支出；另一方面，是为了避免缺陷责任期限约定过长，发包人长期占有剩余工程款导致对承包人资金占用损失的不公平。

鉴于我国实行建设工程质量保修制度，故质量保证金的到期返还并不能完全免除承包人对工程质量的保修责任。即当正常使用条件下建设工程的法定最低保修期限或发、承包双方约定的质量保修期限超过双方约定的质保金返还期限、未约定时依照规定认定的2年质保金返还期限时，即使发包人向承包人支付保证金，承包人仍应对剩余保修期限内的工程质量问题承担保修责任。《最高人民法院关于审理建设工程施工合同纠纷案件适用法律问题的解释（二）》第八条第二款（对应《最高人民法院关于审理建设工程施工合同纠纷案件适用法律问题的解释（一）》第十七条第二款）规定，发包人返还工程质量保证金后，不影响承包人根据合同约定或者法律规定履行工程保修义务。因此，质量保证金返还期限不必然等同于质量保修期限，即使当事人在同一合同条款中以非规范用语约定了发包人在一定期限届满后返还质保金，当产生工程质量责任纠纷时，亦应对该条款结合合同全文进行分析，判断是否既包括责任缺陷期即工程质量保证金返还期限的意思表示，又包含了建设工程质量保修期限的意思表示。若两者兼具，则需分别进行效力审查与责任认定。

前文已论述了发、承包双方可在不超过2年的期限内自行约定缺陷责任期问题。关于质量保修期限问题，《建设工程质量管理条例》第四十四条规定了正常使用条件下部分建设工程的最低保修期限要求。本案中原被告关于“保修责任期满后，如无质量问题者，保修金予以支付”的约定便是将质保金返还期限与质量保修期限杂糅在一个合同条款之中，而其中关于质量保修期限为2年的约定因违反《建设工程质量管理条例》中屋面防水工程5年最低保修期的强制性规定而无效。因建设工程名目和内容丰富繁多，法院在审查具体的工程质量保修期限时应穷尽法律法规检索工作，确保在排除法律、行政法规对具体建设工程最低保修期限无明确规定后，方可依据合同当事人关于工程保修期的约定确定承包方的维修责任问题。

此外，在质保金返还期限届满前产生工程质量问题，承包人确需对工程质量承担责任，但未在质保金返还期限内对工程进行修复的情形下，承包人要求发包人返还质保金并支付利息的，质保金部分工程款的数额应为扣除经依法鉴定确定的修复费用或已实际产生的维修费用后的数额，并以此作为利息计算基数。对于质保金返还期限届满前因承包人原因导致的工程质量问题，若发包人在质保金返还期限届满前已自行修复或委托他人修复，则利息应从双方约定的质保金返还时间或依照法律规定确定的质保金返还时间之次日起算；若工程质量问题尚未修复或在质保金返还期限届满后修复的，鉴于在修复费用确定前，发包人无法确定质保金部分欠付工程款的数额，故对该部分工程款的利息应从修复费用确定日之次日起算，具体日期需根据司法鉴定程序或当事人举证证明合理维修费用产生时间、双方协商的维修费用产生时间等情况确定。

在质保金返还期限届满后产生工程质量问题的，发包人仍应按照约定或法律规定向承包人返还工程质保金并支付利息，就工程质量责任问题，发包人可根据保修期限约定或法律、行政法规规定另行向承包人主张责任。

编写人：北京市昌平区人民法院　田雅娟　赵群彩

32

当事人主张非合同适格主体但继续履行合同应视为认可合同的权利义务

——石材经营部诉城乡开发建设公司建设工程施工合同案

【案件基本信息】

1. 裁判书字号

湖南省宁乡市人民法院（2020）湘0124民初8103号民事判决书

2. 案由：建设工程施工合同纠纷

3. 当事人

原告：石材经营部

被告：城乡开发建设公司

【基本案情】

原告石材经营部与被告城乡开发建设公司于2015年4月19日签订《石材采购及安装合同》、2015年8月19日又签订《二、三期石材采购及安装合同》，约定原告承担的石材供应及安装工程，验收及结算方式：石材施工完成后15个工作日内，被告城乡开发建设公司指派人员与原告石材经营部进行现场收方与结算，付款方式：安装验收完成后于2015年10月付工程结算总额的70%，保质金5%一年内无任何质量问题全部结清；2015年9月30日签订《高层综合楼景观地面石材补充价格合同协议》；2016年7月28日签订《二、三期石材采购及安装合同》，约定原告石材经营部对二、三期石材进行供应和安装，验收及结算方式：石材施工完成后15个工作日内，被告城乡开发建设公司指派人员与原告石材经营部进行现场收方与结算，付款方式：安装每月按进度支付70%，安装完成验收后付工程结算总额的95%，质保金5%一年内无任何质量问题全部结清；2017年4月10日签订《园林地面石材采购合同》，约定被告城乡开发建设公司采购地面石材，验收结算方式：石材的最终结算以原告签字认可的送货单作为结算依据，付款方式：原告每次供货到3000平方米，被告付到供货金额的50%，以此类推，全部供应完办理结算后被告付至总金额的80%，余款20%在3个月内全部付清；2018年12月28日签订《所有补签价表》；2019年4月13日签订《综合楼干挂石材采购及安装合同》，约定原告承包项目综合楼石材幕墙干挂工程，工程总价按实际收方数量结算为准，工程全部完成后一个月内付到总工程款的97%，3%作为质保金，质保期为一年。

2015年11月2日，被告城乡开发建设公司与原告石材经营部签订结算汇总表，被告城乡开发建设公司加盖了公章，结算一期室外土建工程共计1368686.6元；2015年12月28日，被告城乡开发建设公司与原告结算办公楼大门门套工程，签证单上加盖了被告公司工程部公章以及工作人员签名；截至2019年12

月25日，原告与被告共计对工程结算56次，结算金额共计34564467.44元。

2016年2月7日，被告城乡开发建设公司通过银行转账方式支付原告石材经营部工程款50万元，2016年3月14日银行转账300万元，2019年5月4日，被告以三处房屋的房款抵扣工程款2749590元；截至2019年10月8日，被告城乡开发建设公司银行转账共计27次，转账金额加上房款抵扣金额共计17527735元，其中支付工程款本金17477735元，利息5万元。

另查明，某工程公司系涉案项目前期施工承建方。

【案件焦点】

1. 被告城乡开发建设公司是否对原告提供的合同承担主体责任；2. 工程是否已经结算；3. 原告主张的利息和违约金是否支持。

【法院裁判要旨】

湖南省宁乡市人民法院经审理认为：

关于争议焦点一：原告石材经营部提供的七份合同中，被告城乡开发建设公司对其中五份合同的主体无异议，对其中两份合同主体提出异议。被告城乡开发建设公司提出异议的两份合同中，2015年4月19日签订的《石材采购及安装合同》，合同虽加盖某工程公司（工程项目部）公章，但合同中约定甲方为被告城乡开发建设公司，并加盖了被告城乡开发建设公司工程部公章，甲方签字处为被告城乡开发建设公司法定代表人何某英的签字，合同附件中也加盖被告城乡开发建设公司并有其法定代表人何某英签字；2015年9月30日签订的《高层综合楼景观地面石材补充价格合同协议》，合同中加盖被告城乡开发建设公司工程部公章，并有被告法定代表人何某英签字。故法院认定上述两份合同系被告城乡开发建设公司的真实意思表示，被告城乡开发建设公司系合同主体，应当承担合同责任。

关于争议焦点二：根据《最高人民法院关于审理建设工程施工合同纠纷案件适用法律问题的解释（一）》第十九第一款“当事人对建设工程的计价标准或者计价方法有约定的，按照约定结算工程价款”的规定，以及第二十条“当事人对工程量有争议的，按照施工过程中形成的签证等书面文件确认。承包人能够证明发包人同意其施工，但未能提供签证文件证明工程量发生的，可以按照当事人提供的其他证据确认实际发生的工程量”的规定，原、被告双方虽未对涉案工程进行总结算，但原告提交的涉案工程分项工程的结算表、工程签证单中就分项工程的单价、工程量、总价进行了计算，且加盖了被告城乡开发建设公司工程部公章以及被告城乡开发建设公司工程部工作人员签名，应当认定被告城乡开发建设公司与原告石材经营部就涉案工程的分项工程进行了结算，被告城乡开发建设公司应当对结算工程履行付款义务。原、被告双方结算金额共计 34564467.44 元，被告已支付工程款本金 17477735 元，尚有工程款 17086732.44 元（34564467.44 元-17477735 元）未支付。

关于争议焦点三：关于利息，根据《最高人民法院关于审理建设工程施工合同纠纷案件适用法律问题的解释（一）》第二十六条“当事人对欠付工程价款利息计付标准有约定的，按照约定处理。没有约定的，按照同期同类贷款利率或者同期贷款市场报价利率计息”之规定，以及第二十七条第一款“利息从应付工程价款之日开始计付”之规定，被告城乡开发建设公司为支付工程款共计向原告石材经营部转账 27 次，最后一次转账时间为 2019 年 10 月 8 日，故法院认定从 2019 年 10 月 9 日起计算工程款利息，因同期同类贷款利率已于 2019 年 8 月 19 日取消，法院以同期贷款市场报价利率计算利息。自 2019 年 10 月 9 日至起诉之日 2020 年 10 月 26 日，以被告城乡开发建设公司尚欠工程款本金 17086732.44 元为基数，按同期贷款市场报价利率计算，利息共计 706417.73 元，扣除被告已支付的利息款 5 万元，共计 656417.73 元。关于违约金，原被告双方签订的合同中未对违约金进行约定，且原告已主张逾期付款利息，故对原告主张的违约金，法院不予支持。

综上所述，原告石材经营部与被告城乡开发建设公司签订的《石材采购及安装合同》《高层综合楼景观地面石材补充价格合同协议》《二、三期石材采购及安装合同》《园林地面石材采购合同》《所有补签价表》《综合楼干挂石材采购及安装合同》系双方真实意思表示，内容真实合法有效。原告与被告就涉案工程的单价及金额进行了结算，被告石材经营部应当依据结算金额履行付款义务，被告石材经营部逾期支付工程款，应当支付欠付工程款利息。关于工程质量问题，被告城乡开发建设公司未提出反诉，且被告城乡开发建设公司已在分项工程签证单中签字结算，被告城乡开发建设公司提交的照片拍摄时间已过合同约定的质保期限，故被告城乡开发建设公司提交的证据尚不能证明工程存在质量问题，对于城乡开发建设公司质量抗辩，法院不予支持。

据此，湖南省宁乡市人民法院依照《中华人民共和国合同法》第六十条第一款、第六十一条、第一百零七条，《最高人民法院关于审理建设工程施工合同纠纷案件适用法律问题的解释（一）》第十九条、第二十条、第二十六条、第二十七条之规定，作出如下判决：

一、被告城乡开发建设有限公司于本判决书生效之日起十日内向原告支付工程款17086732.44元；

二、被告城乡开发建设有限公司于本判决书生效之日起十日内向原告支付逾期付款利息656417.73元（暂计至2020年10月26日，后段至实际偿清之日止的利息，以实际尚欠工程款本金为基数，按全国银行间同业拆借中心公布的同期贷款市场报价利率计算）；

三、驳回原告的其他诉讼请求。

一审宣判后，双方当事人未上诉，现判决已发生法律效力。

【法官后语】

《中华人民共和国合同法》第六条规定："当事人行使权利、履行义务应当遵循诚实信用原则。"禁止反言原则系诚信原则的内容之一，是指人们在进行民事活动、民事诉讼时，在作出相应的言行后，要对自己的言行负责，为己利而意欲推翻此前之言行的做法为法律所禁止。基于信赖利益保护，特别是在商事活动中，当事人为合同已经投入金钱、人力等成本，并履行合同权利义务，另一方当事人未提出异议的，应当认定双方之间形成合同关系。诚信系民商事活动基础，当事人接受对方的履行后，不得再作出拒绝履行的意思表示。故建设工程当事人一方主张非合同适格主体，但在施工过程中继续履行合同，并签续签多份合同时办理结算签证的，视为以行为认可合同的权利义务。在建设工程施工合同纠纷实践中，通常是发包方拒绝承认合同、拒绝承认结算验收签证单，其理由也多样，如项目部名称有其他公司名称、结算单签字人员无授权、验收结算程序不符合内部规定等。在审理过程中，除对这些证据进行形式审查外，还应当从法律关系实质上进行审查，综合合同的履行程度审查当事人行为的效力。建设工程施工时间往往持续数个月至一年，合同可能会签订多份或进行修改，验收也会对不同结构部分分别验收结算，往往是工程完工即将进行最后验收或者结算时，发包方提出异议，此时法院应当审查施工过程中双方履行情况。另外，表见代理制度也是基于信赖利益，对于建设工程中的签字盖章行为，也应当从当事人之间的行为角度进行实质审查。建设工程当事人一方主张非合同适格主体，但在施工过程中继续履行合同，并签续签多份合同时办理结算签证的，视为以行为认可合同的权利义务，应当认定为合同的主体；当事人对工程结算以及验收发生争议的，按照施工过程中形成的签证等书面文件确认。

编写人：湖南省宁乡市人民法院　张品

33

合同义务的履行应以合同约定为准

——新能源公司诉张某才合同案

【案件基本信息】

1. 裁判书字号

江苏省无锡市惠山区人民法院（2020）苏0206民初3319号民事判决书

2. 案由：合同纠纷

3. 当事人

原告：新能源公司

被告：张某才

【基本案情】

张某才与新能源公司签订《惠农光伏电站EPC总承包合同协议书（农户零首付版本）》（以下简称EPC合同），双方约定张某才出资建设屋面光伏电站，并将该光伏电站发包新能源公司EPC总承包。合作期第1年至第12年，电站发电产生的收益归新能源公司所有，用于银行还贷。合作期满后，从第13年起，张某才享有该电站所有权。光伏电站总造价为4万元，由张某才向银行贷款4万元，并承诺以双方合作期第1年至第12年电站发电产生的收益偿还贷款。张某才有义务提供接入申请表、家庭成员信息等办理贷款所需资料，主动配合新能源公司办理银行贷款手续；最大限度地为新能源公司建设、运营、维护电站及架设线路提供方便；精心看护、保管发电站及其设施等义务。新能源公司获得电站12年经营权，有权按本协议约定取得利益，负有主持项目实施中的设计、建设、维修服务、运营、财务运作及内部管理；按约定向张某才支付相应资金按时还贷。发电收益不足还贷部分，由新能源公司按时补足还贷差额等义务。诉讼中张某才提交新能源公司作出的《承诺书》一份，载明："我公司郑重承诺：还款期间电站发电产生的收益不足偿还贷款的，以下列方式进行弥补：（1）由我公司购买的还贷期间（12年）电站保险进行还贷保障；（2）贷款发放时，我公司同时会向银行提交贷款总额的25%作为还贷保证金，该保证金可用于弥补还贷不足部分；（3）我公司对您所建电站贷款进行还贷全额担保，您不承担还款义务和经济责任。"合同签订后，案涉光伏电站已建成并实际运营产生收益，收益已汇入以张某才个人名义开设的账户中，但因张某才始终未配合新能源公司办理银行贷款，亦未按约支付该屋面光伏电站的造价4万元，致使新能源公司至今无法享有该光伏电站产生的收益。故诉至法院，请求判令张某才支付款项4万元及相应利息。

【案件焦点】

新能源公司是否有权直接向张某才主张光伏电站建造费。

【法院裁判要旨】

江苏省无锡市惠山区人民法院经审理认为：当事人对自己提出的诉讼请求所依据的事实，应当提供证据加以证明。本案中，新能源公司主张张某才直接支付案涉光伏电站的建造费用4万元，但根据《总承包协议》，明确约定了“项目资金构成”为“张某才向银行贷款4万元，并承诺以甲乙双方合作期第1年至第12年电站发电产生的收益偿还贷款”“新能源公司义务：按时还贷。发电收益不足还贷部分，由新能源公司按时补足还贷差额”等内容，应当认为合同明确约定了建造费用的承担方式，并非简单的张某才向新能源公司付款的方式，而是约定了由张某才向银行贷款，但甲、乙双方均承担贷款合同义务的特殊的费用承担方式；而这种特殊的费用承担方式，是与双方签订协议名称中“惠农”相对应，具有合理性；而张某才提供的《承诺书》再次印证上述约定确系双方真实约定的事实。故本案中，新能源公司在提供证据证明其已履行催告张某才办理银行贷款手续的义务且张某才怠于办理的事实之前，即证明其已经履行先履行义务之前，新能源公司要求张某才直接向其支付全部建造费用，不符合双方约定，于法无据，法院不予支持。

综上，江苏省无锡市惠山区人民法院依照《中华人民共和国合同法》第八条，《中华人民共和国民事诉讼法》第一百四十四条，《最高人民法院关于适用〈中华人民共和国民事诉讼法〉的解释》第九十条之规定，作出如下判决：

驳回新能源公司的诉讼请求。

一审宣判后，双方当事人未上诉，现判决已发生法律效力。

【法官后语】

EPC合同是指公司受业主委托，按照合同约定对工程建设项目进行设计、采购、施工、试运行等实行全过程或若干阶段的承包合同。通常情况下，公司在总价合同条件下，对其所承包工程的质量、安全、费用和进度进行负责。

张某才与新能源公司签订的EPC合同对建造项目、建造金额、项目移交、设施维护、收益分配等作出明确约定。《中华人民共和国合同法》第二百六十九条规定，建设工程施工合同是承包人进行工程建设，发包人支付价款的合同。建设工程合同包括工程勘察、设计、施工合同。据此，案涉EPC合同属于建设工程施工合同。因建设工程施工合同对发包人、承包人享有的权利、应尽的义务均做了明确约定，故我们认为，如一方在履行合同过程中发生违约，守约方主张违约方承担违约责任的，应当严格按照合同约定主张。

本案中，EPC合同具有一定的“惠农”属性，与一般业主方自筹资金不同，根据EPC合同，本案中约定工程款的支付方式为“张某才向银行贷款4万元”，即张某才应首先提交申请资料向银行办理贷款手续，同时其与新能源公司共同承担偿还贷款的义务，即张某才以双方合作期第1年至第12年电站发电产生的收益偿还贷款，发电收益不足还贷部分，再由新能源公司按时补足还贷差额。张某才的合同义务并不包含直接向新能源公司支付电站建造费用，其仅应当将发电收益及时用于偿还银行贷款，而偿还贷款的义务相对方应为办理贷款的银行而非新能源公司，故关于案涉电站建造费的结算事宜应当由新能源公司与贷款银行之间自行处理，与张某才无关。诚然，张某才在EPC合同履行过程中存在违约行为：（1）未提供接入申请表、家庭成员信息等办理贷款所需资料，未主动配合新能源公司办理银行贷款手续；（2）开设银行账户，未办理商业贷款。以上违约行为导致新能源公司至今未收到工程款4万元，但如上所述，EPC合同中并未约定张某才对新能源公司负有直接的金钱给付义务，即便张某才未配合办理贷款，亦不能等同于张某才应当承担付款义务，故基于EPC合同约定，新能源公司应当要求张某才尽快履行办理银行贷款并按时向银行还贷的义务。况且，针对张某才的违约行为，EPC合同亦对此约定了相应的违约责任，EPC合同约定“张某才不得自行开设银行账户，也不得将该银行账户另做他用，否则须向乙方支付违约金2.5万元，并赔偿乙方的实际损失”。本案中，张某才收到收益后未支付给新能源公司供其偿还贷款，违反了合同约定，故新能源公司完全可以据此主张张某才承担违约责任。故新能源公司的诉讼请求缺乏请求权基础，法院不予支持。

编写人：江苏省无锡市惠山区人民法院　王臻　余杭航

十、运输合同纠纷

34

货物托运单中未经合理提醒的限价赔偿条款不能作为货物承运人货损赔偿限价赔付的依据

——贸易公司诉物流公司公路货物运输合同案

【案件基本信息】

1. 裁判书字号

广州铁路运输法院（2020）粤7101民初9号民事判决书

2. 案由：公路货物运输合同

3. 当事人

原告：贸易公司

被告：物流公司

【基本案情】

2019年8月27日，贸易公司委托物流公司运输货物，物流公司向贸易公司出具编号NO. 7309×××《货物托运单》，其中记载：货品名称原料、包装袋子、件数180、声明价格0、运费2310，送货费150，付款方式现付2460，保险费0，装车费0，代收款0，备注送货120包15公斤、60包25公斤，合计金额2460元，底部印有“注意：填写本单前，请认真阅读托运单背面‘运输协议’，认可并遵守，请在发货人签字处签字”。背面《运输协议》第二条约定“发货人应如实声明货物价值，并支付保价费。参加保价的货物在运输中出现毁损、灭失的赔偿，按保价金额的80%赔偿。未支付保价费的，货物在运输中出现毁损、灭失的赔偿，按其运价的一倍至三倍赔偿。因发货人自身原因造成损失的由发货人自负。索赔的要求只有在运费已付的情况下办理，发货人无权从运费中扣除赔偿的款项”。《货物托运单》底部发货人签名一栏空白。后物流公司私自将上述货物转由另一物流有限公司承运，部分货物在运输过程中被盗、破损，被盗丢失破损部分为 20 包（15kg/包）PLUS 聚酰胺蜡粉，11 包（25 kg/包）ST 氢化蓖麻油。因赔偿问题未能协商一致，本案遂成讼。

【案件焦点】

1. 贸易公司诉请货损赔偿有无依据；2. 托运单记载的限价赔偿条款能否适用。

【法院裁判要旨】

广州铁路运输法院经审理认为：本案是公路货物运输合同纠纷。双方签订的《货物托运单》是当事人的真实意思表示，内容未违反法律、行政法规的效力性强制性规定，合法有效。物流公司作为承运人，应将货物安全运至约定的地点。物流公司应对其承运期间货物的损失承担损害赔偿责任。关于货物损失赔偿金额的认定，贸易公司主张按货物的出售价格计算涉案货物损失 4.13 万元，其提交的《购销合同》、银行转账电子回单、《送货单》能与《货物托运单》的货物运输数量相吻合，且能形成证据链证明贸易公司已将涉案货物以 PLUS 聚酰胺蜡粉（15 千克/包）每公斤 90 元、ST 氢化蓖麻油（25 千克/包）每公斤 52 元的价格出售并收到了相应的货款，故法院确认涉案货物损失价值为 4.13 万元。对于物流公司提出的货物托运单约定了托运人未支付保价费的按运价的倍一倍至三倍赔偿贸易公司自身应承担过错责任的抗辩意见。涉案货物托运单为被告单方制作的格式合同，背后的托运协议为格式条款，根据《中华人民共和国合同法》第三十九条第一款之规定，采用格式条款订立合同的，提供格式条款的一方应当遵循公平原则确定当事人之间的权利和义务，并采取合理的方式提请对方注意免除或者限制其责任的条款，按照对方的要求，对该条款予以说明。物流公司并未提供证据证明其采取了合理的方式提醒贸易公司注意并对条款予以说明，且贸易公司亦未在相应的发货人签名处签名，故涉案货物托运单上限额赔偿的格式条款依法不应予以适用。

广州铁路运输法院依照《中华人民共和国合同法》第八条、第十条、第一百零七条、第三百一十一条、第三百一十二条之规定，作出如下判决：

被告物流公司在本判决生效之日起十日内向原告贸易公司支付货物损失赔偿款 4.13 万元。

一审宣判后，双方当事人未上诉，现判决已发生法律效力。

【法官后语】

近年来，随着物流行业的发展，货物运输中涉及货损赔偿的纠纷也不断增加。在货物运输中，托运人交付货物及支付运费，承运人将货物安全送达指定地点，货物托运单是托运人和承运人权利义务的载体。货物托运单列明的货损限价赔偿条款属于格式条款，但货物托运单列明的货损限价赔偿的金额与货物价值差距甚大。在发生货损赔偿纠纷时，格式条款提供方即承运人多以相关格式条款为依据，向格式条款相对人即托运人提出货损限价赔偿的抗辩。货物托运单是格式条款提供方即承运人为重复使用预先拟定的，条款提供方较接受方即托运人具有优势地位，法律对格式条款的规范目的是实现当事人之间的利益衡平，贯彻公平原则，要求格式条款提供方即承运人就条款内容向格式条款相对人即托运人提供合理提醒。

本案中，原告提交的证据足以形成证据链证明货损金额，对于格式条款关于托运人未支付保价费限价赔偿损失的约定能否适用，因承运人并未采取合理的方式提醒原告注意并对条款予以说明，且原告亦未在相应的发货人签名处签名，故对该限价赔偿条款不予适用。承运人为了追求交易便捷、高效等，利用自己的优势地位，无须与托运人协商，事先拟定托运中的限价赔偿条款，不合理地分配合同交易中的风险和负担。提供方没有就条款内容与相对方进行实质上的磋商，相对方对条款内容并没有进行实际修改的余地，无法对合同条款施加影响，往往只能选择接受或者拒绝，不能实质上影响限价条款的内容。格式条款提供方应当采取“合理的方式”提示对方注意免除或者减轻其责任等与对方有重大利害关系的条款，但因为格式条款提供方违反了法律规定的提示说明的强制性义务，且相对方亦未在相应的发货人签名处签名，因而该条款对相对方不产生法律约束力。

货损赔偿对承运人的运输经营营收及托运人的生产成本有着重大影响，在发生货损赔偿纠纷时，上述关系是对立的，承运人主张限价赔偿条款的适用以减轻甚至免除自身的货损赔偿责任，而托运人则寄希望获取全款赔偿以降低成本，但货物托运单列明的货损限价赔偿的金额与货物价值差距甚大，法院对该限价条款的适用，应从格式条款的格式形式、法律对格式条款的适用限制、公平原则等方面进行考量，本案只是物流货损赔偿案件的一个缩影，望能为托运人和承运人提供相应的法律指引，为大交通、大物流的发展及解决类案纠纷提供一个参考。

编写人：广州铁路运输法院　蔡雅红

35

公路运输合同中挂靠公司是否承担赔偿货物损失责任

——供应链管理公司诉货运公司等货物运输合同案

【案件基本信息】

1. 裁判书字号

北京市第三中级人民法院（2020）京 03 民终 9125 号民事判决书

2. 案由：货物运输合同纠纷

3. 当事人

原告（被上诉人）：供应链管理公司

被告（上诉人）：方某刚

被告：货运公司、运输公司

【基本案情】

2020年2月25日，供应链管理公司与被告方某刚达成口头运输协议，约定由方某刚将价值227474.5元的29.5吨低密度聚乙烯从A地运送至B地，运费6500元，方某刚即指派其雇用的司机驾驶运输车辆（涉案牵引车及涉案后挂车）装好约定运输的货物从北京出发，往目的地运送货物。运输车辆行驶至沈海高速江苏路段苏州方向董浜枢纽时发生火灾。公安消防出现场进行处理，并出具了《案件出车单》《机动车火灾告知单》，《火灾接警出动处理移交单》载明："现场为挂车后轮部位起火，过火面积约3㎡。"所运货物存在烟熏味道、部分货物受损。双方一致确认未受损的货物为22吨、毁损货物为6.55吨、毁坏亏损货物0.95吨，且事故导致作为食品级原料的货物无法正常使用；同时造成货物共享托盘损失10块，托盘损失价税合计4500元。事故发生后，方某刚与供应链管理公司法定代表人先后赶到现场处理火灾事故，双方从快速处理事故善后出发达成意向，方某刚同意由原告将货物运回A地进行处理，货物运到A地后就如何处理及处理的价款双方均进行了电话沟通，供应链管理公司将残损货物折价处理154875元，此次事故造成货物损失72599.5元。方某刚实际所有的运输车辆的涉案牵引车挂靠在货运公司、涉案后挂车挂（着火车辆）靠在运输公司名下，方某刚与二公司签订挂靠合同约定：涉案车辆方某刚是实际所有人，由其自主经营，每年只交管理费，该车的任何运营利益、从事经营期间车辆代办道路运输证、车辆等级等的各种费用、税金、债权、债务、收益全部由方某刚所有和负担。方某刚是本案所涉公路货物运输合同的实际承运人，原告供应链管理公司起诉要求货运公司、方某刚连带赔偿原告损失87099.5元。

【案件焦点】

1. 赔偿损失的金额如何计算；2. 作为涉案车辆的挂靠公司对于货物损失是否应该承担赔责任。

【法院裁判要旨】

北京市怀柔区人民法院经审理认为：依法成立的合同受法律保护，对当事人具有法律约束力，当事人应当按照约定履行自己的义务。合同的相对性是合同法的基石，合同是平等民事主体之间关于权利义务的设立、变更、终止关系的协议。承运人对运输过程中货物的毁损、灭失承担损害赔偿责任，供应链管理公司作为托运人与实际承运人方某刚协商后，达成的口头货物运输合同，系双方真实意思表示，不违反国家有关法律、法规的强制性规定，为有效合同。根据合同的相对性原则，合同只在双方当事人之间产生权利义务关系，对合同之外的第三人没有约束力，在运输合同的达成和履行过程中，托运人所确信的合同相对人是实际车主，而不是合同以外的其他人，实际车主与被挂靠人也不构成表见代理。同时，涉案牵引车及涉案后挂车的实际所有人为方某刚，但被分别登记在货运公司、运输公司名下，故该车属于以挂靠形式从事道路运输经营活动。因我国目前的机动车登记属于管理性登记，机动车的登记信息不能作为确认营运车辆实际车主的唯一证据，货运公司及运输公司与方某刚签订挂靠合同证实方某刚投资购买了涉案运输车辆，系实际车主，掌握车辆的运营并享有收益。货运公司、运输公司自始至终未参与涉案运输合同的协商、订立，未参与货物运输，亦不享有车辆的运营收益，即其与供应链管理公司并不存在公路货物运输合同关系，既不享有合同权利，亦无相应的合同义务，不应对供应链管理公司的货物损失承担赔偿责任，在协商并达成口头运输合同以及实际实施运输的过程中，方某刚参与了协商并对托运的货物实际予以运输，是本案公路货物运输合同的承运人，应对货物损失承担赔偿责任。北京市怀柔区人民法院作出如下判决：

一、方某刚赔偿供应链管理公司经济损失 87099.5 元；

二、方某刚返还供应链管理公司预付的 3000 元加油费用。

方某刚不服一审判决，提起上诉。

二审法院经审理，驳回上诉，维持原判。

【法官后语】

目前交通运输业中采取经营权许可制度，这导致很多无经营资质的个人只能采用挂靠形式从事运输经营活动。这种形式的运输活动一旦发生交通事故致货物损坏，作为被挂靠人的挂靠公司是否应当承担赔偿责任一直是实务中争议颇大的问题。挂靠公司是否承担责任要根据具体案件来判断。《中华人民共和国民法典》第一百七十八条第二款规定，连带责任，由法律规定或当事人约定。而《中华人民共和国民法典》中货运合同的法律规定中并无被挂靠单位应承担公路货物运输合同货损连带赔偿责任的规定，故判定被挂靠单位承担公路货物运输合同货损连带赔偿责任，缺乏法律依据。货损赔偿之诉既为合同违约之诉，则应坚持合同相对性的基本原则，根据合同的签订主体和合同的履行等基本事实，准确认定合同当事人。本案从以下三个方面考虑：

第一，货损赔偿系合同违约之诉，根据合同的相对性原则，合同只在双方当事人之间产生权利义务关系，对合同之外的第三人没有约束力。

第二，托运人并不知晓实际车主与被挂靠单位之间的关系，在运输合同的达成和履行过程中，托运人所确信的合同相对人是实际车主，而不是合同以外的其他人。实际车主与被挂靠人不构成表见代理。

第三，本案货运公司及运输公司与被告方某刚签订挂靠合同证实方某刚投资购买了涉案运输车辆，该车登记并挂靠在二公司名下运营，但方某刚系实际车主，掌握车辆的运营并享有收益。二公司自始至终未参与涉案运输合同的协商、订立，未参与货物运输，亦不享有车辆的运营收益，即其与供应链管理公司并不存在公路货物运输合同关系，既不享有合同权利，亦无相应的合同义务，不应对货物损失承担赔偿责任。在协商并达成口头运输合同以及实际实施运输的过程中，方某刚参与了协商并对托运的货物实际予以运输，是本案公路货物运输合同的承运人，应对货物损失承担赔偿责任，故判决实际车主方某刚承担赔偿责任，被挂靠单位不承担赔偿责任。

在现行法律体系下交通运输业中采取经营权许可制度，这导致很多无经营资质的个人只能采用挂靠形式从事运输经营活动。这种形式下，运输活动中一旦发生交通事故致货物损坏，作为被挂靠人的挂靠公司是否应当承担赔偿责任，如何承担责任，权益如何受到保护及受法律保护的路径都值得思考。本案通过对该权利的法律性质的分析，寻找了现行法律保护的依据，确立了保护的条件和标准，将为此类权利的形成和相关利益的司法保护提供有益的借鉴。

编写人：北京市怀柔区人民法院　黄广来

36

未采取一切必要措施避免航空运输延误损失的发生应当赔偿

——郭某海诉航空公司航空旅客运输合同案

【案件基本信息】

1. 裁判书字号

北京市朝阳区人民法院（2020）京 0105 民初 53436 号民事判决书

2. 案由：航空旅客运输合同纠纷

3. 当事人

原告：郭某海

被告：航空公司

【基本案情】

原告因 2020 年 6 月 3 日上午 9 时需前往广东省湛江市雷州市人民法院开庭，购买了 2020 年 6 月 2 日从北京到广州的某航空公司 A 航班机票，该航班是 18 时 30 分自首都机场 T2 起飞，21 时 35 分到达白云机场 T2，票价 970 元（含机场建设费 50 元）。原告同时购买了 2020 年 6 月 2 日从广州到湛江的某航空公司B航班机票，该航班是23时5分自白云机场T2起飞，0时20分到达湛江机场，票价370元（含机场建设费50元）。2020年6月2日，原告在A航班登机后，飞机自身出现故障，导致延误。2020年6月4日，被告向原告出具了一份《航班不正常证明》，载明是被告原因导致航班不正常，A航班计划出港时间18时30分，计划到达时间21时35分，实际出港时间22时17分，实际到达时间01时52分，航班出港、到港时间均延误。A航班到达延误，导致原告未能乘坐广州至湛江的B航班。原告乘坐出租车自广州前往雷州，花费车费1929元。

【案件焦点】

因飞机故障导致延误，承运人是否应当对旅客的经济损失承担赔偿责任。

【法院裁判要旨】

北京市朝阳区人民法院经审理认为：旅客、行李或者货物在航空运输中因延误造成的损失，承运人应当承担责任；但是，承运人证明本人或者其受雇人、代理人为了避免损失的发生，已经采取一切必要措施或者不可能采取此种措施的，不承担责任。本案中，原告购买了被告A航班机票，双方形成航空旅客运输合同关系，被告应当按照约定的时间将原告送达目的地。因被告飞机自身故障，导致起飞、降落时间发生重大延误，被告构成违约。航班延误期间，原告向被告工作人员说明了自己需要赶往广州乘坐被告另外一个航班的情况，但被告只是采取了为乘客办理退票等通常措施，而这些通常措施无法避免原告经济损失的发生。被告没有证据证明被告为避免损失的发生已经采取一切可能的措施，因此，对于原告的经济损失，被告应承担赔偿责任。被告提交的《地面服务保障手册》中规定的因被告自身原因造成航班延误的补偿标准，属于被告内部的规范性文件，并非对所有旅客均具有约束力，不妨碍旅客就被告的违约行为提出超过该补偿标准的赔偿请求。关于原告主张的各项损失，原告已经实际乘坐了北京到广州的航班，原告要求退还机票费970元没有依据，法院不予支持。关于原告主张的三倍票价赔偿，原告没有证据证明其存在欺诈行为，法院对原告该项诉讼请求不予支持。关于原告主张的熬夜感冒的健康损失，原告未举证，法院不予支持。原告主张的精神损害抚慰金，没有法律依据，法院不予支持。关于原告主张的广州到湛江的机票损失、打车费，原告按照预定计划是从广州乘坐飞机至湛江，后从湛江打车前往雷州，由于被告航班延误，导致被告直接从广州打车至雷州，致使费用增加，因此核定原告损失时，应当从打车费中扣除原告本来应该支出的从广州至湛江、湛江至雷州的费用，原告再主张广州到湛江的机票损失没有依据，因此法院酌定被告赔偿原告打车费损失1400元。

北京市朝阳区人民法院依照《中华人民共和国合同法》第六十条第一款、第一百零七条，《中华人民共和国民用航空法》第一百二十六条，《中华人民共和国消费者权益保护法》第五十五条，《中华人民共和国民事诉讼法》第一百六十二条之规定，作出如下判决：

一、被告航空公司于本判决生效之日起七日内赔偿原告郭某海车费损失1400元；

二、驳回原告郭某海的其他诉讼请求。

一审宣判后，双方当事人未上诉，现判决已发生法律效力。

【法官后语】

乘坐飞机出行已经成为一种十分普遍的交通方式。旅客与民用航空器承运人订立航空旅客运输合同后，承运人应当出具客票，并按照约定时间将旅客运送至目的地点。现实生活中，飞机可能因天气、空中交通管制、机械故障等发生延误，给旅客造成损失。本案是因飞机自身机械故障延误引发的纠纷，其核心争议焦点在于承运人是否应当赔偿旅客的延误损失。

1. 因飞机自身原因导致延误，承运人构成违约

航空旅客运输合同成立并生效后，承运人的主要义务是按照约定时间将旅客安全送至目的地点。根据相关法律规定，当事人一方不履行合同义务或者履行合同义务不符合约定，应当承担继续履行、采取补救措施或者赔偿损失等违约责任。本案中，被告飞机故障致使出港和到达时间均延误近四个小时，构成违约，应当承担赔偿损失的违约责任。但是，《中华人民共和国民用航空法》

第一百二十六条为承运人提供了一项免责事由，即承运人证明本人或者其受雇人、代理人为了避免损失的发生，已经采取一切必要措施或者不可能采取此种措施的，不承担责任。

2. 承运人未采取必要措施避免损失发生，应当承担赔偿责任

在发生飞机故障后，旅客一般处于较为被动的地位，承运人应当采取一些必要措施，减少或避免旅客的损失。例如，为旅客退票、安排酒店住宿或其他航班、转签机票、主动给予适当的补偿等。本案原告乘坐的飞机延误，原告告知被告后续要换乘被告的另外一趟航班，被告并未为原告换乘或退票，也没有按照其自行制定的补偿标准对原告进行补偿，而是放任损害结果的发生，导致原告不仅未能乘坐后续航班，而且因到达目的地点的时间较晚，支出了更多的打车费用。所以应当认为被告没有为避免损失的发生采取一切必要的措施，不符合免责的情形，其有义务对原告的损失承担赔偿责任。

3. 承运人的补偿标准不能排除旅客按照实际损失求偿

承运人一般会制定航班延误的补偿标准，并报请相关行政主管部门备案。但该补偿标准属于承运人自行制定的内部规定，可以作为其主动对旅客进行赔偿的参考，但对旅客并无法律约束力，不能排除旅客就其实际损失提出超过承运人补偿标准的赔偿数额。另外，特价机票的改签、退票根据航空旅客运输合同的约定会受到一定限制，这种限制不应该包含因承运人违约导致旅客需要改签、退票的情况。本案被告以原告购买的机票系特价票为由拒绝为原告办理后续的退改机票事宜，不构成正当的抗辩事由，其没有采取适当措施防止损失扩大，原告有权要求被告按照实际损失进行赔偿。

综上，因飞机故障导致延误，承运人构成违约，其有义务采取一切必要措施避免旅客损失的发生，如果承运人没有采取一切必要措施或者不能证明不可能采取此种措施的，应当对旅客的实际损失承担赔偿责任。承运人自行制定的补偿标准，不能排除旅客按照实际损失获得赔偿。

编写人：北京市朝阳区人民法院　刘茵茵

37

运输合同逾期可否主张运费及利息

——张某诉诸葛某某运输合同案

【案件基本信息】

1. 裁判书字号

广西壮族自治区桂林市阳朔县人民法院（2020）桂0321民初1735号民事判决书

2. 案由：运输合同纠纷

3. 当事人

原告：张某

被告：诸葛某某

【基本案情】

2020年3月7日，原告张某在某平台接到由某货运信息部发布的运输单信息，订单信息上载明运费9000元，原告接单后与被告货主诸葛某某联系，按照被告诸葛某某指示将树苗从A地运输至B地。待原告将树苗运输至目的地并将树苗卸载完毕，被告以财务下班为由未支付运费；此后原告多次通过打电话、发短信、发微信的方式要求被告支付运费，被告以各种理由拖欠，至今分文未付。原告为维护自身的合法权益，故诉至法院。

【案件焦点】

原告要求被告给付9000元运费和要求被告给付利息是否有事实和法律依据。

【法院裁判要旨】

广西壮族自治区桂林市阳朔县人民法院经审理认为：原告为被告提供运输服务，按照约定将被告的货物从起运点运输到约定地点，原、被告双方之间的运输合同关系成立。现原告已履行运输货物的义务，被告亦应向原告履行支付运输费用的义务，被告至今未将运输费用支付给原告，已构成违约，故原告要求被告支付运输费用 9000 元的诉请，理由充分，法院予以支持。关于原告诉请要求被告给付利息，因双方对此并未约定，故对原告的该诉请，法院不予支持。

广西壮族自治区桂林市阳朔县人民法院依照《中华人民共和国合同法》第六十条、第一百零七条、第一百零九条、第二百八十八条，《中华人民共和国民事诉讼法》第一百四十四条、第一百六十二条的规定，作出如下判决：

一、被告诸葛某某给付原告张某运输费用 9000 元；

二、驳回原告张某的其他诉讼请求。

一审宣判后，双方当事人未上诉，现判决已发生法律效力。

【法官后语】

运输合同是指承运人将旅客或者货物从起运地点运输到约定地点，旅客、托运人或者收货人支付票款或者运输费用的合同。托运人的主要义务是如实告知货运的基本情况，办理有关手续、包装货物、支付运费和其他有关费用等；承运人的主要义务是接受承运的货物、按期将货物运到指定地点、对运输过程中货物负有安全运输和妥善保管的义务、到达目的地及时通知托运人或者收货人收货等。承运人对托运人享有收取运费及符合规定的其他费用、对逾期提货的有权收取逾期提货的保管费、拒绝收货可以提存货物或者留置货物等权利。本案中被告诸葛某某在某货运信息部发布的运输单信息，订单信息上载明运费 9000 元，当原告张某看到发布的信息表示接受并实际履行，客观上原、被告双方形成了货物运输合同的民事法律关系，双方当事人对对方都享有权利和义务。原告张某将货物按照被告诸葛某某的指示运输到目的地后，将货物交给了收货人，被告诸葛某某就应向原告张某支付运费，否则将构成违约，原告可以向其主张给付运输费用的权利。

除要求被告诸葛某某向其给付运费外，原告还要求被告向其给付运费的利息，这种诉请值得商榷。诉请给付运费的利息能否得到支持，关键要看双方当事人签订的运输合同中是否有约定，有约定的按约定自不待言。如当事人仅约定了运费的利息，但未约定利息的数额及计算方式，该如何裁决？应从结合以下三个法条进行思考：

第一，依照《中华人民共和国民法典》第五百八十三条规定，当事人一方不履行合同义务或者履行合同义务不符合约定的，在履行义务或者采取补救措施后，对方还有其他损失的，应当赔偿损失。

第二，依照《中华人民共和国民法典》第五百八十四条规定，当事人一方不履行合同义务或者履行合同义务不符合约定，造成对方损失的，损失赔偿额应当相当于因违约所造成的损失，包括合同履行后可以获得的利益；但是，不得超过违约一方订立合同时预见到或者应当预见到的因违约可能造成的损失。

第三，依照《中华人民共和国民法典》第五百八十五条规定，当事人可以约定一方违约时应当根据违约情况向对方支付一定数额的违约金，也可以约定因违约产生的损失赔偿额的计算方法。约定的违约金低于造成的损失的，人民法院或者仲裁机构可以根据当事人的请求予以增加；约定的违约金过分高于造成的损失的，人民法院或者仲裁机构可以根据当事人的请求予以适当减少。当事人就迟延履行约定违约金的，违约方支付违约金后，还应当履行债务。

编写人：广西壮族自治区桂林市阳朔县人民法院　陈信

十一、保管合同纠纷

38

如何证明被继承者的遗产无其他第一顺序继承人

——胡甲等诉某银行汕尾分行保管合同案

【案件基本信息】

1. 裁判书字号

广东省汕尾市城区人民法院（2020）粤 1502 民初 1496 号民事判决书

2. 案由：保管合同纠纷

3. 当事人

原告：胡甲、胡乙、胡丙、胡丁

被告：某银行汕尾分行

【基本案情】

四原告父亲生前在被告处租用 B 箱型保管箱存放个人物品，后四原告的父亲去世，四原告要求取回父亲存放在被告处的保管物品，被告认为四原告无法证明除四原告外无其他可继承的对象，拒绝原告的请求。故四原告诉至法院请求确认四原告有权取回父亲存放在被告处的保管物品。

【案件焦点】

如何证明被继承者的遗产无其他第一顺序继承人。

【法院裁判要旨】

广东省汕尾市城区人民法院经审理认为：四原告作为寄存人胡某的子女，有法院民事判决书为证，该判决书已经发生法律效力，足以证明四原告是寄存人胡某的子女。依照《中华人民共和国继承法》第十条“遗产按下列顺序继承：第一顺序：配偶、子女、父母。第二顺序：兄弟姐妹、祖父母、外祖父母。继承开始后，由第一顺序继承人继承，第二顺序继承人不继承。没有第一顺序继承人继承的，由第二顺序继承人继承。本法所说的子女，包括婚生子女、非婚生子女、养子女和有扶养关系的继子女。本法所说的父母，包括生父母、养父母和有扶养关系的继父母。本法所说的兄弟姐妹，包括同父母的兄弟姐妹、同父异母或者同母异父的兄弟姐妹、养兄弟姐妹、有扶养关系的继兄弟姐妹”的规定，四原告是寄存人胡某死亡后的第一顺序继承人。寄存人胡某的父母于1993年死亡，寄存人胡某与第一任妻子刘某于1999年3月由法院判决离婚、与第二任妻子吕某于2017年9月由法院判决离婚（寄存人胡某与第二任妻子没有生育子女）、与第三任妻子陈某于2018年5月3日结婚（婚后没有生育子女），陈某于2019年7月4日因病死亡，该事实有法院判决书和当地居民委员会证明予以证实，因此，除四原告外，寄存人胡某没有其他第一顺序的继承人，四原告是寄存人胡某的遗产继承人。寄存人胡某于2012年9月17日向被告租用保管箱，存放在保管箱的物品经查看后不属于违禁品，寄存人于2020年4月22日死亡后，四原告请求取回保管箱的物品，依照被告与寄存人签订的《中国银行保管箱租箱合约》第十三条“如承租人死亡后，合法继承人凭死亡证明及合法继承权证明书办理开箱、退租等手续”的约定，四原告提供了寄存人胡某的死亡证明书、公证书、法院的民事判决书、当地社区居民委员会证明，向被告申请取回保管箱内物品，被告应当按照《中华人民共和国合同法》第三百六十五条“保管合同是保管人保管寄存人交付的保管物，并返还该物的合同”和第三百七十六条第一款“寄存人可以随时领取保管物”的规定，返还寄存人胡某存放在被告处保管箱内的物品。综上所述，四原告有权取回其父亲胡某存放在被告保管箱内的物品。

广东省汕尾市城区人民法院依照《中华人民共和国继承法》第十条、《中华人民共和国合同法》第三百六十五条、第三百七十六条第一款规定，作出如下判决：

被告某银行汕尾分行于本判决生效之日起三日内，准予原告取回其父亲存放在被告保管箱的已确权的房屋所有权证 2 本，未确权的房屋草契 2 张，宅基地的草契 7 张，购买店铺 2 间的定金 2 万元的收据。

一审宣判后，双方当事人未上诉，现判决已发生法律效力。

【法官后语】

本案原告诉请虽是取回保管箱内物品的物权，但原、被告对原告的父亲与被告之间存在保管合同关系均予以确认，实际法律争议之核心在于“被继承者的遗产无其他第一顺序继承人”的证明方式及组织出具证明的法律评价问题。

在法律层面上，本案争议事实的直接证据仅有某居委会出具的证明，但《不应由基层群众性自治组织出具证明事项清单（第一批）》规定，亲属关系证明、婚姻状况证明、死亡证明、婚育状况证明、遗产继承权等事项不应由基层群众性自治组织出具证明。本案虽直接证据证明能力不足，但四原告提供多种间接证据，每一间接证据均从不同侧面指向部分案件事实。具体证据包括证明四原告与胡某系父子、父女关系的公证书及常住人口登记卡、证明胡某与第一任妻子婚后生育四原告的民事判决书及生效证明、证明胡某与第二任妻子离婚并未生育子女的民事判决书及生效证明。以上证据经法院审查，三性均采纳，经剖析间接证据间的逻辑关联，其所示信息指向同一，形成环环相扣、相互支撑的闭合证据链，明确指向唯一结论：四原告是寄存人遗产的全部继承人，与某居委会开具的“原告之祖父母于 20 世纪 90 年代已病亡，父亲胡某的原配刘某、第二任妻子吕某已经法院判决离婚，与第三任妻子陈某 2018 年登记结婚，2019 年 7 月 4 日病亡，没生育子女”的证明相辅相成、相互印证，极大增强了直接证据的证明力。《民政部、国家发展改革委、公安部、司法部、人力资源保障部、国家卫生健康委关于改进和规范基层群众自治组织出具证明工作的指导意见》中指出，对于《不应由基层群众性自治组织出具证明事项清单（第一批）》所列的证明事项，现阶段如因政策措施衔接不到位或各类民商事主体明确要求，居民群众仍需办理的，基层群众性组织应本着便利居民群众办事创业的原则，对于属于自身职责范围内、且能够核实的，据实为居民群众出具相关证明。故可证“被继承者的遗产无其他第一顺序继承人”。综上，本案在审理过程中充分考量了法律与事实之间的相互适用性，坚持以独立证据审查三性为前提、引据多向印证作主导，运用法律规定和逻辑推理确信待证事实的存在具有高度可能性，依法认定四原告是寄存人胡某全部遗产的有权继承人，有权取回其父亲胡某存放在被告保管箱内的物品，及时有效回应了群众关于继承证明难的解决需求，充分发挥调节社会秩序的司法作用。

在社会效果的层面上，本案判决生效后，被告自觉履行义务，归还保管物。既高效解决了烦扰居民群众的循环证明、重复证明的难题，又有效保护了人民群众的继承权益和物权，体现了化解民生之困的诚意，实现了法律效果和社会效果的有机统一。

编写人：广东省汕尾市城区人民法院　伍斯泳

39

保管合同纠纷与保管作为其他合同附随义务的区别

——何某芹诉邢某成保管合同案

【案件基本信息】

1. 裁判书字号

北京市第三中级人民法院（2020）京03民终6170号民事判决书

2. 案由：保管合同纠纷

3. 当事人

原告（上诉人）：何某芹

被告（被上诉人）：邢某成

第三人：房地产公司

【基本案情】

何某芹系刘某成之妻。刘某成于2014年6月8日死亡。2014年1月15日，某乡腾退拆迁安置办公室与刘某成签订腾退安置协议书，对刘某成的某处房屋进行腾退，并安置两套房屋。

2016年7月26日，何某芹、刘某国、刘某军、刘某晨、刘某东作为继承人就被继承人刘某成的遗产签署《遗产分割协议》，由刘某成的妻子何某芹一人继承，刘某国等4人自愿放弃该两处房产应继承份额的继承权。何某芹向刘某国等4人共支付房屋折价款120万元。邢某成和潘某作为证明人在该份《遗产分割协议》上签字确认。2017年10月25日，刘某国等4人向邢某成出具授权委托书，委托邢某成代为收取何某芹出售房屋售房款60万元。2018年1月9日，刘某国等4人出具收据，载明收到邢某成43万元。

2018年1月9日，何某芹作为卖方与郭某作为买方、房地产公司作为居间人在律师事务所作为见证人见证的情况下签署《北京市房屋买卖居间合同》，出售安置房屋。同日，何某芹与郭某签署《付款指令函》，载明：双方签订的房屋买卖合同，房屋售价153万元，现因何某芹原因，指令郭某将购房款76万元直接支付给第三人邢某成在银行开设的账号内。上述邢某成收到的钱款均视为何某芹收到。同日，何某芹出具收据1张，载明收到郭某交来房屋购房款120万元，其中包括12万元现金、郭某从个人银行卡取现10万元、向何某芹银行转账65万元、向邢某成银行转账43万元。现何某芹以保管合同纠纷为由要求邢某成返还保管的卖房款及利息，邢某成则认为双方之间不存在保管合同，其收取款项系基于买卖合同项下的代收款义务。

【案件焦点】

邢某成收取款项是基于单独的保管合同还是买卖合同项下的代收义务。

【法院裁判要旨】

北京市朝阳区人民法院经审理认为：本案中，何某芹主张其与邢某成之间形成保管合同关系，根据法律规定，保管合同是保管人保管寄存人交付的保管物，并返回该物的合同。而本案中，邢某成作为何某芹与刘某国等4人签署的《遗产分割协议》的见证人，其对于何某芹同意出售房屋后，向刘某国等4人支付60万元的事实是知晓的。同时，邢某成作为房屋买卖合同的居间人，何某芹同意在2018年1月9日当日，郭某所支付的款项65万元转入其个人账户，剩余43万元转入邢某成账户，且何某芹出具付款指令函，指令郭某将购房款中的76万元直接支付给邢某成，再考虑到售房当日，刘某国、刘某军出具了售房同意书，综合上述事实，法院认为，邢某成有理由相信何某芹同意郭某转账43万元至其个人账户的款项系用于支付给刘某国等4人的《遗产分割协议》项下之部分款项，邢某成作为《遗产分割协议》的见证人和房屋买卖合同的居间方员工，在收到上述43万元款项后也并未私自保留，而是将上述款项支付给了刘某国等4人，因此，法院认为邢某成的上述收款及转款行为并无不妥，何某芹主张该部分款项为其交付邢某成保管的款项并要求返还，证据不足，不予支持。

北京市朝阳区人民法院依照《中华人民共和国民事诉讼法》第六十四条、《最高人民法院关于适用〈中华人民共和国民事诉讼法〉的解释》第九十条之规定，作出如下判决：

驳回原告何某芹的全部诉讼请求。

何某芹不服一审判决，提起上诉。

二审法院同意一审法院的裁判意见。

【法官后语】

保管合同是保管人保管寄存人交付的保管物，并返还该物的合同。在借用合同、租赁合同、承揽合同等其他类型合同中，当事人也存在保管义务。两者的区别在于，在保管合同中，保管义务是保管人之主合同义务，双方签署合同的主要目的即为标的物之保管，保管行为系保管人合同项下之主要义务。而在其他类型合同中，保管义务是合同项下之附随义务，妥善保管标的物是应有之义，但保管只是实现合同目的的过程或手段，并非主要目的。因此，区分合同项下之主要义务与附随义务即为判断双方之间是否为保管合同的重要依据。

本案涉及房屋拆迁补偿与遗产分割的交叉，因此在将房屋补偿款作为遗产分配时，各方通过设定由中间人邢某成代收款的形式作为何某芹向其他继承人支付继承款项的方式。但由于何某芹向邢某成出具《付款指令函》时，指令不清晰，仅写明购房款项打入邢某成账户，而未就邢某成收款的原因明确约定。因此何某芹认为双方之间成立保管合同关系，邢某成基于保管合同应将收取的款项返还给何某芹。单纯从《付款指令函》看，可以认为何某芹与邢某成就邢某成收取的款项成立保管合同关系，但邢某成是否应当返还保管的合同款项，应当综合全案判断。本案的特殊之处在于，邢某成不仅仅是何某芹卖房款的代收人，其同时也是何某芹与刘某国等4人《遗产分割协议》的见证人，其对于何某芹将收取购房款中的60万元给付刘某国等4人是明知的，其对于何某芹指定邢某成作为卖房款的代收人之用意实为向刘某国等4人支付《遗产分割协议》项下之款项具有正常的合理预期，且邢某成亦将相关款项支付给刘某国等4人，因此，法院对于何某芹关于要求邢某成返还代收款项的诉讼请求未予支持。

本案对于审理保管合同纠纷以及基于其他合同产生的附随保管义务之纠纷有一定的指导意义。尤其是在非金融目的的金钱保管中，当事人对于金钱的保管往往是基于其他合同产生的附随保管义务。即便当事人之间就金钱单独成立保管合同，亦经常与其他法律关系存在千丝万缕的联系，因此，在审理此类案件中，切不可将保管合同与其他合同义务割裂开来，而应当综合保管原因以及双方之间的法律关系全貌进行合理判断。

编写人：北京市朝阳区人民法院　孙国荣

十二、委托合同纠纷

40

委托合同的订立、履行与解除

——孙某华诉机械设备公司委托合同案

【案件基本信息】

1. 裁判书字号

广西壮族自治区梧州市万秀区人民法院（2020）桂0403民初334号民事判决书

2. 案由：委托合同纠纷

3. 当事人

原告：孙某华

被告：机械设备公司

【基本案情】

2018年11月28日，原告向时任被告法定代表人姚某坤发送微信消息，双方达成由原告以250万元对价竞买某型号挖掘机的合意。次日，原告向姚某坤发送微信消息称案涉某型号挖掘机已成功拍下。2018年12月6日，原告向姚某坤发送微信消息要求付款。因被告一直未支付价款，原告于2018年12月15日至被告住所地与时任被告法定代表人姚某坤协商付款事宜。

2019 年 1 月 12 日，原告向姚某坤发送品质数量说明书（英文版）以及并非本案所涉货品的深圳海关进口关税专用缴款书、海关进口货物报关单。2019 年 1 月 14 日，姚某坤向原告发送品质数量说明书、拍卖行形式发票（英文版)、境外汇款申请书。

2019 年 4 月 28 日，原告向姚某坤发送微信消息要求准备某型号挖掘机车款，姚某坤回复可以。2019 年 5 月 9 日，原告多次向姚某坤发送微信消息催款，姚某坤未作应允。同年 5 月 13 日，原告至被告住所地催告其收货及付款，姚某坤表示拒绝。

另查明，被告机械设备公司成立于 2007 年 11 月 13 日。2019 年 4 月 18 日，该公司法定代表人由姚某坤变更为姚某。

2020 年 3 月 13 日，原告以本案起诉理由向法院提起诉讼，请求法院判令解除买卖合同并由被告赔偿损失，还提供署名物流公司的运费报价单两份以证实其主张。庭审中，原告称案涉某型号挖掘机现置于重庆，由其债权人控制。

【案件焦点】

双方当事人之间是否存在法律关系及法律关系之性质。

【法院裁判要旨】

广西壮族自治区梧州市万秀区人民法院经审理认为：首先，本案原、被告并未订立书面合同，根据原告与时任被告法定代表人姚某坤的通话内容及信息往来，可确认姚某坤对 2018 年 11 月 28 日原告发出的要约已作出承诺，且承诺到达原告即生效，合同成立。因原告此时尚未取得案涉挖掘机之所有权，且双方之陈述亦明确系代为竞买之意思表示，因此，双方形成以 250 万元为对价委托原告买入案涉挖掘机并运至国内交付的委托合同法律关系。合同成立后，原告于 2019 年 4 月 28 日向被告发出“你准备卡特 390 挖机车款吧，5 月 11 日到上海港口”之最终通知时，姚某坤回复可以，对此应视为被告对最终商定的价款、履行地点、履行期限等事项之认可。

其次，关于案涉合同的履行情况，根据到案证据，案涉挖掘机已经由原告以案外人名义竞得。原告在错误发送深圳海关进口关税专用缴款书、海关进口货物报关单后，向被告发送了正确的形式发票、境外汇款申请书，姚某坤以原告发送的品质数量说明书之中文译本回复原告，表明其已明知该挖掘机为2011年生产，但自始均未对此提出明确异议，因此，原告的履约行为具有相应的事实依据。

最后，关于合同的解除与法律后果。本案原告受托为被告买入挖掘机后经再三展期及催告，被告仍拒绝履行付款义务，其行为已构成违约，原告诉请解除双方的合同关系后，有权要求被告赔偿损失。因原告未能举证证明损失赔偿额，故应以原告为竞买案涉挖掘机支出价款至其将该挖掘机另行运至重庆期间的资金占用损失认定为被告违约所造成的损失。

广西壮族自治区梧州市万秀区人民法院依照《中华人民共和国合同法》第六十条第一款、第九十四条第三项、第九十七条、第一百零七条、第一百一十三条第一款、第三百九十六条和《最高人民法院关于适用〈中华人民共和国民事诉讼法〉的解释》第九十条的规定，作出如下判决：

一、解除原告孙某华与被告机械设备公司于2018年11月28日以口头形式订立的委托合同；

二、被告机械设备公司应于本判决生效之日起十日内赔偿损失21674.06元给原告孙某华。

一审宣判后，双方当事人未上诉，现判决已发生法律效力。

【法官后语】

本案的法律争议之核心在于双方当事人之间是否存在法律关系及法律关系之性质。

1. 原告与被告成立委托合同法律关系

根据原告与时任被告法定代表人姚某坤的通话内容及信息往来，可确认2018年11月28日原告通过微信消息向时任被告法定代表人姚某坤发出的要约，姚某坤已作出承诺，且承诺到达原告时生效，承诺生效时合同即成立。至此，被告以250万元为对价委托原告买入案涉某型号挖掘机并运至国内交付的合同已经成立，因原告此时尚未取得案涉某型号挖掘机之所有权，且双方之陈述亦明确系代为竞买之意思表示，故双方当事人之间形成相应的委托合同法律关系而非买卖合同法律关系。又因合同订立时姚某坤任被告法定代表人，双方以职务相称，且原告多次催收均发生于被告住所地，故姚某坤之订约行为实为执行职务之行为。合同成立后，原告又向被告发出“你准备卡特390挖机车款吧，5月11日到上海港口”之最终通知时，姚某坤回复“可以”，对此应视为被告对最终商定的价款、履行地点、履行期限等事项之认可。

2. 案涉委托合同已经实际履行

原告提供的形式发票、境外汇款申请书及报关单、税费单中合同号、货品描述及买受人情况等载明案涉某型号挖掘机已经由其以案外人机械租赁公司名义竞得并经上海浦江海关申报入境，且其对错误发送给被告的深圳海关进口关税专用缴款书、海关进口货物报关单进行更正后，又发送了正确的形式发票、境外汇款申请书，并举证了对应的报关单、税费单进行佐证，故原告之履约行为，具有相应的事实依据。

此外，原告向姚某坤发送品质数量说明书后姚某坤以该说明书中文译本回复原告，其时被告已经明知该挖掘机为2011年生产，但自始均未对此提出明确异议，且原告于2019年4月28日发出最终通知时，姚某坤仍回复“可以”，故被告以年份不符为由提出原告未履行合同的抗辩意见，缺乏相应的事实和法律依据。

3. 案涉委托合同解除后，被告应承担损失赔偿责任

原告受托为被告买入案涉某型号挖掘机后，经过再三展期及催告，被告仍拒绝履行付款义务并致该挖掘机运至国内后未能交付，其应为自身违约行为依法承担相应的违约责任。原告诉请解除双方的合同关系并主张违约损失，但其主张的损失计算方法实为委托合同履行后其可以获得的报酬。综合到案证据，原告为竞买案涉某型号挖掘机支出价款至其因被告违约而将该挖掘机另行运至重庆期间造成的资金占用损失即为被告违约所造成的损失。又因原告所列挖掘机价格并未超过形式发票记载的成交价款或申报入境的完税价格，故应以该价

格为本金计算资金占用损失，以中国人民银行发布的金融机构同期同类人民币贷款基准利率自汇款之日起计至抵运重庆之日止。

综上，原告尚未取得案涉某型号挖掘机之所有权时与被告协商一致，以250万元对价由原告代为竞买该挖掘机并运至国内交付，由此，双方形成相应的委托合同法律关系。虽原告主张解除买卖合同，为免诉累，亦宜径行判令解除双方的委托合同，并由被告赔偿因其违约造成的资金占用损失。

编写人：广西壮族自治区梧州市万秀区人民法院　汪瑞远　区莹莉

41

自然人委托放贷的行为效力及法律后果认定

——谢某华诉王某雄、林某颖委托合同案

【案件基本信息】

1. 裁判书字号

广东省惠州市中级人民法院（2020）粤13民终8376号民事判决书

2. 案由：委托合同纠纷

3. 当事人

原告（被上诉人）：谢某华

被告（上诉人）：王某雄

被告（被上诉人）：林某颖

【基本案情】

2014年2月10日，被告王某雄与案外人叶某、徐某签订《借款合同》，约定叶某向王某雄借款人民币85万元，借款期限自2014年2月10日至2015年2月10日，月利率2.5%，借款本金到期一次性偿还。徐某为叶某的借款承担连

带保证责任。合同中未见双方约定保证范围、保证期限。未见借据、收条或银行流水佐证双方如何履行合同。2014年7月7日，叶某与王某雄签订《借款合同》，约定叶某向王某雄借款人民币20万元，借款期限自2014年7月7日至2015年1月10日，月利率2.5%，借款本金到期一次偿还。在合同的尾部注明："借款人叶某现确认在签订本借款合同之日已收到贷款人王某雄提供的借款人民币20万元。"2014年12月3日，叶某签订《协议书》，协定确认：1. 叶某的原有借款共计2单，合计为人民币91万元，叶某承诺在2014年12月12日前全额归还；2. 王某雄在收到叶某的全部还款后，同意免除叶某在徐某借款单的连带担保责任，该笔欠款人民币100万元。2014年12月12日，王某雄向叶某出具《收据》，《收据》记载：今收到叶某借款本金91万元。2014年12月12日，叶某通过银行转账的方式向王某雄转账70万元等。原告谢某华以上述借款为其委托王某雄进行，实际借款人为自己为由，将叶某、王某雄、徐某起诉至广东省惠州市惠城区人民法院，该法院认为，原告谢某华与王某雄提交的证据不足以证实叶某、王某雄之间是否发生客观真实的借贷关系，由于原告谢某华与被告王某雄未提交证据证实合同约定的105万元本金是通过何种形式发放的，无从判断王某雄实质出借给叶某的借款本金是多少。因此以（2018）粤1302民初3357号民事判决书判决驳回谢某华的诉讼请求。

2018年3月6日，原告谢某华向广东省惠州市惠城区人民法院起诉被告王某雄、张某，请求清偿债务。原告谢某华为证明张某的欠款提交了《借款合同》，合同约定：张某向王某雄借款人民币60万元，借款期限为12个月，自2014年4月26日起至2015年4月26日止，月利率2.5%，如不能按时偿还借款本金，则需继续交付利息直至本金全部偿还为止。未见借据、收条或银行流水佐证双方如何履行合同。

2013年12月31日，被告王某雄与叶某、徐某签订《借款合同》，约定被告王某雄向徐某借款人民币100万元，借款期限自2014年1月1日至2015年1月1日，月利率2.5%，到期一次偿还本金，如不能按时偿还借款本金，则需继续交付利息直至本金全部偿还为止。叶某为徐某的借款承担连带保证责任。合同中未见双方约定保证范围、保证期限。2014年4月1日，被告王某雄与徐某签订另一份《借款合同》，约定徐某向王某雄借款人民币40万元，借款期限为12个月，自2014年4月1日至2015年4月1日，月利率2.5%，到期一次偿还本金，如不能按时偿还借款本金，则需继续交付利息直至本金全部偿还为止。未见借据、收条或银行流水佐证双方如何履行合同。而后因借未为全部归还，原告谢某华以上述实际借款人为自己，于2018年3月6日起诉被告王某雄与叶某、徐某至广东省惠州市惠城区人民法院，请求被告王某雄与叶某、徐某清偿债务。该案庭审中，被告王某雄称借款140万元已足额发放给徐某，但仅有部分微信聊天记录及银行流水，也未提交相应的借据或借条。惠城区人民法院认为，根据《最高人民法院关于民事诉讼证据的若干规定》第二条的规定，当事人对自己提出的诉讼请求所依据的事实或者反驳对方诉讼请求所依据的事实有责任提供证据加以证明。没有证据或者证据不足以证明当事人的事实主张的，由负有举证责任的当事人承担不利后果。认定该案中超出36.17万元部分没有事实依据，不予支持，并判决徐某向原告谢某华偿还欠款本金36.17万元及相应的利息；驳回原告谢某华其他的诉讼请求。

在上述三起诉讼的前提下，原告谢某华以其实际委托被告王某雄借款金额与一审法院生效判决确定的实际出借金额之间存在巨大的差额为由，主张被告王某雄存在占用，该差额应由被告王某雄予以返还，并支付占用利息。将被告王某雄起诉至广东省惠州市惠城区人民法院，请求被告王某雄返还上述三宗案件借款差额193.53万元及利息，被告林某颖承担连带偿还责任。

【案件焦点】

1. 经生效判决不予认可的借款是否可以作为王某雄在委托合同关系中存在侵占的依据；2. 王某雄作为受托人是否应返还生效判决未予认可的借款。

【法院裁判要旨】

广东省惠州市惠城区人民法院经审理认为：王某雄与谢某华之间存在委托关系，双方的合法权益受法律保护。关于返还款项的问题。法院（2018）粤

1302民初3357号民事判决书中《借款合同》的履行问题，王某雄负有履行交付义务，王某雄未提供充分证据予以证明其向借款人实际交付了《借款合同》约定的全部款项，依法应由王某雄承担举证不利的法律后果。王某雄发给原告邮件附件中的工作表，所列叶某欠借款本金39.7万元，对其中有争议的30万元，本案对此不予处理，王某雄依法应向谢某华返还此项款项7.5万元（39.7万元-30万元-2.2万元）。法院（2018）粤1302民初3358号民事判决书中《借款合同》的履行问题，王某雄负有履行交付义务，王某雄未提供充分证据予以证明其向借款人实际交付了《借款合同》约定的款项，依法应由王某雄承担举证不利的法律后果。王某雄发给原告邮件附件中的工作表，所列张某欠借款本金50万元，因此，王某雄依法应向谢某华返还此项款项50万元。法院（2018）粤1302民初3363号民事判决书中"本院认为"部分的银行流水款项535700元（174000元+361700元），属于王某雄处理谢某华委托放贷事务的款项。关于《借款合同》的履行问题，王某雄负有履行交付义务，王某雄未提供充分证据予以证明其向借款人实际交付了《借款合同》约定的全部款项，依法应由王某雄承担举证不利的法律后果，以此认定计算，王某雄依法应向谢某华返还此项款项864300元（140万元-535700元）。因此，谢某华请求王某雄返还款项及利息，有事实和法律依据，理由充分，法院予以采纳，应予以支持的返还款项1439300元（7.5万元+50万元+864300元）。谢某华请求超出1439300元的款项部分，证据不足，理由不充分，法院不予采纳。关于计算利息方式的问题。应予以支持的计算利息方式如下：以1439300元为基数，从2019年11月5日起至清偿之日止，按照全国银行间同业拆借中心公布的贷款市场报价利率计算利息。关于谢某华请求被告林某颖对上述诉讼请求承担连带偿还责任的问题，证据不足，理由不充分，法院不予采纳。

广东省惠州市惠城区人民法院依照《中华人民共和国民事诉讼法》第二百五十三条之规定，作出如下判决：

一、被告王某雄应于本判决发生法律效力之日起10日内向原告谢某华返还款项1439300元及利息（以1439300元为基数，从2019年11月5日起至清偿之日止，按照全国银行间同业拆借中心公布的贷款市场报价利率计算利息）；

二、驳回原告谢某华的其他诉讼请求。

王某雄不服一审判决，提起上诉。

广东省惠州市中级人民法院经审理认为：本案中，谢某华与王某雄均确认如下事实：由谢某华将资金交付王某雄，委托王某雄进行放贷并收取利息，而后王某雄将利息交付谢某华。现谢某华一审诉请返还的193.53万元也属于谢某华交由王某雄进行放贷资金的一部分。据此，谢某华与王某雄之间成立委托关系。在此前提下，王某雄承担案涉193.53万元款项的返还责任的基础是王某雄对委托放贷款项存在侵占，侵害委托人谢某华权益的情形。根据王某雄提交的其向谢某华发送的电子邮件，邮件内容包括了王某雄所放贷的每一笔款项的借贷情况，其中即包括案涉193.53万元所涉及的与案外人叶某、张某、徐某之间的借贷情况。谢某华在收到相关邮件后，并未质疑王某雄是否真实放贷，而是在未收到其所主张的借款时，另案起诉了案外人叶某、张某、徐某，而现谢某华在本案中诉请该193.53万元的依据在于其起诉案外人叶某、张某、徐某的诉讼并未得到支持，由此产生了借贷与还款之间的差额。据此，法院认为，虽与案外人叶某、张某、徐某相关联的（2018）粤1302民初3357号、（2018）粤1302民初3358号、（2018）粤1302民初3363号生效判决，未支持谢某华的全部诉请，但上述判决是基于民间借贷案件对证据的严格审查与认定标准作出的。未获支持部分，如有相关证据证明，后续仍可主张，但不能据此认定未获司法支持部分就为王某雄侵占了该款项。现有证据也无法支持谢某华认为王某雄侵占该款项的主张。此外，双方均认可，谢某华给付王某雄大额资金，目的是向他人发放贷款。且法院经过查询，2018年至2019年谢某华以原告身份在惠州市法院涉诉案件7件（不含执行、二审），均系谢某华委托王某雄进行放贷而导致的民间借贷纠纷案件。参照《全国法院民商事审判工作会议纪要》第五十三条的规定，未依法取得放贷资格的以民间借贷为业的法人，以及以民间借贷为业的非法人组织或者自然人从事的民间借贷行为，应当依法认定无效。同一出借人在一定期间内多次反复从事有偿民间借贷行为的，一般可以认定为是职业放贷人。无论是（2018）粤 1302 民初 3357 号、（2018）粤 1302 民初 3358 号、（2018）粤 1302 民初 3363 号生效判决，抑或本案谢某华诉请王某雄返还案涉 193.53 万元的认定，其出发点均在于保护合法的民间借贷关系。本案虽属委托合同纠纷，但谢某华明确委托事项在于通过委托王某雄进行放贷，该放贷行为违反了银行业监督管理法等法律，损害社会公共利益和扰乱了金融管理秩序，谢某华给付款项委托王某雄进行放贷行为属不法给付，双方由此产生的债权债务关系亦不受法律保护。因此，谢某华诉请由王某雄返还案涉款项，事实理由不足，法律依据不充分，法院不予支持。

另，王某雄协助谢某华多次反复从事有偿民间借贷行为，对引发本次纠纷存在责任，法院酌定王某雄、谢某华分别承担 50%的一、二审诉讼费用。考虑到谢某华已预交一审诉讼费用，王某雄已预交二审诉讼费用，已分别承担了 50%的一、二审诉讼费用，法院不再作调整。综上所述，上诉人王某雄上诉请求成立。

广东省惠州市中级人民法院依照《中华人民共和国民事诉讼法》第一百七十条第一款第二项之规定，作出如下判决：

一、撤销广东省惠城区人民法院（2019）粤 1302 民初 19004 号民事判决；

二、驳回谢某华的诉讼请求。

【法官后语】

本案是由民间借贷司法实务当下频发的“多次反复从事有偿民间借贷行为”衍生出的委托合同纠纷，在委托放贷中，因民间借贷的严格审查制，势必造成借款本金的不完全认定，那么在此情形下受托人是否应承担借款本金的返还责任。笔者试图通过本案延伸至“职业放贷人”这一视角为自然人委托放贷的行为效力及法律后果认定提供一种思路。

1. 识别：委托放贷的行为效力

（1）委托放贷行为的法律适用。无论是识别委托放贷的行为效力，还是剖析委托放贷的法律后果，首先需要厘清的均是这一行为的法律适用。《中华人民共和国民法典》生效前，认定委托放贷行为效力及法律后果的规范依据主要包括《中华人民共和国合同法》第五十二条有关合同效力、第二十一章有关委托合同的相关规定，以及《最高人民法院关于审理民间借贷案件适用法律若干问题的规定》等规制民间借贷的法律适用文件。这也是本案主要适用的规范性法律文本。《中华人民共和国民法典》施行后，《中华人民共和国合同法》废止，与委托放贷相关的司法解释也将全面清理。因此，委托放贷行为的效力及法律后果均需要根据《中华人民共和国民法典》来确定。《中华人民共和国民法典》第五百零八条规定："本编对合同的效力没有规定的，适用本法第一编第六章的有关规定。"此处的"本编"即合同编，"本法第一编第六章的有关规定"对应的是总则编关于民事法律行为的效力的相关规定。因此《中华人民共和国民法典》施行后，总则编关于民事法律行为效力的相关规定，尤其是第一百五十三条"违反法律、行政法规的强制性规定的民事法律行为"和"违背公序良俗的民事法律行为"的无效认定，将会成为法院认定委托放贷行为效力的重要依据。本案发生在《中华人民共和国民法典》施行前，所运用的仍是旧的规定，但笔者认为，尽管表述不同，但《中华人民共和国民法典》有关规定与《中华人民共和国合同法》第五十二条的规定所蕴含的法理亦有一脉相承之处，在理解适用时并不冲突。

（2）委托放贷行为效力的认定逻辑。单纯的委托放贷行为构成委托人—受托人—借款人的关系，委托人与受托人之间成立委托合同关系，而在受托人与借款人之间成立借款合同关系，在无明显违背法律禁止性规定的情形下，委托行为与借款行为均应认定为合法有效。但在糅合其他因素时，如本案存在的"多次反复从事有偿民间借贷行为"这一"职业放贷人"最显著的特征，则需具体分析。

何为"职业放贷人"?《全国法院民商事审判工作会议纪要》第五十三条规定，同一出借人在一定期间内多次反复从事有偿民间借贷行为的，一般可以认定为是职业放贷人。笔者认为，认定职业放贷最重要的因素在于放贷行为的反复性或经常性，最简单的衡量标准即一定时间内多次放贷。"多次"如何判断?

《最高人民法院、最高人民检察院、公安部、司法部关于办理非法放贷刑事案件若干问题的意见》第一条明确规定“2年内向不特定多人（包括单位和个人）以借款或其他名义出借资金10次以上”。以上表述可以作为参考，《全国法院民商事审判工作会议纪要》第五十三条在正式条文中并未就“经常性”做进一步规范，但规定“民间借贷比较活跃的地方的高级人民法院或者经其授权的中级人民法院，可以根据本地区的实际情况制定具体的认定标准”，为地方法院进一步制定标准留下豁口。目前，已有地方高级人民法院对“多次”标准作出了有益探索，例如，《天津法院民间借贷案件审理指南（试行）》第二十一条规定，“同一原告或者关联原告在两年内向全市法院提起民间借贷案件5件以上，或者出借人在两年内向社会不特定人出借资金3次以上的”，则可能构成“职业放贷”。再如《江苏省高级人民法院关于建立疑似职业放贷人名录制度的意见（试行）》第二条规定“同一出借人及其实际控制的关联关系人作为原告一年内在全省各级人民法院起诉民间借贷案件5件以上的，该出借人应当纳入疑似职业放贷人名录”。这些都为司法实务指出了一定的方向，具体到本案中，并未直接认定原被告属于“职业放贷人”，但是其参照“职业放贷人”相关法律规定予以说理释明，在法理上，连贯性和一致性也是显而易见的。

在认定职业放贷的基础上，结合《中华人民共和国民法典》第六百八十条“禁止高利放贷，借款的利率不得违反国家有关规定”，我们可以理解，在“职业放贷”行为具有“高利贷”特征时，法院可以这些“职业放贷”行为同时构成“高利放贷”，违反《中华人民共和国民法典》第六百八十条进而认定属于“违反法律、行政法规的强制性规定的民事法律行为”，因此，相应民间借贷合同无效，而委托放贷的委托关系依附于借贷关系，无论是委托放贷人抑或受托放贷人，均应具有职业放贷这一特征，委托合同亦应无效。本案最终认定的基本法理与上述规则的适用在一定程度上是吻合的，但需要说明的是，就本案最终处理结果而言，采取了一种折中思维方式，常规情形下，委托放贷行为的法律后果会根据这一行为的效力加以认定。而在本案中，作为产生本诉的另三宗民间借贷诉讼，虽以严格的民间借贷证据规则进行本息认定，但并未否认借款合同的效力，那么在借款合同有效的情形下，本案委托合同是否也根据效力来认定责任？在上述“职业放贷人”进行分析的前提下，本案虽明确了委托合同纠纷的性质，但以委托放贷行为违反了银行业监督管理法等法律，损害社会公共利益和扰乱了金融管理秩序，双方由此产生的债权债务关系亦不受法律保护进行最终责任认定。毋庸置疑，该认定本质在于否认委托放贷行为的有效性，但在法律适用规则尚未明确的情形下，该释明不失为折中之道。

2. 剖析：委托放贷行为的法律后果

（1）委托放贷行为有效时的法律后果。委托放贷行为有效的后果在于借款人应当按照合同约定的利率归还借款本息，在约定的借款利率高于国家有关规定时，合同虽有效，但对于借款利率应予以调整。至于要求归还借款本息的请求权，《中华人民共和国民法典》第九百二十五条规定：“受托人以自己的名义，在委托人的授权范围内与第三人订立的合同，第三人在订立合同时知道受托人与委托人之间的代理关系的，该合同直接约束委托人和第三人；但是，有确切证据证明该合同只约束受托人和第三人的除外。”由此分析，在借款人明知借款来源于委托放贷时，委托放贷人理应具有请求借款人归还借款本息的权利。而在借款人对委托放贷关系不知情时，委托放贷人应依据委托关系经受托放贷人向借款人主张权利。

（2）委托放贷行为无效时的法律后果。笔者认为，当委托放贷行为归于无效时，相应的委托合同和借款合同均归于无效，借款人应当承担合同无效的民事法律责任，包括但不限于返还本金并支付资金占用期间的利息损失。委托人与受托人则依据其过错承担民事责任。

关于民事法律行为无效的后果，《中华人民共和国民法典》第一百五十七条规定：“民事法律行为无效、被撤销或者确定不发生效力后，行为人因该行为取得的财产，应当予以返还；不能返还或者没有必要返还的，应当折价补偿。有过错的一方应当赔偿对方由此所受到的损失；各方都有过错的，应当各自承担相应的责任。法律另有规定的，依照其规定。”因此，借款人应当在委托放贷行为无效的情形下返还全部已经取得的借款本金，不存疑问。

关于资金占用期间的利息损失，法院一般按照贷款市场报价利率确定损失的数额，不应支持合同中约定的高额利息。这是当前司法实践最通常的做法。例如，《江苏省高级人民法院关于建立疑似职业放贷人名录制度的意见（试行）》第六条规定，职业放贷行为“相应的借贷合同认定无效，借款人应返还借款本金，并按照中国人民银行同期同类贷款基准利率给付资金占用使用费用”；《天津法院民间借贷案件审理指南（试行）》第二十二条规定，“民间借贷合同被认定无效后，双方因合同取得的财产应当予以返还。借款人应当返还借款本金及占用资金期间的利息损失。利息损失，一般应按照全国银行间同业拆借中心公布的贷款市场报价利率计算，不能按照民间借贷合同中约定的高额利息标准计算”。

此外，在司法实践中，就借款人已经支付的利息，法院可能会综合双方的过错、合同约定和借贷政策酌定调整，并非全部径行按照同期贷款市场报价利率进行判决。

关于委托人与受托人的过错承担民事责任。《中华人民共和国民法典》第九百二十九规定：“有偿的委托合同，因受托人的过错造成委托人损失的，委托人可以请求赔偿损失。无偿的委托合同，因受托人的故意或者重大过失造成委托人损失的，委托人可以请求赔偿损失。受托人超越权限造成委托人损失的，应当赔偿损失。”对于受托人应承担的赔偿比例，笔者认为应结合受托人是否有偿、是否明知违法仍接受委托以及受托过程中的行为过失等因素进行综合认定。

编写人：广东省惠州市中级人民法院　荣盟

42

委托合同的认定及任意解除权能否通过约定排除适用

——孙某远诉二手车经营公司委托合同案

【案件基本信息】

1. 裁判书字号

浙江省高级人民法院（2021）浙民申3983号民事裁定书

2. 案由：委托合同纠纷

3. 当事人

原告（上诉人、再审申请人）：孙某远

被告（被上诉人、再审被申请人）：二手车经营公司

【基本案情】

2019年7月14日，原告与被告签订《使用权转让合同》，约定被告将某商铺（建筑面积9平方米）使用权转让给原告；同日，双方签订《商铺委托经营管理协议书》，约定原告自愿将上述商铺委托被告进行出租和经营管理；委托经营管理期限为2019年9月26日至2039年9月25日；在委托经营期间，原告委托被告以被告名义出租该商铺，被告可根据市场行情，在统一业态规划的前提下出租商铺，商铺租赁权、决策权归被告，商铺租金以被告与承租人签订的《商铺租赁合同》约定的实际租金为准，收到的租金除代扣应缴税费以及租赁服务费后均按前十年原告得90%，被告得10%，后十年原告得80%，被告得20%（作为乙方的经营管理费用）的比例进行分配，除上述固定租金外，原告不再向被告收取其他任何形式的收益；商铺租赁收益分享以楼层为单位进行分配，该商铺占该楼层的系数比例为0.00109；除以上租金外，2019年9月26日

至2022年9月25日三年中，被告每年向原告额外支付租金补贴为该商铺转让总价的3%，共补贴三年；在委托经营期间，该商铺不论是单独出租还是与其他业主的商铺共同出租，均视为整体市场的一部分，收益分享以楼层为单位按照约定的系数比例进行分摊，被告尽一切努力追求租金收益最大化；在委托经营管理期限内，任何一方提前终止协议的，应提前90天书面通知对方，并征得对方同意，对方不同意终止的，协议应继续履行，若一方擅自终止本协议，则应向守约方支付违约金10万元，并赔偿由此造成守约方的其他损失。

【案件焦点】

1. 委托合同如何定性；2. 委托合同中对当事人随时解除权作出的限制条款是否具有法律效力。

【法院裁判要旨】

浙江省绍兴市嵊州市人民法院经审理认为：案涉《商铺委托经营管理协议书》约定原告委托被告对商铺进行出租和经营管理，被告按收益的一定比例收取报酬，符合委托合同的特征，故本案系委托合同纠纷。本案中，讼争条款均指向合同解除权问题，《中华人民共和国合同法》第四百一十条规定，委托人或者受托人可以随时解除委托合同。因解除合同给对方造成损失的，除不可归责于该当事人的事由以外，应当赔偿损失。该条确定了委托合同中双方的任意解除权，但并不属于强制性适用条款，当事人可以根据实际情况，以约定的方式排除适用。结合本案实际，案涉商铺位于二手车交易市场内，故该商铺用于二手车经营系应有之义，但从原告及其他同类业主持有的单个商铺面积和尺寸图看，并不足以支撑一家二手车商铺，甚至难以停放一辆普通汽车，为此，案涉合同特别采用了将商铺重新整合并再次划分后进行出租、租金收益按比例共享的办法，从这一层面看，每个商铺均是整个二手车交易市场中不可分割的一部分，其中某个业主的退出可能导致整个市场的经营困境，影响其他业主的利益。基于此，案涉合同对双方的合同解除权一并作出限制，符合双方利益，既不违反法律规定，也不存在一方利用格式合同排除对方主要权利的情形，相关条款应认定有效。

浙江省绍兴市嵊州市人民法院依照《中华人民共和国合同法》第四十四条规定，作出如下判决：

驳回孙某远的诉讼请求。

孙某远不服一审判决，提起上诉。

浙江省绍兴市中级人民法院经审理认为：第一，关于案涉合同的性质认定。虽上诉人孙某远和被上诉人二手车经营公司均主张案涉合同为委托合同，但观《商铺委托经营管理协议书》内容，并非单纯的委托合同。案涉《商铺委托经营管理协议书》中除有涉及上诉人将取得的商铺使用权委托被上诉人进行经营管理的委托合同因素外，尚有其他内容不能为委托合同所涵盖，如合同存续期间双方协议如何分享利润的内容，与委托合同的特征不相符合，又如有关被上诉人负责开拓市场、整合其他商铺使用权并承担相关费用等的约定，亦与委托合同一般由委托人负担相应费用的特征不相符。故案涉《商铺委托经营管理协议书》兼具委托合同和合作合同的相关内容，应属混合性质的合同，本案应认定为上级案由即合同纠纷。第二，关于讼争条款的效力认定问题。鉴于前述已认定案涉合同并非单纯的委托合同，上诉人提出的讼争条款违反合同法有关任意解除权、格式条款规制诉请自然无法成立，具体分析如下：其一，上诉人主张的委托人任意解除权源于委托合同，不能必然适用于混合性质的合同。其二，关于上诉人认为讼争条款系“排除对方主要权利（即任意解除权）”的问题，根据《商铺委托经营管理协议书》约定内容，上诉人的主要权利是商铺对外经营后取得可能产生的收益，任意解除权是否系上诉人的主要权利，尚无法界定。进一步而言，即便本案合同可认定为单纯的委托合同，在委托合同中双方约定排除任意解除权的行为是否有效，也并非一概而论，在有偿委托合同，特别是商事委托合同中，受托人根据委托合同的约定存在自己的特殊利益，此时任意解除权的行使本身就要关注受托人的利益，故双方事先约定排除任意解除权，在既不损害社会公共利益也不违反禁止性规定的情形下，应当予以允许。本案中，被上诉人作为受托人，本身已投入大量的人力物力来开拓市场，在合同项下除有取得报酬的利益外尚有其他利益，对此上诉人在签订合同时亦明知，因此，双方为了特定经济利益的实现以及增强合同稳定性，在不损害社会公共利益和不违反法律禁止性规定的情况下，约定对任意解除权进行限制，符合法律精神。

浙江省绍兴市中级人民法院依照《中华人民共和国民事诉讼法》第一百七十条第一款第一项之规定，作出如下判决：

驳回上诉，维持原判。

孙某远不服二审判决，申请再审。

浙江省高级人民法院经审查认为：原审生效判决认定事实清楚，适用法律和实体处理均无不当。再审申请人提出的再审申请事由，均不能成立。

浙江省高级人民法院依照《中华人民共和国民事诉讼法》第二百零四条第一款，《最高人民法院关于适用〈中华人民共和国民事诉讼法〉的解释》第三百九十五条第二款之规定，作出如下裁定：

驳回孙某远的再审申请。

【法官后语】

当前，随着社会经济的飞速发展，商事交易行为日趋复杂，合同类型日益繁多，同时，就某类合同而言，现实中的操作方式也与传统的操作方式发生了较大的变化，导致司法实践中对合同性质的认定存在较大困难。

1. 委托合同的定性问题

委托合同，是指一方当事人委托另一方当事人处理事务的合同。委托合同中，受托人一般只需按照委托人的指示完成委托事务，即代表其已经履行合同义务，至于完成委托事务后能否产生预期的效果，并不在其责任范围，该合同的性质决定了受托人的行为是依附于委托人的意志，不具有自主性。委托合同的另一特征在于，委托人之所以选定某一受托人来处理事务，往往是出于对该受托人某方面能力的信任，如受托人具备突出的专业技能、特殊行业的从业资质等。司法实践中，要特别注意根据上述委托合同的上述特征对具体商事行为是否为委托合同加以界定。上述案例中，双方当事人签订的协议书虽名为《商铺委托经营管理协议书》，内容中亦约定了一方委托另一方进行经营管理，但实际上受托一方在经营管理过程中具有较大的自主权，办理委托事务过程中亦需自行承担相关费用，且其所能获得的合同利益并非基于其劳务，而是基于经营过程中产生的利润，该部分内容不符合委托合同的法律特征，因此，该协议书不应认定为单纯的委托合同。

2. 委托合同中的任意解除权问题

目前，我国法律理论界一般将合同解除分为约定解除和法定解除两类，委托合同中的任意解除权归为法定解除一类，但事实上，任意解除与法定解除无论是在行使主体，还是行使条件上，都存在较大差别。例如，在法定解除中解除权的行使主体为守约方，而行使条件为另一方存在法定的根本违约行为；而委托合同的任意解除权双方均可行使，且不受任何条件的限制。由此，产生了司法实践中的较大争议，即任意解除权能否通过约定加以排除适用。笔者认为，上述问题应对无偿委托合同和有偿委托合同区分对待。在无偿委托合同中，双方的人身信赖属性较强，在双方信任消失的情况下，履行合同的基础亦不复存在，因而不宜限制任意解除权的行使；而在有偿委托合同中，双方的利益属性更强，由于任意解除权的行使势必导致合同处于不稳定的状态，并且会产生牵一发而动全身的效果，在此情况下，为防止一方恶意行使解除权致对方或者整体利益受损，当事人通过约定对任意解除权予以适当限制，符合当事人的共同利益，对该类限制条款的效力应当予以确认。如本案例中，被上诉人作为受托人，本身已投入大量的人力物力来开拓市场，整合交易场所，在合同项下除有取得报酬的利益外尚有其他利益，对此上诉人在签订合同时亦已明知，且上诉人签订合同的目的亦是获取商铺出租使用的经济利益，因此双方为了特定经济利益的实现以及增强合同稳定性，在不损害社会公共利益和不违反法律禁止性规定的情况下，约定对任意解除权进行限制，符合法律精神。

编写人：浙江省绍兴市嵊州市人民法院　沈杰

十三、物业服务合同纠纷

43

物业服务企业擅自提高业主未按时交纳物业费违约金的合同条款无效

——物业公司诉张某龙物业服务合同案

【案件基本信息】

1. 裁判书字号

黑龙江省哈尔滨市南岗区人民法院（2020）黑0103民初7581号民事判决书

2. 案由：物业服务合同纠纷

3. 当事人

原告：物业公司

被告：张某龙

【基本案情】

2015年，房地产公司开发的某商场（二期）前期物业服务进行招标，物业公司中标。房地产公司与物业公司签订《某商场前期物业服务合同》，约定物业公司为某商场项目提供物业管理服务，物业服务费用由业主按其拥有物业的建筑面积交纳，高层住宅1.60元/平方米（建筑面积）/月，电梯费按照《哈尔滨市普通住宅电梯收费指导价格》的相关规定执行。该合同第二十四条约定，业主或物业使用人违反本合同第六条约定，未能按时足额交纳物业服务费用（物业服务资金）的，应按年物业费5%的标准向乙方支付违约金。物业公司为该小区提供物业服务至2018年7月31日。张某龙系某商场小区的业主，物业公司与张某龙签订了《前期物业管理服务协议》，约定张某龙在合同签订之日起交纳首年物业服务费用，次年度的物业服务于上一年度物业服务期限截止日期前一个月内交纳，张某龙逾期不交纳物业服务费，应自逾期之日起按每日3‰的标准向物业公司交纳违约金。张某龙已交纳物业费、电梯费至2017年4月30日，在此之后的物业费未向物业公司交纳。

【案件焦点】

物业公司主张的违约金是应按《某商场前期物业服务合同》中的约定计算，还是应按《前期物业管理服务协议》中的约定计算。

【法院裁判要旨】

黑龙江省哈尔滨市南岗区人民法院经审理认为：物业公司为某商场小区提供物业服务，张某龙系该小区业主，应当按照双方签订的物业服务协议及时交纳物业费、电梯费，其未及时交纳，构成违约，应当承担违约责任。对于物业公司要求张某龙交纳物业费、电梯费共计4391元的诉讼请求，予以支持。《最高人民法院关于审理物业服务纠纷案件具体应用法律若干问题的解释》第一条规定，建设单位依法与物业服务企业签订的前期物业服务合同，以及业主委员会与业主大会依法选聘的物业服务企业签订的物业服务合同，对业主具有约束力。业主以其并非合同当事人为由提出抗辩的，人民法院不予支持。据此，物业公司在涉案小区与开发建设单位签订的前期物业管理服务协议对于小区业主具有约束力，在前期物业管理服务协议对业主不按时交纳物业费已经约定违约金计算标准的情况下，物业公司在与业主签订前期物业管理服务协议时通过格式条款，提高了该种情形下违约金的计算标准，该约定不当地加重了业主的责任，依法对业主不产生约束力。业主承担的违约金应按物业公司与开发建设单位签订前期物业管理服务协议中的约定计算，为 219.55 元（4391 元×5%）。

黑龙江省哈尔滨市南岗区人民法院依照《最高人民法院关于审理物业服务纠纷案件具体应用法律若干问题的解释》第一条、第六条，《中华人民共和国民事诉讼法》第一百四十四条之规定，作出如下判决：

一、张某龙于本判决生效之日起十日内给付物业公司物业费 3401 元、电梯费 990 元；

二、张某龙于本判决生效之日起十日内给付物业公司违约金 219.55 元；

三、驳回物业公司的其他诉讼请求。

一审宣判后，双方当事人未上诉，现判决已发生法律效力。

【法官后语】

在法律依据上，《最高人民法院关于审理物业服务纠纷案件具体应用法律若干问题的解释》第一条已被《中华人民共和国民法典》第九百三十九条吸收，内容基本一致。《中华人民共和国民法典》第九百三十九条规定，建设单位依法与物业服务人订立的前期物业服务合同，以及业主委员会与业主大会依法选聘的物业服务人订立的物业服合同，对业主具有法律约束力。《最高人民法院关于审理物业服务纠纷案件具体应用法律若干问题的解释》第六条已被《中华人民共和国民法典》第九百四十四条吸收。《中华人民共和国民法典》第九百四十四条规定，业主应当按照约定向物业服务人支付物业费。物业服务人已经按照约定和有关规定提供服务的，业主不得以未接受或者无须接受相关物业服务为由拒绝支付物业费。业主违反约定逾期不支付物业费的，物业服务人可以催告其在合理期限内支付；合理期限届满仍不支付的，物业服务人可以提起诉讼或者申请仲裁。物业服务人不得采取停止供电、供水、供热、供燃气等方式催缴物业费。

结合本案，物业服务合同与一般的合同在订立主体上存在显著差异。一般的合同系合同订立主体通过要约、承诺达成意思表示的一致，直接约束合同订立主体。而物业服务合同存在两种典型形式，一是由开发建设企业与物业服务企业订立的前期物业服务合同，二是由业主委员会代表全体业主与物业服务企业订立的物业服务合同，该两种物业服务合同均约束未直接参与订立合同的业主个人，业主个人无法参与合同的订立。开发建设企业与物业服务企业的地位平等，缔约能力相当，在前期物业服务合同的签订过程中，双方经过充分协商对合同条款作出的约定是公平合理的。前期物业服务合同订立后，依法对购买该小区房屋的业主产生约束力，业主需按照前期物业服务合同的约定履行其在物业服务中的权利义务。前期物业服务的存续期间一般至业主委员会与业主大会选定的物业服务企业签订的物业服务合同生效时为止，业主大会选定的物业服务企业既可以是提供前期物业服务的物业公司，也可以是新的物业公司。业主委员会代表全体业主与物业服务企业就物业服务合同的条款进行磋商，缔约双方的地位、能力相对平等，签订的物业服务合同对全体业主具有约束力。

物业费的收取和交纳是物业服务合同中物业服务企业的主要权利和物业使用人的主要义务，对于交纳期限和未按期交纳的违约责任约定，亦是合同中违约责任的主要条款。本案中，前期物业服务合同中约定的物业使用人逾期交纳物业费的违约金为“年物业费的5%”，在业主进户时，原告为业主发放《业主手册》并要求业主在多处签名，其中包含前期物业服务合同，以此作为新的物业服务合同。在《业主手册》的前期物业服务合同中，业主逾期交纳物业费的违约金变为自“逾期之日起按每日3‰计算”，远高于开发建设企业与原告签订的前期物业服务合同中的约定。但新的前期物业服务合同系原告自行制作，没有另一方主体参与磋商，业主入住小区便发放给业主，即使业主不同意合同内容，不在合同中签字，也不会影响合同中的任何条款，这对于业主来说显然不公平。该条款的订立缺少代表物业使用人一方主体的意思表示，从公平的角度考虑，即使业主在合同中签字也不应当对其产生更加不利的影响。并且该合同中除业主姓名、房屋具体位置等业主个人信息外，均为原告机打的格式条款，原告未能按照法律的要求提示业主注意与其有重大利害关系的条款，并对该条款作出说明，又不合理地加重了业主一方的责任，该条款理应无效。

需要说明的是，如果物业服务企业与业主签订的合同中迟延交纳物业费违约金的数额低于前期物业服务合同，也即合同条款内容更加有利于业主，系物业服务企业基于自身考虑对其权益作出的处分，应确认该约定的有效性。另外对于本案中前期物业服务合同中，逾期交纳物业费违约金的数额是固定数额，而非一般合同中违约金按照违约时间累积计算，如业主长期不交纳物业费对物业服务企业不合理的观点，此即有可能系在前期物业服务合同订立协商过程中，开发建设企业与原告协商后确定，以此督促原告对于不按时交纳物业费的物业使用人及时主张权利，对双方公平合理。

编写人：黑龙江省哈尔滨市南岗区人民法院　关海东

44

物业公司将他人房产纳入物业服务管理范围须经所有权人同意

——物业公司诉化学工业公司物业服务合同案

【案件基本信息】

1. 裁判书字号

广西壮族自治区北海市中级人民法院（2021）桂05民终262号民事判决书

2. 案由：物业服务合同纠纷

3. 当事人

原告（被上诉人）：物业公司

被告（上诉人）：化学工业公司

【基本案情】

案涉花园原系甲公司与乙公司合作开发，因乙公司对甲公司享有债权，由乙公司取得案涉花园内24幢楼的所有权，具体为A型楼7号、8号、10号、12号、14号、17号、18号、21-23号、25号、26号、28号、29号、32号，B

型楼1-9号。

化学工业公司的下属公司工贸公司对甲公司享有债权，由化学工业公司取得案涉花园B10号楼的所有权，建筑面积为526.60平方米。1996年10月21日，案涉花园B10号楼所有权登记至化学工业公司名下。

乙公司将其所有的楼用隔墙与其他房屋隔离开来，形成小区，并将B10号楼包围在隔墙之内。

物业公司成立于2005年7月18日，具备物业管理资质。

2010年3月24日，物业公司与乙公司签订《前期物业管理服务合同》，合同约定由物业公司从2010年3月25日起对案涉花园商住楼实施物业管理服务；物业服务费：住宅用房屋按建筑面积每月每平方米1元收取；公共设施维修基金按建筑面积0.2元/平方米收取；物业管理公共服务费每月交纳一次，逾期交纳物业管理服务费的，从逾期之日起按每天不高于应交管理服务费的千分之三交纳滞纳金。合同签订后，物业公司向案涉花园提供了物业管理服务。

2018年7月31日，物业公司与乙公司再次签订《前期物业管理服务合同》，合同约定将住宅用房屋的物业服务费提高至按建筑面积每月每平方米1.2元的标准收取，同时约定垃圾回收费用由业主或住户按15元/户/月收取，公共设施维修基金、交费时间及逾期交费滞纳金的约定不变。

物业公司与化学工业公司之间未签订书面的物业服务合同。2011年1月至2018年5月、2019年2月至2020年3月，B10号楼的水、电费一直由物业公司代为交纳。

2018年6月至2019年1月，B10号楼的物业费、水电费由物业公司交纳。

2020年4月2日，物业公司向化学工业公司发出书面《案涉花园楼B10物业费欠费通知单》，告知化学工业公司，2011年1月至2020年3月31日，物业水电费共计66284元，要求化学工业公司于5个工作日内结清。化学工业公司于2020年4月11日作出《回函》，认为其自拥有案涉花园B10号产权以来，未与物业公司签订任何物业管理委托服务合同，物业公司向其追缴“欠费”没有依据。

另查明，案涉花园内与B10号楼同类型的B7号楼业主与物业公司签订了两份《物业管理协议书》，约定2011年8月15日至2018年8月1日，物业费按0.8元/平方米/月收取，垃圾回收、水电费公摊按15元/月收取，维修基金按0.2元/平方米/月收取。2018年8月1日以后的物业费按1.2元/平方米/月收取，其他费用收费标准不变。

2019年11月5日，物业公司与化学工业公司因物业服务合同纠纷一案诉讼至北海市海城区人民法院。物业公司请求化学工业公司支付物业管理服务费45919.52元、维修资金10847.96元、垃圾费及水电公摊费1545元、滞纳金17493.7元，合计人民币75806.18元（以上各项欠缴费用均自2011年1月暂计至2019年10月止，以后另计）。北海市海城区人民法院经审查认为，根据《最高人民法院关于审理物业服务纠纷案件具体应用法律若干问题的解释》第六条的规定，书面催交是物业企业起诉欠费业主的前提，物业服务企业必须经书面催交方可起诉欠费的业主。物业公司主张一直向化学工业公司口头催收物业管理费用，并未提供证据证明化学工业公司收到催缴物业管理费用书面通知的事实，应当认定物业公司在向法院起诉前没有书面催促化学工业公司交纳物业管理费，故对于物业公司要求化学工业公司支付相应物业管理费用的诉讼请求，北海市海城区人民法院不予支持。物业公司在重新进行催缴后，可以另行起诉。北海市海城区人民法院于2020年3月5日作出（2019）桂0502民初4699号民事判决书，判决驳回物业公司的诉讼请求。（2019）桂0502民初4699号民事判决于2020年4月15日发生法律效力。

再查明，案涉B10号楼被乙公司围起的具体时间为2011年1月，该楼位于乙公司所围物业小区旁的规划路边上，楼房东侧是小区围墙，围墙外是规划路。该楼被乙公司围起后，化学工业公司自行在该楼东侧的小区围墙上打开缺口，从规划路进出。

还查明，化学工业公司主张2018年6月至2019年1月，向物业公司交纳B10号楼的物业费、水电费，系在不知情的情况下支付，并非自愿，因此自2019年2月起化学工业公司未再向物业公司支付过任何物业费或水、电费等费用。物业公司主张 2010 年 3 月 24 日至 2018 年 7 月 31 日，物业管理费实际按 0.8 元/平方米计收。2018 年 8 月之后的物业管理费按 1.2 元/平方米计收。垃圾费及水电公摊费合并按 15 元/月计收。

物业公司则称从案涉 B10 号楼被乙公司围起后就一直向化学工业公司口头催收物业费。化学工业公司对此称物业公司之前从未催收物业费，化学工业公司一直以来只支付水电费，物业经理更换后才出现物业费争议。

【案件焦点】

1. 物业公司一审起诉是否构成重复诉讼；2. 化学工业公司与物业公司之间是否存在事实上物业服务合同关系；3. 物业公司一审诉讼请求是否超出诉讼时效。

【法院裁判要旨】

广西壮族自治区北海市海城区人民法院经审理认为：第一，物业公司与化学工业公司物业服务合同纠纷，于 2019 年 11 月 5 日诉讼至一审法院，因物业公司缺乏诉讼催缴物业管理费等费用的条件，故法院作出判决，驳回物业公司的诉讼请求。物业公司于 2020 年 4 月 2 日书面向化学工业公司催收物业管理费等费用，已符合诉讼催缴物业管理费等费用的条件，物业公司提起本案诉讼，不构成重复起诉。

第二，物业公司依据《前期物业管理服务合同》的约定对案涉小区内的房屋建筑、场地、周围环境、清洁卫生、安全保卫、公共绿化、道路等进行统一的维修和服务活动，双方虽未签订书面的物业服务合同，但化学工业公司事实上接受了物业公司的物业管理服务，双方已形成了事实上的物业服务合同关系，化学工业公司应当按照物价部门核定的标准或同类物业服务项目收费标准向物业公司交纳相应的物业服务费用。

第三，物业公司于 2019 年 11 月 5 日提起诉讼，依据上述规定，2016 年 11 月 6 日之日起追索物业费等费用的诉讼时效因物业公司提起诉讼而时效中断，2016 年 11 月 6 日之日起追索物业费等费用的诉讼时效应重新计算。2016 年 11

月 5 日之前追索物业费等费用的诉讼已过时效，化学工业公司的时效抗辩部分成立。

广西壮族自治区北海市海城区人民法院依据《中华人民共和国民法总则》第一百八十八条、第一百九十五条之规定，作出如下判决：

一、化学工业公司支付给物业公司物业费 18957.6 元、公共维修基金 5266 元、水电费 4210 元、垃圾费及水电公摊费 750 元，合计 29183.6 元；

二、化学工业公司支付给物业公司滞纳金（滞纳金计算：以每月实际欠缴金额为基数，①按中国人民银行同期贷款利率上浮 30%，分别自每月逾期之日起计至 2019 年 8 月 19 日；②按全国银行间同业拆借中心公布的贷款市场报价利率上浮 30%，分别自 2019 年 8 月 20 日及每月逾期之日起计至清偿之日止）；

三、驳回物业公司的其他诉讼请求。

化学工业公司不服一审判决，提起上诉。

广西壮族自治区北海市中级人民法院经审理认为：关于争议焦点一，即物业公司一审起诉是否构成重复诉讼的问题。因另案（2019）桂 0502 民初 4699 号是以物业公司未尽书面催缴义务为由驳回其要求化学工业公司支付物业费的诉讼请求，该案件并未对物业公司的诉讼请求进行实体审理，现物业公司在履行书面催缴义务后继续主张物业费请求权，其诉求实质上未否定前诉裁判结果，并未构成重复诉讼，故化学工业公司该项辩称不能成立，法院不予采纳。

关于争议焦点二，即化学工业公司与物业公司之间是否存在事实上物业服务合同关系的问题。合同的订立应遵循平等自愿、诚实信用以及公平原则，本案中乙公司将案涉 B10 号楼围入案涉物业小区，并与物业公司签订《前期物业管理服务合同》，约定由物业公司对包括案涉 B10 号楼在内的案涉花园商住楼提供物业服务并收取相关费用。对此，法院认为，其一，乙公司从未享有案涉 B10 号楼的产权，其也没有证据证明将该楼围起来实施物业管理征得化学工业公司的同意，故其将该楼的物业服务委托给物业公司的行为属于无权代理；诉讼中，物业公司虽然提交了化学工业公司缴交了 2018 年 6 月至 2019 年 1 月物业费的票据，但化学工业公司对此予以否认，并反驳称自案涉花园实施物业管理开始，物业公司的原负责人同意其免交物业管理费，上述费用属于误交。根据本案查明事实，案涉花园实施物业管理是从2010年3月25日开始，2018年6月至2019年1月的之前及之后，化学工业公司均没有缴交物业费，本案争议第二次起诉前物业公司也没有向化学工业公司催收过物业管理费，故化学工业公司的抗辩理由成立，据此不能根据化学工业公司缴交2018年6月至2019年1月物业费的票据认定是其履行缴交物业费的义务；本案中化学工业公司作为案涉B10号楼的所有权人已明确拒绝接受物业公司的物业管理服务。综上事实，根据《中华人民共和国民法典》第一百七十一条第一款“行为人没有代理权、超越代理权或者代理权终止后，仍然实施代理行为，未经被代理人追认的，对被代理人不发生效力”的规定，乙公司与物业公司签订的物业管理合同对化学工业公司不能发生法律效力。其二，案涉B10号楼位于案涉物业小区旁的规划路边上，化学工业公司从该楼东侧围墙缺口处出入，其并不必然受到物业公司提供的物业服务，而本案中物业公司也未能提供证据证明已提供物业服务。其三，从案涉B10号楼所处的位置，其既不纳入物业管理服务范围，也不损害小区的整体管理和其他业主的利益。综上事实及理由，法院认定化学工业公司与物业公司之间并不存在事实上的物业服务合同关系，故物业公司要求化学工业公司支付物业费、维修基金、垃圾水电公摊费、滞纳金的诉讼请求于法无据，法院不予支持。一审认定双方形成事实上的物业服务合同关系不当，法院予以纠正。

关于争议焦点三，即物业公司的一审诉讼请求是否超出诉讼时效的问题。如前所述，鉴于化学工业公司与物业公司之间并不存在事实上的物业服务合同关系，故对案涉物业费的请求是否超过诉讼时效进行分析并无意义，法院不作分析。

虽然化学工业公司与物业公司之间并不存在物业服务关系，但案涉B10号楼使用的水电均与小区共用总表，即案涉10号楼的水电费均需物业公司先行垫付，故化学工业公司仍需支付物业公司垫付的水电费。根据本案查明的事实，物业公司为案涉B10楼垫交的水电费为4210元，一审判令化学工业公司支付水电费 4210 元给物业公司并无不当，法院予以维持。鉴于双方对物业管理费及水电费的缴交上存在争议，故物业公司主张该水电费的滞纳金法院不予支持。综上所述，一审查明事实清楚，但适用法律及判决结果不当，法院依法予改判。

广西壮族自治区北海市中级人民法院依照《中华人民共和国民法典》第一百七十一条第一款、《中华人民共和国民事诉讼法》第一百七十条第一款第二项之规定，作出如下判决：

一、撤销广西壮族自治区北海市海城区人民法院民事判决；

二、上诉人化学工业公司支付水电费 4210 元给被上诉人物业公司；

三、驳回被上诉人物业公司的其他诉讼请求。

【法官后语】

在前期物业合同签订过程中，一般原则系委托方无权将他人物业列入物业服务范围，否则构成无权代理。但并非所有无权代理都对被委托人不发生法律效力，尤其是对于涉众型案件，要结合公众利益综合判断合同效力，若无权代理或超越代理的结果更利于公众利益，则应认可该无权代理或超越代理法律效力。此外，本案也涉及物业服务举证责任等问题，具有典型意义。

1. 合同订立基本原则：无权代理未经被代理人追认的对被代理人不发生效力

合同的订立应遵循平等自愿、诚实信用以及公平原则，本案中第三人乙公司在从未享有案涉楼房产权的情况下，私自将该楼的物业服务委托给物业公司的行为属于无权代理，而本案中化学工业公司作为案涉楼房的所有权人已明确拒绝接受物业公司的物业管理服务，根据《中华人民共和国民法典》第一百七十一条第一款“行为人没有代理权、超越代理权或者代理权终止后，仍然实施代理行为”的规定，乙公司与物业公司签订的物业管理合同对化学工业公司不发生法律效力。

2. 涉众合同区别于一般合同：涉众型合同事实成立与否，除前述合同基本原则外，仍需考虑特定的涉众利益

一审认定双方形成事实上的物业服务合同关系，但结合具体案情，案涉楼

房位于案涉物业小区旁的规划路边上，化学工业公司从该楼东侧围墙缺口处出入，其并不必然受到物业公司提供的物业服务，而本案中物业公司也未能提供证据证明已提供物业服务。进一步来分析，案涉楼房位于案涉物业小区靠外围位置，在双方未签订物业服务合同的情况下，该楼拒绝纳入物业管理服务范围既不影响案涉小区物业的独立性，亦不损害该小区的整体管理和其他业主的利益，结合合同订立的基本原则以及本案楼房对涉众因素的影响，足以认定涉众合同（本案具体表现为物业服务合同）不能成立，一审认定双方形成事实上的物业服务合同关系不当。

3. 关于物业服务合同纠纷案件举证责任

在“谁主张，谁举证”的原则前提下，对于物业服务实际提供的举证，由物业公司承担举证责任是法律的原则性要求。同时，物业管理合同是从物业公司“提供服务”为合同标的，物业公司按照物业合同要求提供了哪些服务自然保存有证据，由其举证更便利、更合理。比如，物业公司欲主张业主交纳物业费，就应当证明自身履行了合同义务，提供了相应的服务。如果物业公司在庭审中只是提供了物业管理服务合同，仅仅能证实他们和业主之间存在合同关系，至于这份合同的履行状况，处于无法确定的状态，那么，这显然是远远不够的。所以，仅有物业合同还不够充分，还需提供其他证据加以补充，以便支持其诉请。物业公司欲取得物业服务费，应以提供服务在先为条件。如果不能证明，则物业公司将面临证明不能的风险。反观业主，在物业管理中是被动接受服务的。而且，否定性事实的举证本就不符合举证逻辑，所以，要求业主承担主要否定物业服务的举证责任，既不现实也不公平。物业公司是物业服务的提供者，其有能力提供与其服务相对应的证据。

综上，虽然该二审判决驳回了物业公司主张物业服务费的诉讼请求，却在无权代理、涉众类合同的认定、物业服务举证责任等问题等方面有着典型意义，亦隐含对上述问题司法认定时的价值取向考量，能够为我国物业服务类案件及涉众合同认定的司法审判提供一定借鉴。

编写人：广西壮族自治区北海市中级人民法院　叶长程　温柠

十四、中介合同纠纷

45

居间合同是否成立的认定

——房地产公司诉商业地产公司、教育科技公司居间合同案

【案件基本信息】

1. 裁判书字号

北京市第二中级人民法院（2020）京 02 民终 1200 号民事判决书

2. 案由：居间合同纠纷

3. 当事人

原告（上诉人）：房地产公司

被告（被上诉人）：商业地产公司、教育科技公司

【基本案情】

原告唯一股东、法定代表人赵某认识了被告教育科技公司的拓展部经理、选址负责人何某。何某代表教育科技公司寻租合适的商业办公场所。2018 年 10 月下旬，教育科技公司主动向原告表示了对位于案涉租赁标的兴趣，开始持续通过原告了解与租赁相关的情况。其间原告与商业地产公司的销售总监张某对接。商业地产公司与教育科技公司基本达成了租赁意向。2018 年 12 中旬，两被告高层领导开始跳过原告直接商谈租赁合作。2019 年 5 月 27 日，二被告签

订了为期五年的《房屋租赁合同》，但未向原告支付任何报酬，故原告诉至法院。被告商业地产公司、被告科技有限公司不同意原告诉讼请求。

【案件焦点】

房地产公司是否与二被告存在居间合同法律关系。

【法院裁判要旨】

北京市西城区人民法院经审理认为：当事人对自己提出的主张，有责任提供证据。在合同纠纷案件中，主张合同关系成立并生效的一方当事人对合同订立和生效的事实承担举证责任。房地产公司应当对其主张的居间合同订立和生效的事实承担举证责任。本案中，房地产公司主张教育科技公司员工何某和商业地产公司员工张某系通过其介绍相识故其已经实际履行了居间合同的义务，即使其能证明该事实成立，房地产公司仍需就商业地产公司就涉案房屋租赁事宜委托房地产公司提供充足证据，本案涉案房屋系公开招租，并非房地产公司独家获得出租信息，房地产公司所提供的证据及双方当事人的陈述只能证明房地产公司曾就教育科技公司租赁房屋与商业地产公司进行磋商，曾带教育科技公司看过房屋，曾向教育科技公司发过房产平面图，其不能证明房地产公司与商业地产公司、教育科技公司就成立居间合同达成一致的意思表示。房地产公司作为从事房地产经纪行业的商主体，其亦向商业地产公司发送过客户确认书，但商业地产公司未对其要约作出相应承诺。房地产公司始终未与商业地产公司、教育科技公司签订书面居间合同，其提交的证据亦不足以证明各方就成立居间合同的主要条款达成一致的意思表示。

北京市西城区人民法院依照《中华人民共和国民事诉讼法》第六十四条，《最高人民法院关于民事诉讼证据的若干规定》第五条之规定，作出如下判决：

驳回原告房地产公司的全部诉讼请求。

房地产公司不服一审判决，提起上诉。

北京市第二中级人民法院经审理认为：当事人对自己提出的诉讼请求所依据的事实或者反驳对方诉讼请求所依据的事实，应当提供证据加以证明，但法律另有规定的除外。在作出判决前，当事人未能提供证据或者证据不足以证明其事实主张的，由负有举证证明责任的当事人承担不利的后果。房地产公司上诉主张其持续为商业地产公司、教育科技公司提供服务、履行居间义务，并促成商业地产公司与教育科技公司订立租赁合同，各方成立居间合同关系。首先，根据房地产公司提供的微信记录、邮件、电话录音等证据，房地产公司曾为其他两方提供房源信息、带看房屋、询价等服务，但尚处于洽商、沟通阶段；房地产公司在 2019 年 3 月间停止与商业地产公司、教育科技公司的接洽，且此后不再与双方有沟通行为，而商业地产公司与教育科技公司于 2019 年 5 月 27 日通过某产权交易所达成租赁合同，根据房地产公司提交的证据，尚不足以证明在其与双方接洽期间，商业地产公司、教育科技公司就租赁合同的主要条款等内容达成明确的一致意见，且在此期间，商业地产公司、教育科技公司均没有作出明确的签订租赁合同的意思表示。故房地产公司就其服务与最终达成租赁合同之间的因果关系并未提供充足的证据予以证明。其次，本案系公开招租，房源信息并非房地产公司独家提供，且在房地产公司提交的其与商业地产公司工作人员的微信记录中亦向商业地产公司提及"教育科技公司无数代理在追""资料早就有无数代理给客户发过了"，而各方当事人之间未签订书面的居间服务合同，房地产公司亦未提交充足的证据证明各方就成立居间合同关系达成一致的意思表示，故房地产公司要求商业地产公司、教育科技公司支付居间报酬及利息损失缺乏依据，二审法院不予支持。一审判决认定事实清楚，适用法律正确，应予维持。

北京市第二中级人民法院依照《中华人民共和国民事诉讼法》第一百七十条第一款第一项的规定，作出如下判决：

驳回上诉，维持原判。

【法官后语】

本案是居间合同成立与否的典型案例。本案中，原、被告之间未签订任何书面协议，原告为证明双方之间存在居间合同，准备了大量证据，居间合同系居间人向委托人报告订立合同的机会或提供订立合同的媒介服务，委托人支付报酬的合同（《中华人民共和国民法典》已经将居间合同修改为中介合同）。居间合同虽然并非要式合同，但原告应证明委托人和居间人就订立居间合同的意思表示达成一致。

首先，当事人订立居间合同，采取要约、承诺形式。合同订立，是缔约人为意思表示并达成合意的状态。合同订立是当事人为实现预期目的，作出意思表示并达成合意的动态过程，包含当事人各方为了进行交易，与对方进行接触、洽谈，最终达成合意的整个过程，是动态行为和静态协议的统一体。合同订立是交易行为的法律运作，没有合同订立就没有交易，其动态阶段是交易主体利用其经济条件、社会环境、发挥其聪明才智、采取各种策略，说服对方交易，争取确定有利于自己的合同条款的过程。其静态协议，即交易主体之间权利义务的确立。在某些情况下，双方当事人经过长时间的磋商才能达成合意。没有人怀疑合同已经成立，但是很难将某个具体的行为界定为“要约”或“承诺”。也有些合同的内容是由双方当事人共同确定。总之，对合同成立而言，关键的是当事人之间就合同的主要条款的合意，只有当事人之间达成有约束的合意，合同才成立。本案中，原告提供的证据证明其曾为其他两方提供房源信息、带看房屋、询价等服务，但双方始终未就居间合同的主要条款进行协商并达成一致，其证据显示双方尚处于洽商、沟通阶段。

其次，根据原告提交的双方微信聊天记录和照片显示，本案系公开招租，房源信息并非原告独家提供，虽然原告称其介绍二被告员工认识，但亦不能直接证明被告委托了原告。

最后，原告在2019年3月间停止与二被告的接洽，且此后不再与双方有沟通行为，而二被告于2019年5月27日通过某产权交易所达成租赁合同，根据原告提交的证据，尚不足以证明在其与双方接洽期间，二被告就租赁合同主要条款等内容达成明确的一致意见，且在此期间，二被告均没有作出明确的签订租赁合同的意思表示。

综上，原告的证据不足以证明双方存在居间合同关系的高度可能性。另外，需要指出的是，原告作为从事房地产经纪行业的商主体，并非不了解本案的风险，其亦向商业地产公司发送过客户确认书，但商业地产公司未对其要约作出相应承诺。本案的结果也提醒居间人应当在市场开拓的同时积极注意保护自己的合法权益，及时签署书面协议，以免陷入举证不能的困境。

编写人：北京市西城区人民法院　张洁

46

房屋买卖的中介合同中诉讼主体、中介义务及违约责任的认定

——曹某诉房地产公司居间合同案

【案件基本信息】

1. 裁判书字号

北京市第一中级人民法院（2020）京01民终1753号民事判决书

2. 案由：居间合同纠纷

3. 当事人

原告（被上诉人）：曹某

被告（上诉人）：房地产公司

【基本案情】

曹某在2014年4月经房地产公司居间介绍后，与徐某光签订房屋买卖合同，约定购买徐某光名下的案涉房屋，三方共同签订案涉居间合同。之后，曹某因市场价格下跌未能及时售出其本人名下另外两套房屋，并逾期向徐某光支付案涉房屋购房款，违约在先，徐某光诉至法院要求曹某支付违约金，一审法院判决后，二审中双方达成调解，曹某共计向徐某光赔偿了148.8万元。

曹某随后起诉本案，要求房地产公司承担违约责任，主张房地产公司在明

知其有三套房不具备北京市购房资格的情况下，仍积极促成与徐某光的交易，导致其无法履行房屋买卖合同并产生巨额损失，要求房地产公司赔偿损失80万元。房地产公司在一审判决后上诉主张一审法院遗漏当事人徐某光，且三方对曹某购房时不具备购房资格均属明知，曹某未能出售名下两套房的原因是房价下跌后其不想继续售房，买卖合同的违约责任应由曹某自行承担。

【案件焦点】

1. 出卖人是否应当作为当事人参加本案诉讼；2. 房地产公司的居间合同义务是否在房屋买卖合同签订后已履行完毕；3. 房地产公司的违约赔偿责任承担的认定。

【法院裁判要旨】

北京市海淀区人民法院经审理认为：曹某与房地产公司签订的《居间服务合同》系双方真实意思表示，且内容不违反法律、行政法规的效力性强制性规定，应属有效。曹某不具备购房资格，亦不符合签订买卖合同的前提条件，房地产公司作为专业的房屋中介机构，本应如实告知购房人若不具有购房资格而签订买卖合同存在的风险。此外，房地产公司亦应明知其在曹某不具有购房资格的情况下提供经纪服务属于违规行为，但房地产公司仍促成曹某与徐某光签订买卖合同，故其应对造成本案纠纷承担主要责任。曹某作为具有正常民事行为能力的公民，明知自己不具有购房资格仍进行签约，对造成的损失应承担次要责任。曹某的诉讼请求，符合事实及法律规定，法院予以支持。房地产公司经法院合法传唤无正当理由未到庭参加诉讼，视为放弃庭审抗辩权利，不影响法院依据查明的事实和证据进行裁判。

北京市海淀区人民法院依据《中华人民共和国合同法》第六十条、第九十四条第一款第四项、第四百二十四条、第四百二十五条，《中华人民共和国民事诉讼法》第一百四十四条之规定，作出如下判决：

一、确认原告曹某与被告房地产公司于2014年4月6日签订的居间服务合同解除；

二、被告房地产公司于本判决生效之日起十日内赔偿原告曹某损失80万元。

房地产公司不服一审判决，提起上诉。

北京市第一中级人民法院经审理认为：第一，关于遗漏当事人的问题。判断出卖人徐某光是否是本案诉讼标的同一必须参加诉讼的当事人是认定一审判决是否遗漏当事人的关键。房屋买卖中的居间合同法律关系一般包含了买方和居间方、卖方和居间方两个居间合同法律关系。本案中，虽然形式上曹某、徐某光与房地产公司签订了《居间服务合同》，但从法律层面看，《居间服务合同》中包含了曹某与房地产公司、徐某光与房地产公司两个居间合同的法律关系。本案的诉讼标的为曹某与房地产公司间的居间合同法律关系，而徐某光并非该居间合同法律关系的主体，曹某与徐某光间不存在居间合同法律关系，故徐某光并非本诉必须参加诉讼的当事人，一审法院未遗漏当事人。第二，关于案涉居间合同的解除问题。根据双方合同约定，房地产公司的居间合同义务既包括案涉居间合同第一条中列举的居间服务，也包括案涉居间合同约定的忠实义务、代办网上签约及相关后续督促义务。这也是当前房屋买卖居间的行业惯例。因此，至徐某光与曹某签订房屋买卖合同，房地产公司的居间合同义务并未全部履行完毕，案涉居间合同并未终止。房地产公司严重违反限购政策对于房地产经纪机构的要求，在明知曹某签约时无购房资格的情况下，仍违规与曹某签订居间合同促成其与徐某光签订案涉买卖合同，已构成违约。虽然曹某签署了《购房承诺书》，但并不能因此免除房地产公司的违约责任。因与徐某光的案涉买卖合同已解除，曹某的合同目的已无法实现。综上，曹某要求解除与房地产公司案涉居间合同的诉讼请求具有事实和法律依据，应予支持。第三，关于房地产公司的违约赔偿责任承担问题。本案解决的是房地产公司因居间合同违约行为而应承担的赔偿责任，确定房地产公司的赔偿责任及数额，应结合房地产公司违反居间合同义务与损失间的因果关系以及影响程度进行综合判断认定。曹某作为合同当事人自愿选择卖旧买新这种连环买卖方式，并且在已有房屋未卖出、购房资金不足、购房资格不具备的情况下，先行与徐某光签订案涉买卖合同，应当对其是否能够如约履行与徐某光的案涉买卖合同有充分考虑和判断。因此，曹某对于案涉买卖合同的签订、履行及产生的后果，发挥了主导作用。房地产公司作为房地产专业中介机构，应当严格依法依规从事居间服务，居间行为虽然只是促成房屋买卖合同签订的一种辅助方式，但其违规促成交易的行为对案涉买卖合同风险的发生具有一定的影响，与曹某主张的损失间具有一定的因果关系，应当承担相应的赔偿责任。北京市海淀区人民法院确定的赔偿数额过高，北京市第一中级人民法院予以调整。

北京市第一中级人民法院依照《中华人民共和国合同法》第九十三条第一款、第九十四条、第四百二十四条，《中华人民共和国民事诉讼法》第一百七十条第一款第二项，《最高人民法院关于适用〈中华人民共和国民事诉讼法〉的解释》第三百二十七条之规定，作出如下判决：

一、撤销北京市海淀区人民法院民事判决；

二、确认曹某与房地产公司的《居间服务合同》于2018年5月16日解除；

三、房地产公司于本判决生效之日起十日内赔偿曹某损失45万元；

四、驳回曹某其他诉讼请求。

【法官后语】

《中华人民共和国民法典》已颁布并实施，其中将居间合同名称变更为中介合同，在延续《中华人民共和国合同法》关于中介法律关系相关规定的基础上，为委托人和中介人设定了新的权利义务，但关于中介合同纠纷中诉讼主体、中介合同义务、违约责任等问题的认定一直存在争议且是相关纠纷审理的难点。本案中由于房地产公司违规提供中介服务，导致房屋买卖交易失败并引发诉讼，恰好涉及了上述三个问题，为其他类似诉讼提供参考如下：

1. 出卖人是否应当作为当事人参加本案诉讼

依据《中华人民共和国民事诉讼法》第一百七十条第一款第四项（对应《中华人民共和国民事诉讼法》（2021修订）第一百七十七条第一款第四项）的规定，判断徐某光是否是本案诉讼标的同一必须参加诉讼的当事人是认定一审判决是否遗漏当事人的关键。第一，房屋买卖的居间合同是居间人根据卖方或买方的委托，为其与第三人订立房屋买卖合同提供机会或进行介绍，委托人向居间人给付约定报酬的协议。居间合同法律关系的主体为居间人和委托人。房屋买卖中的居间合同法律关系一般包含买方和居间方、卖方和居间方两个居间合同的法律关系。本案中，虽然形式上曹某、徐某光与房地产公司签订了《居间服务合同》，但从法律层面看，《居间服务合同》中包含了曹某与房地产公司、徐某光与房地产公司两个居间合同法律关系。第二，诉讼标的是民事当事人之间争议的请求人民法院审判的民事实体法律关系或民事实体权利。本案中，曹某的诉讼请求为解除曹某与房地产公司之间签订的居间服务合同。因此，本案的诉讼标的为曹某与房地产公司间的居间合同法律关系，而徐某光并非该居间合同法律关系的主体，曹某与徐某光间不存在居间合同法律关系，故徐某光并非本诉必须参加诉讼的当事人。

2. 房地产公司的居间合同义务是否在房屋买卖合同签订后已履行完毕

房地产公司主张案涉居间合同约定徐某光、曹某双方签订案涉买卖合同时居间行为完成。因此，案涉居间合同已因徐某光与曹某签订买卖合同而终止。合同解除是合同终止的原因之一，合同解除是以合同存续为前提的，如果合同已因“债务已经按照约定履行的”这一法定情形成就而终止，则解除合同的诉讼请求就缺乏事实根据。房地产公司主张案涉居间合同已终止实际上是认为至徐某光与曹某签订房屋买卖合同，其居间合同的义务已经全部履行完毕，其与曹某间的案涉居间合同已因具备了“债务已经按照约定履行的”这一法定情形而终止。房地产公司该抗辩是否成立，关键在于如何认定房地产公司在案涉居间合同中的义务。根据双方合同约定，房地产公司的居间合同义务既包括案涉居间合同第一条中列举的居间服务，也包括案涉居间合同第三条第二点、第三点中约定的忠实义务、代办网上签约及相关后续督促义务。这也是当前房屋买卖居间的行业惯例。因此，至徐某光与曹某签订房屋买卖合同，房地产公司的居间合同义务并未全部履行完毕，案涉居间合同并未终止。案涉居间合同第三条约定，房地产公司应遵守相关法律规定，尽职提供居间服务；房地产公司不得在交易中提供虚假信息或故意隐瞒真实情况。房地产公司作为专业的房屋买卖中介机构，全面依法依规从事居间活动既是其法定义务也是其合同义务。房地产公司严重违反限购政策对于房地产经纪机构的要求，在明知曹某签约时无购房资格的情况下，仍违规与曹某签订居间合同促成其与徐某光签订案涉买卖合同，已构成违约。虽然曹某签署了《购房承诺书》，但并不能因此免除房地产公司的违约责任。因与徐某光的案涉买卖合同已解除，曹某的合同目的已无法实现。综上，曹某要求解除与房地产公司案涉居间合同的诉讼请求具有事实和法律依据，应予支持。

3. 房地产公司的违约赔偿责任承担的认定

本案中，曹某因案涉买卖合同解除产生的全部损失为其支付给徐某光的违约金48.8万元及徐某光未退还的100万元定金，曹某主张其中的80万元损失应当由房地产公司承担。本案解决的是房地产公司因居间合同违约行为而应承担的赔偿责任，确定房地产公司的赔偿责任及数额，应结合房地产公司违反居间合同义务与损失间的因果关系以及影响程度进行综合判断认定。曹某作为合同当事人自愿选择卖旧买新这种连环买卖方式，并且在已有房屋未卖出、购房资金不足、购房资格不具备的情况下，先行与徐某光签订案涉买卖合同，应当对其是否能够如约履行与徐某光的案涉买卖合同有充分考虑和判断。因此，曹某对于案涉买卖合同的签订、履行及产生的后果，发挥了主导作用。房地产公司作为房地产专业中介机构，应当严格依法依规从事居间服务，居间行为虽然只是促成房屋买卖合同签订的一种辅助方式，但其违规促成交易的行为对案涉买卖合同风险的发生具有一定的影响，与曹某主张的损失间具有一定的因果关系，应当承担相应的赔偿责任。由于一审法院确定的赔偿数额过高，二审法院予以了调整。

因此，中介合同纠纷的当事人仅应为中介一方及与中介存在争议的一方，房屋买卖的中介合同中中介一方义务并不基于签订了房屋买卖合同而终止，中介一方在房屋买卖交易失败中应承担相应过错责任。

编写人：北京市第一中级人民法院　郭仁鑫

47

居间合同中禁止“跳单”条款效力性认定标准

——房地产公司诉市政工程研究院居间合同案

【案件基本信息】

1. 裁判书字号

北京市西城区人民法院（2020）京0102民初354号民事判决书

2. 案由：居间合同纠纷

3. 当事人

原告：房地产公司

被告：市政工程研究院

【基本案情】

2019年3月，被告向原告咨询写字楼出租信息。2019年4月26日原告向被告员工陈某某推荐某大厦660平方米房源，并带被告实地考察该房源。2019年5月21日被告提供某大厦租赁意向书。2019年6月28日，被告经另一家中介公司居间签订《租赁合同》，原告认为被告违反合同约定，应当按照《客户看房（租售）确认书》支付房源信息费230862.5元。被告公司认为，首先，该确认书约定不公平、不合理的条款，应属无效。其次，原告对于房源信息并非独家代理，当时有好几家中介公司都联系被告，而原告在后续服务过程中并没有及时跟进。最后，被告与业主方订立租赁合同后，某地产营销平台已经将中介服务费在原告和另一家中介公司之间进行了分配，原告得到了6万元的补偿。

【案件焦点】

1.《客户看房（租售）确认书》中关于禁止“跳单”条款是否有效；2. 若于禁止“跳单”条款被认定无效，房地产公司是否享有报酬请求权。

【法院裁判要旨】

北京市西城区人民法院经审理认为：本案中，原告要求被告签署的《客户看房（租售）确认书》中关于禁止“跳单”条款的约定，属于重复使用、事先拟定的格式条款。该条款的约定超越“看房”行为本身，明显加重了被告的责任，限制了被告的权利，属于无效条款。

虽然禁止“跳单”格式条款无效，原告为了促成交易付出了劳动和费用，原告应当向被告支付必要的中介费用。考虑到某地产营销平台已经综合评价两家中介公司的工作，且在两家公司协商一致的情况下，给予原告 31.6%的佣金分配，另一家中介公司 68.4%的佣金。原告庭审中未提交证据证明其为被告提供带看房服务过程中发生的支出超出了其已获得的佣金。综上，法院认为原告带看房服务支出的费用得到了相应补偿，故对原告要求被告再行支付房源信息费的请求，不予支持。

北京市西城区人民法院依照《中华人民共和国合同法》第四百二十七条，《中华人民共和国民事诉讼法》第六十四条之规定，作出如下判决：

驳回原告房地产公司的诉讼请求。

一审宣判后，双方当事人未上诉，现判决已发生法律效力。

【法官后语】

在居间合同缔约过程中，中介公司为确保自身利益不受损，预先拟定禁止“跳单”格式条款，通过约定违约金等方式，防止委托人逃避支付居间费用。本案特殊之处在于，原告并非采用约定违约金的方式约束委托人，而是约定凡是绕过原告签订租赁合同的，委托方就应当按照全额中介费支付房源信息费。

1. 禁止“跳单”条款的有效性判断

禁止“跳单”条款属于格式合同条款，其有效性判断应当考虑：该条款是否明显加重委托人的责任，过度限制委托人的主要权利。主要从以下两个方面考虑：

（1）禁止“跳单”条款是否限制所有的跳单行为。在大数据时代，委托方可以通过多种途径获知房源信息，房源信息属于公共资源。实践中，大多数房源信息也并非由特定中介公司进行独家代理。因而，委托人可以考察多家中介方，委托方只有在看房的过程中才可能更好地了解中介方的服务水平、洽谈能力等情况。经过审慎考虑后，选择服务最优的中介方进行合作。因此，中介方为了防止自身利益受损，应当约束的是恶意“跳单”行为，而非限制委托人正当的交易权利，否则将过度限制委托方的选择权和自主权，抑制中介市场的活力，阻碍市场要素的有序流动。

恶意“跳单”行为的判断应从以下方面考量：①中介方与委托方签订《看房确认书》等协议；②居间人谨慎履约；③委托方实际利用了居间人提供的信息资源，与最终签订合同产生具有相当因果关系；④委托方“跳单”时存在主观恶意。

本案中，房源信息并非原告独家代理，原告虽是带被告看房的首家中介机构，但这并不表明委托人只能与其签署租赁合同。被告同时亦考察了其他中介公司，认为另一家中介公司能够提供更好的服务，故与其签订合同。被告不存在逃避支付中介费的恶意，不构成恶意“跳单”。

（2）禁止“跳单”条款约定的委托方违约负担是否明显违反公平原则。实践中，大多数中介合同规定委托方“跳单”，应向受托方支付违约金。在我国民法体系中，违约金的主要功能是填补损害。法院以实际损失为基准，综合衡量合同履行程度、当事人过错等多项因素，可以根据当事人的请求对违约金数额予以调整。本案中，《客户看房（租售）确认书》约定被告绕开原告订立合同的，需要支付等同于全部中介费的房源信息费，而非违约金。该条款若被认定有效，将明显加重被告责任，使双方权利义务严重失衡。

综上，本案中禁止“跳单”条款过度限制被告选择权，明显加重被告违约负担，应认定无效。原告为促成合同而支付的必要费用，应当予以支持。本案中，北京某某地产营销平台已经将中介费在两家中介公司之间进行了分配，且北京某某房地产经纪有限公司未能提供证据证明其必要费用超过已获得的款项，故法院驳回原告的诉讼请求。

2.《中华人民共和国民法典》通过后类案的审理

《中华人民共和国民法典》对格式条款进行实质性调整，扩大格式合同提供方提示说明义务的范围。《中华人民共和国民法典》第四百九十六条明确规定，提供格式条款的一方未履行提示或者说明义务，致使对方没有注意或者理解免除或者减轻其责任等有重大利害关系的条款的，对方可以主张该条款不成为合同的内容。

因此，法院判断禁止“跳单”条款的效力时，可从以下步骤展开审理：(1) 法院应先查明中介方是否尽到提示注意义务。若中介方未尽到提示和说明义务，委托方可依据《中华人民共和国民法典》第四百九十六条之主张该条款未订入合同，不受其约束。法院无须判断该条款内容的效力问题。(2) 中介方充分提示或说明免责内容的，若禁止“跳单”条款明显加重委托方的责任、过度限制委托方的主要权利，委托方可根据《中华人民共和国民法典》第四百九十七条之规定主张禁止“跳单”条款无效。法院需审查该格式条款是否均衡合理地设置双方的权利义务，是否违反公平原则。(3) 若禁止“跳单”条款被认定无效，法院应当根据合同履行程度等多项因素判令委托方向中介方支付必要中介费。

为发挥市场在资源配置中的决定性作用，营造良好的营商环境，法院应当发挥其司法保障功能。法院在尊重市场交易习惯的基础上，应当维护自由竞争的市场环境，对过度限制民事主体选择权、影响市场要素自由流动的格式合同条款进行严格审查。

编写人：北京市西城区人民法院　韩进红　姜洁

十五、合伙合同纠纷

48

合伙协议解除及财产分配的司法认定

——郭某霞诉姚某、餐饮公司合伙协议案

【案件基本信息】

1. 裁判书字号

湖北省武汉市中级人民法院（2020）鄂01民终9696号民事判决书

2. 案由：合伙协议纠纷

3. 当事人

原告（被上诉人）：郭某霞

被告（上诉人）：姚某

被告：餐饮公司

【基本案情】

2018年4月21日，郭某霞（乙方）与餐饮公司（甲方）签订了门店合作协议，约定：餐饮公司将旗下某店铺，以18个月为期，作为一个合作经营项目，该项目拟定运作启动资金总计200万元，邀请郭某霞作为合作伙伴加入，乙方经认可的可投资金额以60万元起，最高不超过90万元，实际接纳投资为60万元，分红比例按投资占比为净利润的30%。2018年4月22日，郭某霞与姚某通过微信沟通，对门店合作协议中的投资金额由60万元变更为40万元(其中10万元为保证金)，郭某霞的分红占比为15%。同日，郭某霞向姚某转款40万元。2018年4月26日，姚某与案外人蔡某江签订联营协议一份，约定：甲方（蔡某江）负责提供A地的商铺作为乙方（姚某）经营场所，期限为3年。签订上述联营协议后，姚某对上述房屋进行了装修，并投入经营使用。后来，姚某认为上述门店的经营情况不佳，门店面积过大，经营成本较高，便准备将该店迁址，以降低经营成本。2018年10月16日，姚某与案外人万某华签订合作协议一份，约定万某华将B地的房屋出租给姚某使用，用途为“奶茶、沙拉”，期限为2018年11月1日至2019年10月31日。截至开庭审理之日，位于B地的店铺仍在经营中，但暂未恢复营业。2018年11月15日，郭某霞通过微信询问姚某“现在啥情况了，一个月又过去了”，姚某回答“新店快装好了，就这几天”，郭某霞问“老店关了?”，姚某回答“还在营业，慢慢过渡”。原告郭某霞以两被告未能按协议履行义务，诉至法院。

【案件焦点】

1. 案涉门店合作协议性质如何认定；2. 郭某霞要求解除案涉门店合作协议的请求应否支持；3. 郭某霞诉请返还剩余入股资金及其利息的请求应否支持。

【法院裁判要旨】

湖北省武汉市洪山区人民法院经审理认为：第一，关于案涉门店合作协议性质如何认定。根据审理查明的事实，案涉门店合作协议是姚某以餐饮公司的名义与郭某霞签订，郭某霞交纳的40万元合作资金由姚某的私人银行账户收取，同时为履行合作协议签订的租赁房屋协议也是由姚某以个人名义签订，且餐饮公司为一人有限责任公司，公司唯一股东为姚某。结合以上案涉门店合作协议的实际履行情况和当事人之间的真实意思表示，根据相关规定，该协议实际上为姚某与郭某霞就合作经营事宜签订的一份合伙协议。第二，关于郭某霞要求解除案涉门店合作协议的请求应否支持。郭某霞主张，因姚某在履行案涉门店合作协议过程中，未经其同意，擅自关闭协议中约定的店铺，构成根本违约，因而导致该协议合同目的无法实现，因此要求解除案涉门店合作协议。一审法院认为，结合姚某与郭某霞的微信聊天记录，郭某霞在聊天记录中提及了“新店”“老店”等内容，同时郭某霞没有证据证明其在知道姚某重新选择店址后就此提出过明确反对，因此就案涉门店合作协议履行过程中重新选择经营场所的事宜，郭某霞知情，同时予以认可。第三，关于郭某霞诉请返还剩余入股资金及其利息的请求应否支持。郭某霞要求退还的入股资金的前提是认为姚某在履行案涉门店合作协议过程中构成根本违约从而要求解除合同。但因郭某霞主张解除案涉门店合作协议的主张不能成立，且案涉门店合作协议自2019年10月21日终止后，双方对合作期间的财务经营情况未进行清算。虽然在审理过程中，郭某霞提出审计申请，但后又撤回了申请，且经一审法院依法释明后，双方均未申请对案涉门店合作协议涉及的合伙事宜进行清算或审计。因此，由于案涉合伙未清算，对合伙经营期间的盈余、亏损等情况不明确，郭某霞要求退还剩余入股资金及其利息的诉讼请求，没有事实和法律依据，一审法院不予支持。

湖北省武汉市洪山区人民法院依照《中华人民共和国民法总则》第一百四十三条、《中华人民共和国民事诉讼法》第一百四十二条等规定，作出如下判决：

一、姚某于判决生效之日起十日内退还郭某霞交纳的合作保证金10万元及其利息；

二、驳回郭某霞的其他诉讼请求。

被告姚某不服一审判决，提出上诉。

二审法院同意一审法院的裁判意见。

【法官后语】

常说的合伙可以分为“民事合伙”和“商事合伙”。《中华人民共和国民法典》合同编中的第二十七章专门规定了合伙合同，即民事合伙。而对于商事合伙则有专门的《中华人民共和国合伙企业法》予以规定。二者在成立的形式要件、执行合伙事务等方面存在很大差异。本案中的郭某霞与餐饮公司签订了门店合作协议，各自提供资金、劳务等合伙经营，未进行登记，属于受民法典调整的民事合伙。因合伙目的事业的成功有显著困难的，将会出现僵局，但我国《中华人民共和国民法典》并未对退伙、解散合伙作出全面规定，仅于第九百七十七条规定合伙人死亡、丧失民事行为能力或者终止的，合伙合同终止。部分法院在审理合伙协议纠纷时，也参照引用《中华人民共和国合伙企业法》对退伙、解散合伙的规定。

法院在审理过程中常常发现民事合伙的合同约定通常较为简略，对很多重要事项都未进行约定。当事人之间发生纠纷时常常各执一词，争议较大。当事人起诉解除合同时，有约定按约定，没有约定则必须符合法定情形。《中华人民共和国民法典》第五百六十二条规定了约定解除的情形，第五百六十三条规定了法定解除的情形。合伙协议属于合同当事人都具有利益同向特征的合同。在合伙协议纠纷中，法院判决合同解除或终止的根本原因都是合作关系难以维持，致使共同目的不能实现或者难以实现。本案中无约定，适用的是法定解除条款，郭某霞提供的证据不能证明被告的行为构成根本违约从而导致合同目的不能实现，因而对其解除合同的请求不予支持。

伴随着接触合伙合同的诉请的还有分配合伙利润或返还合伙财产，当事人请求返还入伙资金的，必须符合约定或法定的情形。《中华人民共和国民法典》第九百六十九条第二款规定："合伙合同终止前，合伙人不得请求分割合伙财产。"因此，当事人不能举证证明合伙合同终止的，人民法院不支持分割合伙财产。但当事人可以根据《中华人民共和国民法典》第九百七十二条的规定请求分配合伙利润。无论是请求分割合伙财产还是分配合伙利润，当事人均应根据证据规则举证并对合伙财产进行清算。无论是民事合伙还是商事合伙，合伙主体间都具有共同投资、共同经营、共担风险的意思表示，在合伙人内部清算分配前应当先行处理对外债权债务，在承担完对外债务有盈余合伙财产的情况下才可分配合伙财产或收回投资。合伙人之间应本着诚实守信、实事求是的原则，及时协商沟通，自行或委托第三方机构进行清算，也可向人民法院提起清算申请。审理过程中，当事人未申请对合伙财产进行清算而直接请求返还合伙财产的，因账目不清，合伙经营期间的盈余、亏损等情况不明确，无法核实债权债务，人民法院一般判决驳回该项诉讼请求。

编写人：湖北省武汉市洪山区人民法院 冉超

49

遭受其他合伙人人身伤害的合伙人退伙权依法应受保护

——谢某梅诉刘某香、王某中合伙协议案

【案件基本信息】

1. 裁判书字号

广东省广州市中级人民法院（2020）粤 01 民终 9760 号民事判决书

2. 案由：合伙协议纠纷

3. 当事人

原告（被上诉人）：谢某梅

被告（上诉人）：刘某香、王某中

【基本案情】

2018 年 10 月 1 日，谢某梅与刘某香、王某中签订《某宾馆三方合作协议书》，约定三方自愿合作经营投资宾馆项目，投资总额为 62.1 万元，王某中、刘某香和谢某梅各占三分之一的股份，均不得私自动用宾馆资金，各项开支以收据发票为准。

2018 年 10 月 29 日，谢某梅与刘某香签订《某宾馆合作协议书》，约定谢某梅向刘某香转让其在某宾馆股份的四分之一。

谢某梅共向两被告转账 12.98 万元。谢某梅表示，该 12.98 万元是原告投入涉案宾馆的投资款。刘某香表示，谢某梅转账的 12.98 万元中，120075 元是

投资款，剩余款项是谢某梅应承担的宾馆房租费用。

谢某梅分得2018年10月至2019年5月的分红，其在涉案宾馆内工作的时间为2018年10月1日至2019年6月8日，原告自2019年6月9日离开涉案宾馆后未再回宾馆，两被告自2019年6月起未再向原告分红。

在合伙期间，两被告多次殴打原告，且两被告存在私改账本、私自收取公款的行为。刘某香于2019年6月17日将谢某梅移出宾馆支付宝收款提醒。谢某梅表示，其已于2019年6月17日退出合伙，并放弃2019年6月1日至2019年6月16日的分红，且确认某宾馆无需要清算的其他资产。

谢某梅和王某中均确认王某中已于2019年6月24日退伙，刘某香退还王某中投资款10万元。

刘某香、王某中称包括谢某梅支付的投资款在内的所有投资款均已作为宾馆受让费支付给了宾馆原先的承租人，谢某梅无权退伙，即使谢某梅坚持退伙，刘某香、王某中亦不应向其退还任何款项。

【案件焦点】

1. 谢某梅主张退伙是否成立；2. 谢某梅是否有权拿回投资款；3. 王某中是否应承担返还责任。

【法院裁判要旨】

广东省广州市白云区人民法院经审理认为：本案的争议之核心涉及三个问题：其一是谢某梅主张退伙是否成立；其二是谢某梅是否有权拿回投资款；其三是王某中是否应承担返还责任。

关于问题一。两被告曾因宾馆经营事宜以殴打等形式对原告进行人身伤害且存在私自改动宾馆账册、宾馆营业收入少入账等行为，两被告的行为违反了合作协议书的约定及个人合伙的信赖基础，谢某梅实际已无法与两被告继续合伙，故其有权解除合作协议书、退出合伙。谢某梅于2019年6月9日离开宾馆后未再返回宾馆参与宾馆的经营管理，且刘某香自2019年6月17日将原告移出宾馆微信及支付宝的收账提醒人员范围，王某中对此亦未提出异议。同时，两被告自2019年6月1日未再向谢某梅分红，故法院认为刘某香、王某中已以其实际行动表示同意谢某梅退出合伙，退出的时间应为刘某香将谢某梅移出宾馆经营到账提醒人员范围的时间即2019年6月17日。

关于问题二。结合两被告陈述及其提交的证据，本案认定两被告从案外人处受让了涉案宾馆的床柜、桌椅、电器等有形资产和宾馆的承租权、经营权、客源等无形资产。两被告承接了涉案宾馆的有形资产和无形资产后，经原、被告协商，原告以占涉案宾馆四分之一的份额加入了合伙，则原告理应享有涉案宾馆四分之一的有形资产、无形资产及收益。但原告已实际于2019年6月17日退出了合伙，且两被告亦已以实际行动表示同意原告退出合伙，则两被告实际上承接了原告入伙时享有的宾馆的有形资产、无形资产、分红等，按照公平原则，两被告自然要退还原告为享有上述资产和权益份额的投入，即原告有权取回投资款。

关于问题三。即便王某中已于2019年6月24日退伙，但谢某梅退伙时被告王某中尚未退伙，至于王某中退伙的相关事宜，其应与刘某香另行处理，且谢某梅支付的入伙资金亦部分支付给王某中，故两被告应按照其占原合伙的份额比例承担退还责任。

广东省广州市白云区人民法院依照《中华人民共和国民法通则》第三十五条，《中华人民共和国合同法》第六十条、第九十三条、第九十四条、第一百零七条，《中华人民共和国民事诉讼法》第六十四条，《最高人民法院关于适用〈中华人民共和国民事诉讼法〉的解释》第九十条的规定，作出如下判决：

一、原告谢某梅与被告刘某香、王某中于2018年10月1日签订的《某宾馆三方合作协议书》于2019年6月17日解除；

二、于本判决生效之日起十日内，被告刘某香向原告谢某梅返还投资款62790元；被告王某中向原告谢某梅返还投资款57960元；

三、于本判决生效之日起十日内，被告刘某香向原告谢某梅返还税款1551.88元；被告王某中向原告谢某梅返还税款1432.5元；

四、驳回原告谢某梅的其他诉讼请求。

刘某香、王某中不服一审判决，提起上诉。

二审法院同意一审法院的裁判意见。

【法官后语】

随着经济的发展，尤其是国家对营商环境政策的倾斜，个人间以合伙形式经商的模式呈现出快速的增长态势。同时，因部分合伙人不具备健全的法律知识和完善的经营理念，在个人合伙期间关于经营模式、利益分配、退伙清算等约定不明确或不完善，导致因合伙事宜产生分歧而要求退伙、清算的纠纷时有发生。本案即为个人合伙退伙纠纷的典型案例。

本案谢某梅已实际退出合伙经营。一种观点认为，原告谢某梅虽然具备退伙的条件和权利，但因谢某梅自行离开宾馆，并未征得其他合伙人的明确同意，其他合伙人未再向其分红不代表不愿意向其分红，故其并没有实际退出合伙经营，法院应组织对涉案某宾馆进行清算，之后根据清算的结果认定谢某梅应取回的投资款项。另一种观点认为，一方合伙人是否已实际退伙的认定不能仅单纯根据其他合伙人是否以书面形式等明确作出同意与否的意思表示来认定，而应综合各方合伙人的实际行为及各方是否存在过错，如果因其他合伙人原因导致一方合伙人无法再继续合伙事宜且该合伙人亦已实际脱离合伙体的情况下，应认定该合伙人已实际退伙。笔者同意第二种观点。即在合伙各方对退伙的形式无具体、明确约定的情况下，应综合各方合伙人的实际行为及各合伙人作出相关行为的原因进行认定。本案中，谢某梅确为自行离开涉案宾馆，但其离开的原因是两被告多次对其进行人身伤害，其出于对自身健康和生命的保护而离开涉案宾馆实非其自身过错。再者，谢某梅离开宾馆后，两被告不但将其踢出合伙收益提醒人员范围，且在不存在分红障碍的情况下未再向其进行分红，故结合两被告的实际行为，其已默认谢某梅退出合伙宾馆的经营。因此，原告谢某梅已退伙。同时，涉案合伙经营的宾馆价值并非等同于固定资产实际价值，而与经营状况密切相关，且两被告未提供证据证实宾馆资产出现贬损等情况下，两被告应向原告返还其全部投资款。

综上，本案关于谢某梅是否有权退伙及是否已实际退伙进行了详细的认定，通过各方合伙人实际行为及相关原因进行具体分析，最终保护了退伙人的正当权益。本案的判决对于引导各合伙体个人在合伙期间秉承公平正义、诚实信用等基本原则具有重要作用。

编写人：广东省广州市白云区人民法院　娄丹杰　李倩雯

50

部分合伙人无权就合伙关系外部的纠纷单独起诉第三人以分割合伙财产

——陈某梅诉甲健康科技公司合同案

【案件基本信息】

1. 裁判书字号

北京市通州区人民法院（2020）京0112民初4863号民事判决书

2. 案由：合同纠纷

3. 当事人

原告：陈某梅

被告：甲健康科技公司

第三人：莫某华

【基本案情】

甲健康科技公司是一家健康管理、健康咨询公司，甲健康科技公司委托乙健康科技公司在广西壮族自治区进行某门店的招商宣传活动，陈某梅通过乙健康科技公司及莫某华了解了甲健康科技公司，后莫某华与陈某梅决定加盟甲健康科技公司，合伙在广西壮族自治区开设门店。2018年5月，陈某梅向甲健康科技公司支付了35万元加盟费，莫某华向甲健康科技公司支付了30万元加盟费。2018年6月20日，甲健康科技公司委托他人为案涉某门店装修设计并已竣工。2018年7月，陈某梅作为某门店的合伙人参加甲健康科技公司组织的培训。2018年8月17日，甲健康科技公司通过其员工微信向莫某华发送了《合作开店合同》《品牌知识产权授权使用与股权转让合同》电子版，莫某华并未提出异议，但上述合同至今尚未签订。2018年11月5日，莫某华、陈某梅向甲健康科技公司提出申请，认为乙健康科技公司董事长经营不善，致使无法将某店门店工作开展下去。请求退还其交纳的门店合作经营费。2018年11月9日，甲健康科技公司就莫某华、陈某梅的申请回函认为某门店与甲健康科技公司是合作经营关系，目前门店的选址、装修及人员培训等工作已基本完成。可随时开业经营，不同意陈某梅及莫某华的申请。陈某梅单独起诉甲健康科技公司，请求法院判令解除陈某梅、莫某华与甲健康科技公司之间的加盟合同，甲健康科技公司向陈某梅返还加盟费35万元及利息。莫某华作为本案的第三人经法院公告传唤，未到庭参加诉讼。

【案件焦点】

陈某梅作为合伙协议的签订方之一，是否有权单方提起诉讼要求解除与甲健康科技公司的合同。

【法院裁判要旨】

北京市通州区人民法院经审理认为：《中华人民共和国合同法》第三十七条规定，采用合同书形式订立合同，在签字或者盖章之前，当事人一方已经履行主要义务，对方接受的，该合同成立。根据本案查明事实，陈某梅与莫某华之间系合伙关系，双方共同决定与甲健康科技公司合作开设某门店，陈某梅、莫某华与甲健康科技公司之间虽未签订书面的合作开店合同，但陈某梅与莫某华已向甲健康科技公司支付了65万元费用，甲健康科技公司亦为某门店提供了室内装修、室内广告设计、培训等服务，双方之间合作开店合同已经成立。依法成立的合同，对双方当事人具有法律约束力，当事人应当按照约定全面履行自己的义务，不得随意变更或解除。

陈某梅主张解除合同，要求甲健康科技公司返还其支付的加盟费的依据是甲健康科技公司招商受托方乙健康科技公司涉嫌违法犯罪被公安机关立案调查，甲健康科技公司部分门店被公安机关调查，合同无法继续履行。根据本案查明事实，甲健康科技公司及其门店业务并未涉嫌违法犯罪，乙健康科技公司的法定代表人刘某旺等人涉嫌非法吸收公众存款罪的犯罪事由与本案甲健康科技公司招商业务并无直接关联，故陈某梅主张解除合同的理由不成立。且陈某梅作为合伙开设门店的一方，无权单方提起诉讼要求解除陈某梅、莫某华与甲健康科技公司的合同。现某门店装修基本完成，甲健康科技公司亦为该店准备了相应的设备和产品，甲健康科技公司要求继续履行合同避免浪费相关资源的主张，法院予以支持。

北京市通州区人民法院依据《中华人民共和国合同法》第三十七条、第六十条、第九十四条之规定，作出如下判决：

驳回原告陈某梅的全部诉讼请求。

一审宣判后，双方当事人未上诉，现判决已发生法律效力。

【法官后语】

合伙是现代社会常见的一种经济主体形式，系两个以上的自然人或法人，为了共享利益、共担风险实现一致的合伙目标而由各合伙人履行出资义务，形成共同合伙财产作为组织物质基础，并共同经营的商事组织主体，因其组合操作的便利性、达成目的的直接性以及合作模式的多样性等特征而深受市场主体的欢迎，并在市场经济发展中有持续增多的趋势。相当一部分合伙契约系口头达成，对于合伙期望达成的合同目的、义务、权利、入伙和退伙等事项未明确约定，如出现纠纷也常面临无据可依的情形，只能根据合伙各方的出资比例、合同目的、贡献大小、证人证言及当庭陈述等综合认定事实。如合伙契约组织对外活动中遇到经济纠纷，部分合伙人单方要求组织的相对方退还其出资的合伙财产，法条层面未明确约定，仅规定合伙人投入的财产，由合伙人统一管理和使用，在此之前的案件审理中多以事实内容带过。

合伙商事案件中处理的合伙合同多是为了达到盈利目的而缔约结成组织。

笔者认为，商事纠纷属于私法范畴，当事人具有自主选择合作模式的权利，也应承担选择的后果。合伙模式虽简单、易操作，但是合伙合同类似简单版的公司章程，即便是口头合同也包括资合性和人合性，合伙财产作为合伙组织从事商事活动的物质基础，为维护商事活动的稳定性，合伙财产应作为统一整体由所有合伙人共同支配，而不能将该笔财产在合伙活动中根据出资进行划分，在合伙终止之前，合伙财产属于合伙组织所有，合伙人不具有请求分割合伙财产的权利。

本案中，原告与第三人虽未签订书面的合伙合同，但双方为共同加盟被告的门店而向被告打款的行为，视为双方为同一合伙目的共同出资，应认定原告与第三人之间是合伙关系。因加盟费价款是固定数额，原告与第三人虽分别向被告打款加盟费，亦应视为原告与第三人依据合伙出资比例打款，原告与第三人缔结的合伙组织与被告之间形成合同关系，原告与第三人作为整体对其合伙事宜应共担风险。原告现单方诉至法院要求解除与被告的合同关系并要求被告退还其出资款，因合伙事务应由所有合伙人共同决定而作出，第三人并未到庭参加诉讼，并未对本案的诉讼请求一并提出主张，因此就原告单方诉至法院要求解除与被告的合同关系的主体不适格，且原告与第三人之间合伙关系尚未终止，在其合伙合同终止前，原告无权分割其已经交至被告处的合伙财产。

编写人：北京市通州区人民法院　王焕

十六、服务合同纠纷

51

单方变更格式条款在网络平台中的运用及效力

——吴某威诉视频科技公司网络服务合同案

【案件基本信息】

1. 裁判书字号

北京市第四中级人民法院（2020）京04民终359号民事判决书

2. 案由：网络服务合同纠纷

3. 当事人

原告（被上诉人）：吴某威

被告（上诉人）：视频科技公司

【基本案情】

2019年11月26日起，涉案电视剧在视频科技公司视频平台和另一视频平台上同步首播，该电视剧共46集。第一阶段，2019年11月26日至2019年12月10日，非会员更新至第13集，VIP会员更新至第19集；第二阶段，自2019年12月11日起，非会员实际播出仍旧是每周一至周三20点更新2集，到1月20日更新至大结局，VIP会员实际播出仍旧是抢先看6集，到1月13日更新至大结局，而购买了超前点播服务的VIP会员的实际观影模式为：在VIP会员观影模式基础上，每个更新日超前看6集，到1月1日更新至大结局，比未购买超前点播服务的VIP会员提前12天看完全剧。本案中，吴某威确实享有VIP会员“热剧抢先看”权益。

2019年12月8日，视频科技公司更新了VIP会员协议，增加了“付费超前点播”条款。根据该视频科技公司实际运营的需要，就其视频平台上部分定期更新的视频内容，该视频科技公司将提供剧集超前点播的服务模式，会员在进行额外付费后，可提前观看该部分视频内容的更多剧集，具体的点播规则以该视频平台实际说明或提供为准。导言第二款：“双方同意前述免责、限制责任条款不属于《中华人民共和国合同法》第四十条规定的‘免除其责任、加重对方责任、排除对方主要权利’的条款，即您和视频科技公司均认可前述条款的合法性及有效性，您不会以视频科技公司尽到合理提示义务为由而声称协议中条款非法或无效。”第3.1条：“视频科技公司有权基于自身运营策略变更全部或部分会员权益、适用的用户设备终端。”第10.2条：“双方同意，解决争议时，应以您同意的最新《VIP会员服务协议》为准。”第3.3条中“您理解并同意部分视频出于版权方等原因，视频的片头仍会有其他形式的广告呈现，上述呈现不视为视频科技公司侵权或违约。”

吴某威认为该视频科技公司旗下的视频平台创设的“付费超前点播”服务模式是通过单方变更会员服务协议的方式变更了会员原有的权利，违背其所承诺的合同义务，侵害了会员的权益，要求确认该视频平台涉案的《VIP会员服务协议》中部分条款无效，取消该视频平台超前点播功能。

【案件焦点】

1.“涉案VIP会员协议”导言第二款相关内容的效力；2.该视频科技公司提供“付费超前点播”服务是否构成对其约定义务的违反。

【法院裁判要旨】

北京互联网法院经审理认为：根据双方的诉辩意见及查明的事实，本案的争议焦点为：(1)“涉案VIP会员协议”导言第二款相关内容的效力；(2)该视频科技公司提供“付费超前点播”服务是否构成对其约定义务的违反；（3）视频科技公司提供的影视剧片头存在“会员专属推荐”是否构成违约行为；（4）视频科技公司是否承担责任、如何承担责任。

第一，“涉案VIP会员协议”属于格式条款。“涉案VIP会员协议”导言第二款部分，该内容无效。“涉案VIP会员协议”第3.1条部分，视频科技公司可以设立单方变更权，但是该项合同权利的解释受到合同法公平原则的制约，即视频科技公司在享有单方变更权的同时，也有不损害合同相对方利益的当然法律义务。应当明确，视频科技公司在依据该条款行使单方变更权时，如果损害了合同相对方的权益，其单方变更行为不发生法律效力。“涉案VIP会员协议”第3.3条部分和“涉案VIP会员协议”第10.2条部分，既未违反法律、行政法规中的强制性规定，又未违背公序良俗，属于当事人享有的合同自由的范畴，应属有效。第二，视频科技公司在卫视热播电视剧、视频科技公司优质自制剧范围内，推出“付费超前点播”服务违反了其与吴某威之间“热剧抢先看”的约定，视频科技公司构成违约，应当承担继续履行、赔偿损失的违约责任。第三，视频科技公司的视频平台在影视剧中播放的“专属推荐内容”符合合同约定，视频科技公司并未违约。需要特别指出的是，视频科技公司在继续推出新的服务模式时，其平台效益的最大化实现，应当建立在遵循法律规定的基础之上。

综上，北京互联网法院依照《中华人民共和国合同法》第八条、第三十九条、第四十条、第四十一条、第七十七条、第一百零七条、第一百一十三条、第一百二十五条的规定，作出如下判决：

一、确认《VIP会员服务协议》（更新时间为2019年12月18日）导言第二款中“双方同意前述免责、限制责任条款不属于《中华人民共和国合同法》第四十条规定的‘免除其责任、加重对方责任、排除对方主要权利’的条款，即您和视频科技公司均认可前述条款的合法性及有效性，您不会以视频科技公司未尽到合理提示义务为由而声称协议中条款非法或无效”内容无效；

二、确认《VIP会员服务协议》（更新时间为2019年12月18日）第3.5条中“超前点播剧集，根据视频科技公司实际运营需要，就其视频平台上部分定期更新的视频内容，视频科技公司将提供剧集超前点播的服务模式，会员在进行额外付费后，可提前观看该部分视频内容的更多剧集，具体的点播规则以其视频平台实际说明或提供为准。”对原告吴某威不发生效力；

三、于本判决生效之日起十日内，被告视频科技公司向原告吴某威连续 15 日提供其视频平台吴某威原享有的“黄金 VIP 会员”权益，使其享有该视频平台卫视热播电视剧、视频科技公司优质自制剧已经更新的剧集的观看权利；

四、于本判决生效之日起十日内，视频科技公司赔偿吴某威公证费损失 1500 元；

五、驳回吴声威的其他诉讼请求。

视频科技公司不服，提起上诉。

北京市第四中级人民法院经审理认为：本案的法律争议之核心在于对单方变更格式条款内容正当性的法律评价问题，具体涉及法律上三个方面的基础问题：其一是案涉条款是否构成格式条款，及其效力的问题。这是本案首先需要解决的问题；其二是视频科技公司增加合同条款，是属于合同变更还是属于新合同的缔结？这属于法律评价层面的问题。

关于问题一。“涉案 VIP 会员协议”在吴某威和视频科技公司之间已经成立，涉诉导言条款是否无效属于合同成立后的效力评价层面的问题。具体而言，则是审查吴某威主张涉诉导言条款无效是否符合法律的规定。法院认为，涉诉导言条款符合《中华人民共和国合同法》第三十九条第二款的规定，为格式条款。涉诉导言条款拟制格式合同提供方已尽到提示义务，并约定排除适用合同法第四十条法定无效的规定，其意图在于通过格式条款的形式排除对法律强制性条款的适用，这一安排设计限制甚至排除消费者权利的意图明显，属于对消费者不公平、不合理的规定，应当认定为无效。二审法院在一审法院的裁判上维持，并补充法律适用。

关于问题二。应当从两个层面进行认定，一是黄金 VIP 会员享有的“热剧抢先看”的权益内容的解释问题；二是视频科技公司增加“付费超前点播”条款的性质及效力问题。法院认为，双方争议实质在于实际提供服务时的具体剧集页面中的文字说明是否为合同内容。"付费超前点播"条款限制了吴某威的权利，对于吴某威而言是不公平、不合理的规定，因此"付费超前点播"条款不应纳入单方变更条款的调整范围内。"付费超前点播"条款是对合同的变更。视频科技公司在黄金 VIP 会员不同意"付费超前点播"服务时并没有提供退还 VIP 会员费等解除合同的救济途径，也就是说上述条款约定不同意变更可以行使解除权，但实际并未提供解除权行使的有效途径，故法院认为此种约定属于合同变更的内容约定不明确的情形，应推定为未变更。

综上所述，视频科技公司的上诉请求不能成立，应予驳回；一审判决认定事实清楚，适用法律正确，应予维持。北京市第四中级人民法院依照《中华人民共和国民事诉讼法》第一百七十条第一款第一项之规定，作出如下判决：

驳回上诉，维持原判。

【法官后语】

关于焦点一。首先，涉案"VIP 会员协议"系视频科技公司预先拟定并面向 VIP 会员重复使用的条款，是消费者与经营者之间缔结的合同，因此涉诉导言条款不仅适用《中华人民共和国合同法》的规定，也适用《中华人民共和国消费者权益保护法》的规定。根据特别法就一般法的法律原则，本案二审法院在一审法院的裁判基础上，进一步补充了法律适用规定。案涉导言条款虽然是指引性条款，但这并不能排除《中华人民共和国合同法》关于格式条款认定的规定适用，指引性条款的效力也不等同于其指引的具体条款效力，二者需要分别进行效力判断。其次，关于格式条款效力的评价，必然涉及对合同具体内容的审查。案设条款意思表示清楚，条款设立目的明确，当格式合同一方当事人主张该条款无效时，法院有义务遵循法律指引对其进行效力审查。最后，《中华人民共和国合同法》第四十条的规定适用于所有格式条款效力判断，不存在其他前置条件。《最高人民法院关于适用〈中华人民共和国合同法〉若干问题的解释（二）》第十条的规定，是在格式条款违反《中华人民共和国合同法》第三十九条的规定之后的法律效果判断法条，与《中华人民共和国合同法》第四十条的规定并不冲突，也不存在同时满足条件，或者先后适用顺序。

关于焦点二。二审法院认为，视频科技公司也认可“VIP特权展示页面”的53字的权益说明系黄金VIP会员权益内容的组成部分，双方争议实质在于实际提供服务时的具体剧集页面中的文字说明是否为合同内容。本案中，53字的权益说明是关于合同的基本的、原则性规定，之后更新的文字说明是进一步对合同内容的解释，不应该违反基本原则。吴某威与视频科技公司缔约时，并未出现关于超前点播的情形，之后视频科技公司推出的超前点播服务实质上对吴某威拥有的VIP服务进行了分级，超出了缔约时吴某威的合理预期。作为视频播放平台，视频科技公司与消费者之间订立合同，不仅仅遵循合同自由原则的指引，享有单方变更权，更需要尊重合同公平原则，合理规定双方的权利义务。一审法院以不得损害相对方利益作为单方变更权行使的前提，是对缔约后形成的缺乏合意性的格式条款进行必要的规制，其目的是在尊重互联网产业发展的前提下，对用户权益进行更加周延的保护，互联网服务提供者作为格式合同的提供方可以制定符合法律规定的单方变更条款，但是单方变更权的行使应以基于提升用户体验、适应技术革新等实现互联网服务提供者与用户之间共赢为目的，而非限制或者减损用户的实质权益。

编写人：最高人民法院司法案例研究院与对外经济贸易大学
联合培养实习生　何之婕

52

隐瞒婚史与相亲平台签约的违约责任如何认定

——婚姻介绍所诉叶某服务合同案

【案件基本信息】

1. 裁判书字号

浙江省温岭市人民法院（2020）浙1081民初6727号民事判决书

2. 案由：服务合同纠纷

3. 当事人

原告：婚姻介绍所

被告：叶某

【基本案情】

原告系依法登记设立、旨在搭建未婚男女相亲平台的婚介机构，日常主要通过微信和会员交流。2019 年 8 月 8 日，被告主动添加原告微信，要求成为婚姻介绍所会员，寻找结婚对象，并在原告核实会员信息时填写“8. 有无婚史（订婚，结婚）：无”“25，你目前的状态：A 奔着结婚去，真心找对象”。原告形式审核被告信息后，接纳被告成为会员，并于 2019 年 12 月 19 日正式线下见面，补签书面的《婚姻介绍服务合同》。被告自 2019 年 8 月 8 日成为原告会员后，隐瞒已婚事实，频繁从原告处索要相亲对象信息，约见在原告处登记、抱有择偶目的的女生，并与部分女会员发生恋爱关系和性关系。截至 2020 年 4 月 23 日，被告通过原告推荐，已相亲了不下于 16 位女生。近期，某案外人向与被告相亲的女生透露，被告早已成婚，并已生育子女。后该女生将此信息反馈给原告，并指责原告未尽审慎审查义务。原告认为，被告恶意隐瞒自身已婚状态，欺骗原告频繁安排未婚女生与之相亲，并在欺骗女生的前提下，与部分女生恋爱交往、发生性关系，其行为已严重违反了相亲平台要求的诚信原则、也明确违反了《婚姻介绍服务合同》中注意事项第 4 条规定，且情节严重，构成根本违约，原告有权解除合同，并追究乙方违约责任。故起诉至法院要求解除原、被告签订的《婚姻介绍服务合同》赔偿原告违约金 5 万元。

【案件焦点】

1. 原、被告之间签订的合同的效力问题；2. 合同解除后，被告应当承担的赔偿数额的认定。

【法院裁判要旨】

浙江省温岭市人民法院经审理认为：原、被告签订的《姻介绍服务合同》婚未违反法律、法规强制性规定，依法应认定有效，双方当事人均应按约全面履行合同义务，享受合同权利。根据合同约定，会员隐瞒自身婚姻个人状况或婚姻情况，情节严重，损害原告名誉或造成其他不良后果的，即视为构成根本违约，原告有权解除合同并追究被告违约责任或名誉损害赔偿5万元。现原告主张违约之诉，要求解除合同及主张违约金5万元，法院认为，原告作为提供婚介服务的机构，旨在促成其服务对象顺利建立正常婚恋关系，因此，合同具有一定的人身属性，现被告隐瞒婚姻情况接受原告提供的婚介服务已构成违约，且被告已婚身份致合同已无法继续履行，故原、被告间的合同应予以解除，原告可按约向被告主张违约责任。合同虽未约定违约金条款，原告提交的证据也不足以证明其因此名誉受损或造成其他不良后果，但根据《中华人民共和国民法总则》第七条“民事主体从事民事活动，应当遵循诚信原则，秉持诚实，恪守承诺”、第八条“民事主体从事民事活动，不得违反法律，不得违背公序良俗”的规定，被告隐瞒已婚事实多次接受原告提供的婚介服务且与部分对象发生恋爱关系甚至性关系的行为，有违诚信原则和公序良俗原则，情节严重，参考合同中约定的损害赔偿金额5万元，综合考虑被告的情节、过错程度和原告实际可能受到的影响，法院酌情确定违约损失为1万元。

浙江省温岭市人民法院依照《中华人民共和国合同法》第六十条、第九十四条、第一百零七条之规定，作出如下判决：

一、解除原告婚姻介绍所与被告叶某于2019年12月19日签订的《婚姻介绍服务合同》；

二、被告叶某于本判决生效后十日内支付给原告婚姻介绍所1万元；

三、驳回原告婚姻介绍所的其他诉讼请求。

一审宣判后，双方当事人未上诉，现判决已发生法律效力。

【法官后语】

在市场经济时代，契约自由已经渐渐成为人们的生活方式，指引着人们的行为，然而过度地推崇自由，容易损害弱势群体的利益，给社会表面的繁华带来不和谐的音符，破坏整个社会的秩序，所以对于自由的限制是迫在眉睫的。但是一味地从立法上干预自由，又容易阻滞市场经济的发展，所以迫切需要在自由和秩序之间寻找一个平衡点，而公序良俗原则是实现这一平衡的纽带。公序，即公共秩序，是与国家和社会整体利益相关、由法律和社会共同体共同维护的基本秩序；良俗，即善良风俗，是符合社会主流伦理道德观念、全体社会成员普遍认可的风俗习惯，是约束民事行为的最低要求，是道德规范在法律中的反映，体现了道德与法律的统一，旨在维护当事人的利益与社会利益的平衡。着眼于本案，原、被告之间签订的合同本身不违反法律的规定，但是被告的行为已经严重违反了我国社会的道德标准，也违反了夫妻间的忠诚义务，更有悖于文明和谐的社会主义理念。虽然我们倡导婚恋自由，但是亦要讲文明、守诚信，更不得损害他人的利益，一旦违反必将受到法律的惩罚。

随着《中华人民共和国民法典》的颁布与实施，“公序良俗”不再是人们内心的道德评判，而是判定民事行为效力的重要依据，其价值在于将道德伦理规范引入法律适用，起到扩充法律渊源、弥补法律漏洞的作用。《中华人民共和国民法典》开宗明义把“弘扬社会主义核心价值观”作为立法目的和宗旨，把公序良俗上升为基本原则，将为稳定社会预期、规范社会秩序、激发社会活力、培植社会正气、实现社会善治提供有力的法治保障。

正所谓“穷尽法律规则，方得适用法律原则”。虽然公序良俗原则能够填补法律之空缺，也赋予了法官较大的自由裁量权，提高了司法活动的能动性和创造性，但究其根本是一个高度概括抽象的法律概念，过度使用容易有僭越立法的嫌疑。因此，如何使用并在合理的范围内使用仍是一大难题，这也考验着法官的智慧，什么情况下运用、如何运用都得由法官自己去把握。公序良俗原则不是万能的，它也有自身的缺点，我们在合理限制法官自由裁量权的同时又需积极完善公序良俗原则，同时还要提高全民的法律素养，只有这样才能实现公序良俗原则的宗旨——实现社会的公平。

编写人：浙江省温岭市人民法院　崔琳琳

53

未按约定履行义务应承担违约责任

——文化传媒公司诉房地产公司服务合同案

【案件基本信息】

1. 裁判书字号

山东省招远市人民法院（2020）民初674号民事判决书

2. 案由：服务合同纠纷

3. 当事人

原告（反诉被告）：文化传媒公司

被告（反诉原告）：房地产公司

【基本案情】

文化传媒公司、房地产公司于2018年签订服务合同，约定房地产公司委托文化传媒公司负责策划执行营销宣传活动，文化传媒公司负责向房地产公司提供活动实施细化方案、活动执行、活动现场布置、道具设计及现场制作、安装事宜等，活动举办日期为2018年4月14日至2018年4月22日。活动结束后，双方通过邮件方式对现场实际进行验收，房地产公司称：（1）油菜花盆数与合同约定不符，6439棵高度只有40cm左右，2770棵达到70cm到80cm，未到每盆3株的要求，活动从开始到结束所有的油菜花一直处于花瓣脱落、枯萎、结籽等不良状态，未达到甲方要求的观赏标准。文化传媒公司回复有异议的事项如下：油菜花认可最终盆数，大部分4-5株/盆，其余1-2株/盆；活动期间油菜花已是花期末期，枝叶有些许枯萎，但未出现花瓣脱落现象，15日凌晨当地下霜，油菜花、孔雀草、郁金香均严重受损，油菜花生长末期受损尤为严重；童话世界中缺少卡通玩偶摆件。

2018年4月13日，房地产公司为了解决园区大量留白、油菜花数量不足的状况，自行出资31562元到花木苗木专业合作社购买了10万棵孔雀草及其他花卉，并为摆放和搬运孔雀草等为公司员工及雇用的其他人员发放工资共计11400元。

2018年4月11日房地产公司已按服务合同约定向文化传媒公司支付了43925.13元定金。

【案件焦点】

文化传媒公司未按约定履行义务，除承担违约责任外，是否还应支付房地产公司为减少损失而支出的合理费用。

【法院裁判要旨】

山东省招远市人民法院经审理认为：文化传媒公司、房地产公司签订服务合同，约定房地产公司委托文化传媒公司负责策划执行营销宣传活动，该约定系双方真实意思表示，且不违反有关法律规定，依法认定合同有效。双方本应严格按照合同约定履行各自的义务，但在房地产公司依约支付文化传媒公司定金后，文化传媒公司为房地产公司提供的服务并未全面依照合同履行，本次活动的主题是油菜花节相关宣传活动，双方约定合同总价款219625.66元中仅油菜花的价款即为13.5万元，占活动总费用的61%，且合同中关于油菜花的高度、观赏性及每盆的株数等都有明确的规定，可见按照合同规定提供足量的符合约定高度的油菜花的重要性，另外，从房地产公司举办此次活动的目的看，文化传媒公司策划此次活动应该具备的不仅仅是花卉、物品在数量上达到约定标准，同时还需要具备为房地产公司进行宣传的作用，故摆放的物品同时需要具备较高的观赏性，而在本次活动中约定的可以说最为重要的油菜花文化传媒公司提供并摆放的不仅没有达到约定的数量和高度，且明显可以看出观赏效果不佳，如果不是房地产公司为救场而购买了其他花卉摆放后，单独看文化传媒公司提供的材料服务，明显不具有其提供给房地产公司的策划方案中所载明的活动可达到的观赏性，不仅达不到宣传房地产公司的效果，且在一定程度上可能给房地产公司造成负面影响，从文化传媒公司提交的房地产公司的宣传内容可以看出，房地产公司确实为此次活动中油菜花出现问题特意向公众进行了道歉和解释，且文化传媒公司亦未按合同约定在童话世界中摆放卡通玩偶摆件。综上，文化传媒公司未按合同约定完全履行自身的义务，房地产公司为救场而购买、摆放其他花卉所支出的费用依法应自文化传媒公司的合同价款中扣减，同时，文化传媒公司的行为也构成了违约，依法应承担违约责任。

本案中，双方约定的活动总价款为 219625. 66 元，房地产公司已支付文化传媒公司价款 43925. 13 元，因文化传媒公司未完全履行合同约定，房地产公司为此购买孔雀草等花费 31562 元，支付摆放孔雀草等的费用 1. 14 万元，应从合同款中予以扣减，故房地产公司应支付文化传媒公司合同款 132738. 53 元。

房地产公司要求文化传媒公司支付违约金符合事实和法律规定，依法予以支持。《中华人民共和国合同法》第一百一十三条规定：“当事人一方不履行合同或者履行合同义务不符合约定，给对方造成损失的，损失赔偿额应当相当于因违约所造成的损失，包括合同履行后可以获得的利益，但不得超过违反合同一方订立合同时预见到或者应当预见到的因违反合同可能造成的损失……”第一百一十四条规定：“当事人可以约定一方违约时应当根据违约情况向对方支付一定数额的违约金，也可以约定因违约产生的损失赔偿额的计算方法。约定的违约金低于造成的损失的，当事人可以请求人民法院或者仲裁机构予以增加；约定的违约金过分高于造成的损失的，当事人可以请求人民法院或者仲裁机构予以增加适当减少……”文化传媒公司申请法院对违约金予以调整的理由符合法律规定，法院予以支持。

山东省招远市人民法院依照《中华人民共和国合同法》第六十条、第一百零七条、第一百零九条、第一百一十一条、第一百一十二条、第一百一十三条、

第一百一十四条，《中华人民共和国民事诉讼法》第五十一条、第六十四条的规定，作出如下判决：

一、被告房地产公司于本判决生效后10日内支付原告文化传媒公司货款132738.53元。

二、反诉被告文化传媒公司于本判决效后10日内支付反诉原告房地产公司违约7万元。

三、驳回原告文化传媒公司的其他诉讼请求；

四、驳回反诉原告房地产公司的其他反诉请求。

一审宣判后，双方当事人未上诉，现判决已发生法律效力。

【法官后语】

1. 未按约定履行义务的当事人不仅应承担违约责任，还应支付合同相对方为减少损失而支出的合理费用

本案中，文化传媒公司、房地产公司签订服务合同后，本应严格按照合同约定履行各自的义务，但在房地产公司依约支付文化传媒公司定金后，文化传媒公司为房地产公司提供的服务并未全面依照合同履行，本次活动的主题是以油菜花为主的宣传活动，双方约定合同总价款中仅油菜花的价款就占活动总费用的61%，且合同中关于油菜花的高度、观赏性及每盆的株数等都有明确的规定，可见按照合同规定提供足量的符合约定高度的油菜花的重要性；另外，从房地产公司举办此次活动的目的看，文化传媒公司策划此次活动应该具备的不仅仅是花卉、物品在数量上达到约定标准，同时还需要具备为房地产公司进行宣传的作用，故摆放的物品同时需要具备较高的观赏性，而在本次活动中约定的可以说最为重要的油菜花文化传媒公司提供并摆放的不仅没有达到约定的数量和高度，且明显可以看出观赏效果不佳，如果不是房地产公司为救场而购买了其他花卉摆放后，单独看文化传媒公司提供的材料服务，明显不具有其提供给房地产公司的策划方案中所载明的活动可达到的观赏性，不仅达不到宣传房地产公司的效果，且在一定程度上可能给房地产公司造成负面影响。综上，文化传媒公司未按合同约定完全履行自身的义务，房地产公司为救场而购买、摆

放其他花卉所支出的费用依法应自文化传媒公司的合同价款中扣减，同时，文化传媒公司的行为也构成了违约，依法应承担违约责任。

2. 约定的违约金过分高于造成的损失的，当事人可以请求人民法院或者仲裁机构予以增加适当减少

《中华人民共和国合同法》第一百一十三条规定："当事人一方不履行合同义务或者履行合同义务不符合约定，给对方造成损失的，损失赔偿额应当相当于因违约所造成的损失，包括合同履行后可以获得的利益，但不得超过违反合同一方订立合同时预见到或者应当预见到的因违反合同可能造成的损失……"第一百一十四条规定："当事人可以约定一方违约时应当根据违约情况向对方支付的定数额的违约金，也可以约定因违约产生的损失赔偿额的计算方法。约定的违约金低于造成的损失的，当事人可以请求人民法院或者仲裁机构予以增加；约定的违约金过分高于造成的损失的，当事人可以请求人民法院或者仲裁机构予以增加适当减少……"本案中，双方约定多种违约情况，如按照合同总价款的30%支付违约金、验收时确认的物料缺少双倍赔偿损失及出现按照不低于合同总价款的20%计算的违约金、花卉出现枯萎等现象时未及时更换按照每小时500元支付违约金等。文化传媒公司未完全履行义务给房地产公司造成损失属实，文化传媒公司的违约行为不仅表现在油菜花数量缺少、童话世界摆件缺少等问题上，还表现在其提供的服务没有达到其承诺对房地产公司宣传效果的影响上，但通过房地产公司的挽救也避免了损失的进一步扩大，故综合考虑上述情况，房地产公司主张文化传媒公司支付违约金共计259769.4元明显过高，以文化传媒公司支付房地产公司违约金7万元为宜。

编写人：山东省招远市人民法院　杨桂清

54

合同履行有瑕疵致使权利人遭受损失的应承担违约责任

——滕某艳诉卫生院医疗服务合同案

【案件基本信息】

1. 裁判书字号

广西壮族自治区平果市人民法院（2020）桂1023民初1257号民事判决书

2. 案由：医疗服务合同纠纷

3. 当事人

原告：滕某艳

被告：卫生院

【基本案情】

原告滕某艳怀孕后，从2017年9月5日起至2018年3月期间先后8次在卫生院做定期产检。2018年2月2日，原告滕某艳孕期33周，在卫生院做了第5次孕期检查，即彩色超声检查，该检查报告单上记载："宫内见一胎儿，趾骨联合上见胎头，颅骨光环完整，侧脑室未见扩张，双顶径为83mm，脊柱连续性好；胎儿上唇连续性好，未见明显中断……"2018年3月3日，原告滕某艳孕期37周，到卫生院做第8次孕期检查，即彩色超声检查，检查报告单显示"宫内见一胎儿，趾骨联合上见胎头，颅骨光环完整，侧脑室未见扩张，双顶径为88mm，脊柱连续性好；因胎位关系，胎儿颜面显示不清……"2018年3月28日，原告滕某艳在市医院（原县医院）剖腹产下一唇腭裂男婴，取名黄某桦。

2018年11月29日至2018年12月6日，2019年5月29日至2019年6月3

日，原告滕某艳及其丈夫黄某旺先后两次带儿子黄某桦进行唇腭裂修复手术，分别开支医疗费13985.86元、15206.19元，共计29192.05元，其中个人支付22038.49元，医保统筹支付7153.56元。

原告滕某艳前往卫生院商讨赔偿事宜，被告卫生院职工谈某真在原告滕某艳的第5次彩色超声检查报告单上将“胎儿上唇联系性好，未见明显连续中断”手写涂改为“胎儿颜面不清”。2020年5月11日，原告滕某艳以被告卫生院在提供医疗服务时未尽到注意义务，导致未能发现胎儿的唇腭裂，向法院提起合同违约之诉。

另查明，根据被告卫生院提供的孕产妇基本保健服务指南：孕前三个月到怀孕后头三个月，坚持每天口服叶酸片；怀孕14-20周，做唐氏筛查、地贫筛查和B超检查，目的是筛查有无畸形地贫和智力低下。

【案件焦点】

1. 卫生院的诊疗行为是否构成违约，是否应当承担赔偿责任；2. 原告主张卫生院承担精神损害赔偿，是否应当得到支持。

【法院裁判要旨】

广西壮族自治区平果市人民法院经审理认为：依据《中华人民共和国侵权责任法》第五十五条的规定，医务人员在诊疗活动中应当向患者说明病情和医疗措施。需要实施手术、特殊检查、特殊治疗的，医务人员应当及时向患者说明医疗风险、替代医疗方案等情况，并取得其书面同意；不宜向患者说明的，应当向患者的近亲属说明，并取得其书面同意。医务人员未尽到前款义务，造成患者损害的，医疗机构应当承担赔偿责任。产前检查系医疗机构为产妇提供一系列的医疗和护理建议和措施，其目的是通过对孕产妇和胎儿的监护及早预防和发现并发症，减少其不良影响，在此期间提供正确的检查手段和医院建议降低缺陷儿出生率，实现优生。原告胎儿畸形，虽系自身发育异常所致，并非被告医疗行为引起，两者不存在因果关系，但被告应将检查的相关医学风险如实向原告告知，否则应认定侵犯原告知情权，剥夺原告选择权。本案中，原告在被告卫生院进行孕产期检查，但被告未能告知原告各类超声检查的区别，被告辩称其工作人员已在原告滕某艳孕期24周时告知原告前去上级医院检查，亦无证据予以证实，被告在诊疗过程中，对胎儿可能畸形，未尽到应有的谨慎和关心，存在未切实履行注意义务和告知义务的医疗过错行为。被告行为侵犯原告知情权和生育选择权，畸形胎儿的出生，也在客观上增加了原告抚养、治疗的经济负担，被告应承担相应的赔偿责任。又依据《中华人民共和国合同法》第一百零七条、第一百一十三条第一款的规定，合同当事人未适当履行合同义务的，应当承担赔偿损失等违约责任。损失赔偿的数额应当相当于因违约所造成的损失，包括合同履行后可以获得的利益，但不得超过违反合同一方订立合同时预见到或者应当预见到的因违反合同可能造成的损失，不包括精神损害赔偿。本案中，原告滕某艳产下患儿黄某桦后，两次为患儿黄某桦进行唇腭裂整形修补手术，共计开支医疗费29192.05元，医保统筹支付7153.56元后其个人实际支付22038.49元，故原告实际医疗费损失为22038.49元。黄某桦合计住院14天，住院期间由滕某艳和黄某旺护理，故产生的住院伙食补助费100元/天×14天=1400元，护理费132元/天×14天×2人=3696元，计算无误，应予以确认。关于（复检）误工费132元/天×2天×2人=528元，计算无误，应予以确认。关于交通费，原告滕某艳未能提交相应的证据证实，但交通费确实为必要的开支，法院酌定为500元。以上合计28162.49元。原告滕某艳要求被告给予精神损害赔偿的诉讼请求，因本案为合同违约之诉，故本案对原告滕某艳要求被告承担精神损害赔偿不予支持。

综上所述，广西壮族自治区平果市人民法院根据《中华人民共和国合同法》第一百零七条、第一百一十三条第一款，《中华人民共和国侵权责任法》第五十五条的规定，作出如下判决：

一、被告卫生院向原告滕某艳赔偿各项经济损失共计28162.49元；

二、驳回原告滕某艳的其他诉讼请求。

一审宣判后，当事人未上诉，现判决已发生法律效力。

【法官后语】

本案中，滕某艳怀孕后共计8次到卫生院进行产前检查，并于第8次产前检查后不久在平果市人民医院剖腹产下一唇腭裂男婴。

本案的争议焦点有：（1）卫生院的诊疗行为是否构成违约，是否应当承担赔偿责任；（2）原告主张卫生院承担精神损害赔偿，是否应当得到支持。综合本案案情，笔者认为，本案中卫生院的诊疗行为构成违约行为，应承担赔偿责任；但对滕某艳要求卫生院承担精神损害赔偿不予支持。主要理由如下：

第一，合同的违约是指当事人不履行合同义务或者履行合同义务不符合约定的，应当承担继续履行、采取补救措施或者赔偿损失等违约责任。而医疗机构为孕妇提供产前检查等医疗和护理建议、措施，目的是通过产前检查如发现或怀疑胎儿有可能异常的，应当向孕妇或者其近亲属告知可能存在的胎儿畸形的风险、替代医疗方案等情况，减少不良影响；如果医疗机构未尽到告知的义务，导致夫妻双方在认为胎儿健康、正常的情况下生育缺陷婴儿，致使夫妻双方通过产前检查确认胎儿健康状况的合同目的落空，医疗机构应当依法承担相应的违约赔偿责任。上述医疗机构的行为亦称为瑕疵履行行为，即医疗机构虽然履行了合同约定的义务，但是其履行行为不符合签订合同目的的违约行为。合同履行过程中存在的瑕疵，即构成违约，就应承担相应的违约责任。而违约责任的承担有金钱债务和非金钱债务或者履行非金钱义务不符合约定之分。对于金钱债务，当事人一方未支付价款、报酬、租金、利息，或者不履行其他金钱债务的，对方可以请求其支付。而对于延迟履行的，除要求债务人继续履行外，还可以请求其承担违约金、赔偿逾期利息等违约责任。对于非金钱债务或者履行非金钱义务不符合约定的，对方可以请求履行，但是有以下情形之一的除外：法律上或者事实上不能履行；债务的标的不适于强制履行或者履行费用过高；债权人在合理期限内未请求履行；有上述规定的除外情形之一，致使不能实现合同目的的，人民法院或者仲裁机构可以根据当事人的请求终止合同权利义务关系，但是不影响违约责任的承担。医疗机构未尽到注意义务和告知义务的违约行为，致使缺陷婴儿的降生，导致权利人家庭增加了抚养、治疗的经济负担。该经济负担应由医疗机构按照权利人因医疗机构的违约造成的实际损失承担。

第二，精神损害赔偿是指侵害自然人身权益造成严重精神损害的，被侵权人有权请求精神损害赔偿。因故意或者重大过失侵害自然人具有人身意义的特定物造成严重精神损害的，被侵权人有权请求精神损害赔偿。此规定已经明确了赔偿的依据，侵害自然人人身权益。本案中，缺陷婴儿是权利人自身发育异常所致，并非医疗机构行为引起，两者不存在因果关系，请求精神损害赔偿的依据不足，因此权利人的精神损害赔偿请求不应得到支持。

编写人：广西壮族自治区平果市人民法院　方元官

55

电子商务平台对虚拟财产交易的安全保障义务

——张某强诉信息技术公司网络服务合同案

【案件基本信息】

1. 裁判书字号

广州互联网法院（2020）粤0192民初28060号民事判决书

2. 案由：网络服务合同纠纷

3. 当事人

原告：张某强

被告：信息技术公司

【基本案情】

2019年8月14日17时6分，张某强在信息技术公司的平台购买游戏账号，支付7272元。17时6分至18时50分，卖家假冒平台客服要求张某强提供换绑手机号及验证码，张某强将相关信息提供给卖家。后张某强发觉上当，向信息技术公司的平台客服寻求帮助。客服提示张某强重新登录信息技术公司的平台刷新验证码并帮其登记反馈处理。张某强重新登录多次。19时26分，张某强的账号被操作确认收货，价款被转移给卖家。信息技术公司确认该平台账号可以在不同类的设备端同时登录，张某强即使重新登录也无法强制在另一台设备已经登录的平台账号退出。张某强主张信息技术公司存在不作为等过错，导致卖家骗取其款项，遂起诉要求信息技术公司赔偿7272元。

【案件焦点】

信息技术公司是否对张某强的损失承担赔偿责任。

【法院裁判要旨】

广州互联网法院经审理认为：首先，张某强将涉案交易的验证码发送给了卖家，未根据平台用户协议妥善保管验证码，存在过错。其次，张某强发觉有问题向信息技术公司的平台客服反映，信息技术公司的平台客服未根据平台用户协议及时采取冻结交易、要求重置密码、限制资金支付等措施保障交易安全，错误指引张某强重新登录交易猫账号，存在过错。信息技术公司违反了交易安全保障义务，构成违约，但张某强亦违反协议约定。当事人双方都违反合同的，应当各自承担相应的责任。

广州互联网法院依照《中华人民共和国电子商务法》第三十条，《中华人民共和国合同法》第一百零七条、第一百二十条，《中华人民共和国民事诉讼法》第六十四条第一款之规定，作出如下判决：

一、被告信息技术公司于本判决生效之日起五日内，赔偿原告张某强3636元；

二、驳回原告张某强的其他诉讼请求。

一审宣判后，双方当事人未上诉，现判决已发生法律效力。

【法官后语】

1. 安全保障义务核心在于危险防范

根据“看门人”理论，安全保障义务只适用于特定主体。这些主体面对不特定的公众开启或持续了某些特定的危险，故法律上对上述主体提出了特别要求，要求其根据具体情况采取必要的、具期待可能性的防范措施，以保护第三人免受损害。

安全保障义务规则的创设，以线下物理空间为调整的对象。但是，随着平台经济的发展，诸多商品和服务由传统的经营场所转移到虚拟的网络空间。电商平台也属于面对不特定消费者的公共场所，网络交易媒介的复杂性还加大了消费者的交易风险，如在平台交易时，用户需要注册、使用平台的账户。若作为交易介质的网络存在漏洞，一旦遭受攻击，泄露个人信息，将极大侵犯用户的个人隐私，并时刻威胁着消费者的人身和财产安全。因此，可以说平台开启了某些特定的危险。安全保障义务的核心在于危险防范，具有公共属性的电商平台，根据“危险防范”的理论，同样应赋予其安全保障义务。

本案所涉及的信息技术公司系典型的电商平台经营者，该公司运营的信息技术公司的平台面向广大用户开放，利用信息网络提供网络游戏虚拟财产交易服务，在为用户提供交易机会的同时也开启了虚拟财产交易的风险，从防范危险的安全保障义务法源出发，可以作为负担安全保障义务的民事主体。

2. 虚拟财产的人身依附性及平台优势

电商平台由于技术优势，适用安全保障义务该制度也具有天然优越性。

（1）网络游戏虚拟财产交易的人身依附性。通过电商平台进行的网络游戏虚拟财产交易依附于买卖双方的手机号码、身份证号等解绑、换绑等具有强烈人身依附性的行为，而换绑则意味着交易完成，故如无正规交易平台的介入，则会引发交易乱象，如交易的真实性难以保证、游戏装备未实际转移、交易后玩家无法登录等风险。

（2）平台承担安全保障义务的天然优越性。首先，电商平台制定交易规则，掌握着交易技术。平台可以通过设定特定的保护程序，如防漏洞、查杀木马等程序保护虚拟财产不被恶意盗取，也可以通过程序设置向交易方发出各种安全提醒，以保障交易的正常进行。同时，发生第三人侵权时，有能力采取冻结交易、强制用户下线等方式及时制止损害的发生。因此，由平台来维护虚拟财产交易的安全，无可厚非。

其次，根据收益与风险一致的原理要求，在网络交易中，电商平台能够从交易中获利，或者是收取商家入驻商务平台的入驻费用，或者是收取买卖交易双方一定比例的服务费用。因此，根据利益平衡的原理，平台从危险中获利亦负有减少危险产生的正当性。

3. 电商平台安全保障义务的内容

对于安全保障义务的内容具体包括哪些方面，法律并未给出明确的规定，结合审判实践，电商平台安全保障义务的内容应考虑以下三个方面。

（1）根据平台特点确定义务形态。电商平台保障义务应根据自身特点以及引发风险的可能性大小予以判断。本案中，信息技术公司提供虚拟财产交易服务，其安全保障义务体现在财产保护方面。信息技术公司的平台在买家寻求帮助后，未能通过人工干预给予正确的指引和技术阻断，漠视用户的账号和财产安全，背离了作为交易平台保障用户财产安全的宗旨，违反了安全保障义务。

（2）根据法定要求判定义务内容。是否按照法定义务的要求而为，是判断网络平台是否履行安全保障义务的一个重要指标。《中华人民共和国网络安全法》第二十一条至第三十九条、《中华人民共和国电子商务法》第三十条对安全义务的形态作出了一般规定，包括在技术上对网络运行状态进行检测和记录，在管理上针对可能的网络安全危险制订应急预案等。电商平台的网络安全主要表现为交易安全，包括用户的账号安全、资金安全、交易过程的全程记录与可追溯等，这种交易安全的保障可以通过交易模式的设置、技术筛查、异常情况警示等机制落实。本案中，信息技术公司的平台存在账号可以在不同设备中同时登录，且无警示、无强制中断措施，属于明显的交易安全漏洞，从保障网络安全法定义务的角度，可以认定信息技术公司的平台未能履行法定安全保障的义务。

（3）根据技术状态判断履行能力。电商平台的救助义务，必须与技术发展的现实相结合。用户在交易平台遭遇第三人侵权的情况下，平台根据侵权的具体情况在技术可及的范围内及时采取措施，即视为履行了保障义务。电商平台在不同情形中应当负担的安全保障义务的内容不能完全等同，应根据案件的具体情况，以动态、发展的眼光予以审视。本案中，张某强向信息技术公司的平台反映交易问题后，信息技术公司的平台客服指引其重新登录了数次账号，显然采取了不匹配的救助手段，信息技术公司的平台完全可以通过强制另一账号用户下线、指引原告修改交易密码、冻结交易、限制资金支付等措施及时制止损失，信息技术公司的平台未能在其能力所及的范围内积极救助，违反了安全保障义务的应有之义。

4. 责任认定：契约责任与法定侵权责任的辨析

笔者认为，平台安全保障义务属于法定义务。安全保障义务作为一种防范危险的制度安排，是人们对人身、财产安全获得保护的一项基本需求，法定性正符合这一义务的本质要求。将交易安全保障义务确定为法定义务，并不阻碍当事人适用合同法来主张权利。本案中，信息技术公司未采取技术措施填补交易猫账号存在可以在不同设备中同时登录却不可控的风险，可以认定违反了法定的安全保障义务。信息技术公司的平台在用户协议中也明确约定了信息技术公司负有保障交易安全的具体义务，张某强以网络服务合同纠纷诉请信息技术公司的平台对其损失承担违约责任，并无不当。不论是法定义务还是约定义务，信息技术公司的平台均未能充分履行，应对张某强的交易损失承担法律责任。

用户在交易过程中亦应按照“一般理性人”的标准防范危险的发生。根据“过失相抵”的理论，用户的行为对于损害结果的发生或扩大可归责地共同发挥作用时，要相应地减轻甚或免除赔偿义务人的赔偿责任。本案中，张某强未能尽到必要的谨慎义务，共同造成了损害结果的发生，应在损失赔偿额处予以相应抵扣。

编写人：广州互联网法院　朱晓瑾　冯立斌

十七、演出合同纠纷

56

演出合同中合同解除及违约责任的认定

——甲文化传媒公司诉乙文化传播公司、王某演出合同案

【案件基本信息】

1. 裁判书字号

北京市第三中级人民法院（2020）京03民终5678号民事判决书

2. 案由：演出合同纠纷

3. 当事人

原告（反诉被告、被上诉人）：甲文化传媒公司

被告（反诉原告、上诉人）：乙文化传播公司

被告：王某

【基本案情】

甲文化传媒公司作为甲方与乙方乙文化传播公司签订《网络剧服务合约》，约定：乙方为甲方推荐演员出演该剧，甲方确保推荐演员王某于该剧中饰演第一男主演角色；合约期限2017年6月28日起生效至2017年9月25日的90天之内的80天为拍摄工作日；乙方因该演员签署本合同前有签约商演工作，故甲方同意乙方演员在拍摄期请假离组，日期为十天；为保证拍摄质量，甲方保证

乙方每日工作时间不超过12个小时工作时间，至少连续10小时休息，在拍摄期可以接受十天内不超过14个小时工作时间；本合同项下甲方应向乙方支付的服务费总计87万元（税后）；如演员因病痛造成拍摄工作无法顺利进行，甲方应积极配合该演员治疗；乙方演员如需请假应向甲方提出申请并得到同意后方可离开，目前已签约需请假日期为10天，如是病假须提供诊断证明；未经甲方书面同意擅自离开剧组或者逾期返回剧组而影响该剧拍摄工作视为违约行为；守约方有权要求违约方立即纠正违约行为，若违约方在3日内未纠正违约行为，则守约方有权要求支付违约金，违约金金额为87万元，若仍不足以弥补由此给对方造成的损失，仍应负责赔偿，但乙方违约金及赔偿金总计以其已实际收取的服务费为限。

同日，王某作为艺人出具委托函，同意出演上述网络电视剧男一号角色。

双方确认已支付服务费43.5万元，但双方针对演员王某请假离组、拍摄时长、演员就医等事宜产生争议，多次发送相关函件。

甲文化传媒公司称王某多次未经许可擅自离组，私自接拍其他戏剧，已构成违约，故诉至法院，要求解除合约，返还服务费并赔偿损失。其提交了拍摄日报表、拍摄通告单、微信聊天截图、微博截图、公证书、《专项审计报告》、证人证言等证据。

乙文化传播公司认为甲文化传媒公司安排拍摄时长超出约定，更换主角，已严重违约，其提起反诉要求甲文化传媒公司支付违约金。乙文化传播公司提交了公证书、门诊病历、检查报告单、诊断证明书、通告单、网页截图等证据。

【案件焦点】

1. 哪一方存在违约行为，是否应承担违约责任；2. 主要争议事项为擅自离组、请假天数、超时拍摄、更换演员等事宜。

【法院裁判要旨】

北京市朝阳区人民法院经审理认为：

《网络剧服务合约》，属双方当事人真实意思表示，内容不违反法律、法规的强制性规定，应属合法有效。

双方所签合约约定了请假时间、请假去向、请假方式、病假条件等内容，根据文义解释原则以及上下文条款，王某有权请假离组 10 天，应提前 7 天提出申请，得到同意后方能离开，在病假情况下，亦须及时告知。但实际中王某离组均未能提前 7 天请假，部分离组系在请假未获得同意下发生，且在沟通后未再回组参与拍摄，上述行为已经违反了合约约定，构成违约行为。

双方所签合约还约定了常规拍摄时长、特殊拍摄时长、拍摄计划调整等内容。根据文义解释原则，剧组常规拍摄时长为 12 个小时以内，特殊拍摄时长为 14 个小时以内，且合计天数不得超过 10 天。依据《日报表》记录，王某超过 14 小时工作有 5 天，工作时长在 12 小时到 14 小时之间的有 5 天，亦已经违反了合约约定，构成违约行为。

鉴于本案双方当事人在履约中均存在违约行为，乙文化传播公司向甲文化传媒公司发送通知函，单方行使解约权，并不产生解约的法律效力，甲文化传媒公司要求确认于 2017 年 8 月 9 日终止合约，依据亦不充分，法院不予支持。但是，考虑到王某离组后未再返回，甲文化传媒公司已经更换演员完成了剧目拍摄，双方所签合约的缔约目的已经无法实现，故法院对双方均主张解约的意愿予以确认。

当事人双方都违反合同的，应当各自承担相应的责任。本案中，甲文化传媒公司、乙文化传播公司均需对其违约行为承担相应违约责任。因缔约目的已经无法实现，故乙文化传播公司已经收取的服务费应予退还。根据合同关于违约金的约定，现乙文化传播公司实际收取服务费 43.5 万元，故其应向甲文化传媒公司承担的赔偿金额，亦应以此金额为限，针对超出部分，法院不予支持。甲文化传媒公司主张王某对上述退款及赔偿承担连带责任，并无事实及法律依据，法院对此不予支持。乙文化传播公司主张甲文化传媒公司应赔付违约金，具有合同依据，法院予以支持，但综合考虑双方违约程度、主观过错、实际损失等因素，法院对违约金金额调整为 23.5 万元。

综上，北京市朝阳区人民法院作出如下判决：

一、甲文化传播公司与乙文化传媒公司于2017年6月9日签订的《网络剧服务合约》；

二、乙文化传媒公司于判决生效之日起十日内退还甲文化传播公司服务费43.5万元；

三、乙文化传媒公司于判决生效之日起十日内赔偿甲文化传播公司经济损失43.5万元；

四、甲文化传播有限公司于判决生效之日起十日内支付乙文化传媒公司违约金23.5万元；

五、驳回甲文化传播公司的其他诉讼请求；

六、驳回乙文化传媒公司的其他反诉请求。

乙文化传播公司不服一审判决，提起上诉。

北京市第三中级人民法院经审理认为：依法成立的合同对当事人具有法律约束力。本案中，甲文化传媒公司与乙文化传播公司签订的《网络剧服务合约》系双方真实意思表示，内容合法有效，双方均应按照约定履行各自义务。

关于违约责任的问题。首先，根据双方合同中对请假时间、请假去向、请假方式、病假条件等约定的内容，王某有权请假离组10天，且应提前7天提出申请并得到同意后方能离开，在病假情况下，亦须及时告知。根据双方提交的证据，王某离组均未能提前7天请假，部分离组系在请假未获得同意下发生，个别离组系未及时告知自行离开。关于病假情况，王某均为腹泻、腹痛、腰痛、腰肌劳损等症状，其在出现症状后在拍摄地就医，在未向剧组提出申请并获得同意的情况下自行离组回京治疗，且在沟通后未再回组参与拍摄，上述行为已经违反了合同约定，构成违约行为。其次，根据双方合同中对常规拍摄时长、特殊拍摄时长、拍摄计划调整等内容的约定，剧组常规拍摄时长为12个小时以内，特殊拍摄时长为14个小时以内，且合计天数不得超过10天。根据双方提交的证据，王某超过14小时工作有5天，工作时长在12小时到14小时之间的有5天，超14小时拍摄时长违反了合同约定，亦构成违约行为。综上，双方当事人在合同履行过程中均存在违约行为，考虑到王某离组后未再返回，甲文化传媒公司已更换演员完成了剧目拍摄，双方合同目的已无法实现，故一审法院判决解除双方合同并无不当。

鉴于双方当事人均存在违约行为，甲文化传媒公司、乙文化传播公司均需对其违约行为承担相应违约责任。首先，关于退还服务费的问题。因缔约目的已经无法实现，故乙文化传播公司已经收取的服务费应予退还，一审法院对甲文化传媒公司主张乙文化传播公司退还服务费的请求予以支持并无不当。其次，关于经济损失的问题。根据双方合同约定，守约方有权要求支付违约金金额为合同项下服务费总额 87 万元，若不足以弥补由此造成的损失仍应负责赔偿，但乙方因其违约行为所需支付的违约金及赔偿金总计以实际收取的服务费为限。因乙文化传播公司实际收取服务费 43.5 万元，赔偿金额亦应以此金额为限，故一审法院判决乙文化传播公司赔偿甲文化传媒公司经济损失 43.5 万元并无不当。再次，关于违约金的问题。因双方当事人都存在违约行为，一审法院综合考虑双方各自的违约程度、主观过错、实际损失等因素，酌情判决甲文化传媒公司支付乙文化传播公司违约金 23.5 万元并无不当。乙文化传播公司上诉主张甲文化传媒公司支付违约金 87 万元，无事实与法律依据，法院不予支持。

综上，乙文化传播公司的上诉请求不能成立，应予驳回；一审判决认定事实清楚，适用法律正确，应予维持。北京市第三中级人民法院依照《中华人民共和国民事诉讼法》第一百七十条第一款第一项之规定，作出如下判决：

驳回上诉，维持原判。

【法官后语】

本案中出现的违约责任确认问题、违约方起诉合同解除问题、诚信履约问题、艺人权益保护问题、合同解除的法律后果问题以及违约金调整问题均是现在审理演出合同纠纷乃至涉文化产业合同纠纷案件涉及的典型法律问题。上述法律问题均在本案中均有体现，也体现了案件的典型意义。

关于违约责任确认问题。本案的争议焦点之一即在于违约行为的确认，双方均认为对方存在违约，具体争议事项包括擅自离组、请假天数、超时拍摄、更换演员等事宜。一方面，合同详细规定了请假时间、请假去向、请假方式、病假条件等内容，王某行为已经违反了合约约定，乙文化传播公司存在违约行为。另一方面，合同还对演员工作时间作出明确约定，剧组拍摄时长亦已经违反了合约约定，甲文化传媒公司亦违约。

关于违约方解除合同权利问题。违约方能否解除合同的问题，存在两种观点，一种观点认为，合同解除作为非违约方的救济方式之一，只能非违约方才享有解除权，违约方无权解除合同；另一种观点认为，在合同陷入僵局等特定情况下，应当允许违约方通过起诉方式由人民法院决定是否解除合同，以打破合同僵局。合同严守是审判实践中应遵循的意向重要原则。但是在司法实践中，若同时具备违约方不存在恶意违约的情形、违约方继续履行合同对其显示公平、守约方拒绝解除合同违反诚实信用原则三个条件，可以确认解除合同。本案双方当事人在履约中均存在违约行为，乙文化传播公司作为违约方，无权确认合约于其发送通知函之日解除。但是，考虑到王某离组后未再返回，甲文化传媒公司已经更换演员完成了剧目拍摄，双方所签合约的缔约目的已经无法实现，故法院对双方均主张解约的意愿予以确认。

关于合同解除的法律后果以及违约金调整问题。首先需要明确两点，第一，违约方起诉解除不影响其承担违约责任；第二，合同解除不影响合同中有关违约金、约定损害赔偿的计算方法等违约责任条款的效力。根据法律规定，当事人双方都违反合同的，应当各自承担相应的责任，同时当事人一方不履行合同义务或者履行合同义务不符合约定的，应当承担继续履行、采取补救措施或者赔偿损失等违约责任。本案中，甲文化传媒公司、乙文化传播公司均需对其违约行为承担相应违约责任。因缔约目的已经无法实现，故乙文化传播公司已经收取的服务费应予退还。针对甲文化传媒公司的赔偿请求，以合同约定违约金进行赔偿。针对乙文化传播公司主张违约金的请求，主要结合合同的履行情况、当事人的过错程度以及实际损失等因素，将违约金金额予以调整。

诚信履约以及艺人权益保护是本案凸显的社会问题，也是本案社会效果所在。从乙文化传播公司的违约行为来看，在合同已经对艺人请假给予明确约定的情况下，其仍然视若无睹，不遵守合同请假制度，影响全剧组拍摄进程、增加拍摄成本，正是不诚信履约的表现。从甲文化传媒公司的违约行为来看，安排艺人超身体负荷工作，侵犯艺人健康权，需加以指出并改正。本案达到了审判效果与社会效果的统一，对类案裁判具有一定参考价值。

编写人：北京市朝阳区人民法院　王菁璐　李增辉

十八、劳务合同纠纷

57

专业园林绿化施工属“建设工程”应适用专属管辖

——曹某诉环境公司劳务合同案

【案件基本信息】

1. 裁判书字号

北京市海淀区人民法院（2020）京 0108 民初 42121 号民事裁定书

2. 案由：劳务合同纠纷

3. 当事人

原告：曹某

被告：环境公司

第三人：劳务公司

【基本案情】

曹某诉称：我挂靠劳务公司，以该公司名义与发包方环境公司先后签订两份《劳务分包合同》，约定由我分包某园林建设项目中的绿化施工。合同签订后，我带领工人进行了绿化施工，其中约三分之一是我的班组工人，约三分之二是我在项目地招募的农民工；施工内容为图纸范围内土建广场道路、绿化栽植、管线安装等劳务工作。现我已如期完成施工，但发包方拖欠工程款，工人工资无法结清，多次向项目地有关部门反映情况。故据《劳务分包合同》约定，诉至北京市海淀区人民法院，要求环境公司支付剩余工程款252297.12元及利息、剩余工程价款19万元及利息2785.19元并承担本案诉讼费。

经审查：环境公司注册地位于北京市海淀区。涉案两份《劳务分包合同》系曹某挂靠劳务公司，以该公司名义与发包方环境公司签订，施工地点位于贵州六盘水，劳务内容如曹某所述，系某园林建设项目的组成部分；合同约定如发生纠纷，由发包方及环境公司住所地法院管辖。

【案件焦点】

涉案绿化施工是否适用专属管辖。

【法院裁判要旨】

北京市海淀区人民法院经审理认为：虽《劳务分包合同》约定，由发包方环境公司所在地法院管辖，但涉案"绿化施工"应属于广义的"建设工程施工"，本案纠纷应由项目地法院专属管辖。具体考量如下：

第一，涉案"绿化施工"是某园林建设项目的组成部分，并非单纯的植树种草劳务行为。《劳务分包合同》已载明"依据《中华人民共和国建筑法》等相关法律法规签订协议，劳务分包人需具有行政部门颁发的资质证书、工程质量需符合国家现行的《建筑安装工程施工及验收规范》和《建筑安装工程质量评定标准》，施工情况须经验收"。

第二，某园林建设项目中的绿化施工属广义的建设工程施工。依据《建设工程分类标准》（GB/T50841—2013）场坪绿化属于室外建筑工程；再依据住房和城乡建设部2017年12月20日发布的《园林绿化工程建设管理规定》，新建、改建、扩建公园绿地、防护绿地、广场用地、附属绿地、区域绿地以及对城市生态和景观影响较大建设项目的配套绿化等施工属于园林绿化工程，其施工企业应遵守工程建设相关法律法规。

第三，曹某称诉求工程款为工人的人工费，称案件涉及农民工劳务费。故为查明案件事实，切实保障广大实际施工人员的合法权益，亦应由项目地法院审理。综上，《劳务分包合同》所约定管辖条款无效，我院对本案无管辖权。

北京市海淀区人民法院依据《中华人民共和国民事诉讼法》第三十三条、第三十六条，《最高人民法院关于适用〈中华人民共和国民事诉讼法〉的解释》第二十八条之规定，作出如下裁定：

本案移送至贵州省六盘水市某区人民法院审理。

【法官后语】

绿化施工是否适用专属管辖？承办本案期间，笔者曾在裁判文书公开网以“绿化施工、管辖”为关键词进行检索，发现对于绿化施工是否适用专属管辖，司法实践中确有争议。

观点一：不适用专属管辖。理由如下：认为苗木移植、绿化、养护等绿化施工有别于建筑的建设、安装，应属于买卖合同或承揽合同。或认为《绿化工程分包合同》属于建设工程分包合同纠纷，而非建设工程施工合同。

观点二：适用专属管辖。理由如下：认为绿化施工是不动产附属工程，应为不动产的一部分，所产生的纠纷属于不动产所在地法院专属管辖。或认为绿化施工属于建设工程施工合同的一部分，应按照建设工程施工合同纠纷确定管辖。

对此问题，笔者作出如下考量：

1. 法律基础

根据《最高人民法院关于适用〈中华人民共和国民事诉讼法〉的解释》第二十八条第二款（以下简称第二十八条）规定，建设工程施工合同纠纷按照不动产纠纷确定管辖。此处的“建设工程施工合同”是否特指《民事案件案由规定》中“建设工程合同纠纷”项下的四级案由“建设工程施工合同”。

有观点指出，“第二十八条”中的“建设工程施工合同纠纷”并非特指《民事案件案由规定》中与“建设工程分包合同纠纷”并列为四级案由的“建设工程施工合同”，而应当包括“建设工程合同纠纷”项下的相关案件，如建设工程施工合同纠纷，建设工程分包合同纠纷等。[①] 换言之，如绿化施工属于“建设工程”则可援引“第二十八条”适用专属管辖。

2. 现实可能

现实可能，即什么样的“绿化施工”可被视为“建设工程”?

2017年12月20日，中华人民共和国住房和城乡建设部曾发布《园林绿化工程建设管理规定》，其第二条明确，园林绿化工程是指新建、改建、扩建公园绿地、防护绿地、广场用地、附属绿地、区域绿地，以及对城市生态和景观影响较大建设项目的配套绿化等施工，“园林绿化工程的施工企业应具备与从事工程建设活动相匹配的专业技术管理人员、技术工人、资金、设备等条件，并遵守工程建设相关法律法规”。笔者认为，在判断“绿化施工”能否被视为“建设工程”时，可参照此标准。

以本案为例，涉案《劳务分包合同》中明确约定：①以《中华人民共和国建筑法》等相关法律法规为基础；②劳务分包人需具有行政部门颁发的资质证书；③工程质量需符合国家现行的《建筑安装工程施工及验收规范》和《建筑安装工程质量评定标准》且施工情况须经验收；④施工属于某园林建设项目的组成部分。故综合以上四点，本案中的“绿化施工”，可被视为“（园林绿化）建设工程”，并进而适用专属管辖。

笔者认为，专业园林绿化施工适用专属管辖，不仅有利于查明案件事实、降低办案成本、节约司法资源，更有利于保护实际施工人的合法权益。

编写人：北京市海淀区人民法院　蔡笑

---

① 高民智：《关于民诉法解释中有关管辖若干问题的理解与适用》，载《人民法院报》2015年8月27日。

十九、其他合同纠纷

58

合同约定解除权中显著轻微违约的认定

——纸业公司诉实业公司合同案

【案件基本信息】

1. 裁判书字号

安徽省滁州市中级人民法院（2020）皖11民终1554号民事判决书

2. 案由：合同纠纷

3. 当事人

原告（被上诉人）：纸业公司

被告（上诉人）：实业公司

【基本案情】

2017年12月18日，安徽省全椒县人民法院裁定受理申请人装饰工程公司对被申请人实业公司的破产清算申请，并指定某律师事务所担任实业公司的管理人。2019年8月29日，纸业公司（乙方）与实业公司（甲方）签订了《协议破产书》，协议主要内容：（1）根据《中华人民共和国企业破产法》的有关规定，甲方在某司法拍卖平台对实业公司的房屋建筑物、构筑物及辅助设施、机器设备、土地、土建工程等进行拍卖。因两次流拍，改为对外变卖，乙方参与竞争性谈判，并成为最终购买人。(2) 本次交易标的物成交价为5000万元，乙方已经支付保证金500万元，合同签订后作为首付款，余款于2019年10月25日前一次性付清。逾期应按欠付款的日万分之六支付违约金至付清之日止。(3) 如乙方逾期付款达30天，甲方有权单方宣布解除合同并通知乙方。乙方应自甲方通知之日起十日内腾让房屋，乙方投入的设备自行拆除，装修和维修归甲方所有。协议签订后，纸业公司未能按约支付欠款4500万元。2019年12月30日，实业公司管理人向纸业公司下达书面《解除合同通知》。纸业公司于2020年1月20日向安徽省全椒县人民法院提起诉讼，请求继续履行该《协议书》。审理中，纸业公司于2020年3月16日将全部欠款4500万元汇入本案兑现款账户。

【案件焦点】

纸业公司违约程度是否显著轻微，案涉《协议书》是否应当继续履行。

【法院裁判要旨】

安徽省全椒县人民法院经审理认为：纸业公司与实业公司签订的《协议书》系双方真实意思表示，且不违反法律、法规的强制性规定，合法有效，对双方均具有法律约束力。该协议虽然约定了单方解除合同的条件，但合同约定的解除条件成就时，守约方以此为由请求解除合同的，人民法院应当审查违约方的违约程度是否显著轻微，是否影响守约方合同目的实现，根据诚实信用原则，确定合同应否解除。违约方的违约程度显著轻微，不影响守约方合同目的的实现，守约方请求解除合同的，人民法院不予支持。

关于如何判定合同违约方的违约程度是否显著轻微、是否影响合同目的实现，主要应从以下两个方面考量：一是违约的情节，即违约行为使合同的履行成为不必要或不可能。不必要是指订立合同所期望的经济利益或者主要合同意图不能实现，不可能是指按合同约定的给付义务，在事实上不能给付；二是违约的后果，即一方的违约将导致合同相对方的主要目的落空。因此，合同一方迟延履行其主要债务，只有当其迟延履行行为致使合同目的无法实现时，才能构成根本违约，守约方才能行使约定解除权。

本案中，纸业公司未能按约支付欠款4500万元，已构成违约，但该公司在实业公司下达《解除合同通知》后积极筹款，并在诉讼期间付清欠款4500万元，其违约情节显著轻微，也未影响合同目的实现，且不损害国家、集体或他人的合法权益。因此，实业公司不能行使约定解除权，案涉《协议书》应当继续履行。

安徽省全椒县人民法院依照《中华人民共和国合同法》第六十条第一款、第九十四条、第一百零七条之规定，作出如下判决：

纸业公司与实业公司2019年8月29日签订的《协议书》，双方继续履行。

实业公司不服，提起上诉。

安徽省滁州市中级人民经审理法院认为：原审判决认定事实清楚，适用法律正确，判决并无不当，应予维持。依照《中华人民共和国民事诉讼法》第一百七十条第一款第一项之规定，作出如下判决：

驳回上诉，维持原判。

【法官后语】

在司法实践中，不乏守约方基于一些显著轻微的违约行为而请求解除合同并要求违约方承担违约责任的案例。由此引发的问题是，当符合合同约定的解除事由发生时，是否都能导致合同的解除。

根据《全国法院民商事审判工作会议纪要》第四十七条的规定，合同约定的解除条件成就时，守约方以此为由请求解除合同的，人民法院应当审查违约方的违约程度是否显著轻微，是否影响守约方合同目的的实现，根据诚实信用原则，确定合同应否解除。违约方的违约程度显著轻微，不影响守约方合同目的的实现，守约方请求解除合同的，人民法院不予支持；反之，则依法予以支持。

本案的典型意义在于，第一，就守约方能否行使约定解除权的争议焦点而言，法院应在确认约定解除合同的事由达成的前提下，进一步审查违约行为是否显著轻微，是否影响守约方合同目的的实现。第二，就如何认定违约方的违约程度是否显著轻微而言，本案裁判提供了包含违约情节、违约后果两个方面的审查框架。实务中，主要从以下多方面对显著轻微违约作出认定：一是违约行为显著轻微。例如，逾期支付时间极短、逾期支付金额占总金额比例极小、违约方已经履行合同的大部分义务。二是违约损害结果显著轻微，未造成权利人显著损失，不影响合同目的实现，不构成根本违约。三是违约方对违约无主观恶意，不存在不履行合同义务的故意。四是合同解除将导致双方权利义务严重失衡，有违诚实信用原则。

基于合同自由原则，合同双方当事人可事先约定合同履行期间可能发生的解除合同事由。原则上，若合同一方违约，使合同约定解除权的事由产生，则守约方可行使约定解除权。但是，凡权利皆受限制，无不受限制的权利。并非所有符合合同约定的解除事由发生时，守约方都可行使合同解除权。从诚实信用原则而言，守约方必须诚实、善意地行使约定解除权。从禁止权利滥用原则而言，约定解除权的行使应使得当事双方的利益得以平衡，且不会造成他人与社会利益的损失。因此，针对实践中显著轻微违约且未影响合同目的实现的违约行为，应审慎允许守约方行使约定解除权，并考察守约方是否存在借助约定解除权规避自身义务或减损对方利益的动机。

具体到本案，纸业公司未能按照《协议书》约定如期支付款项，其迟延履行确已构成违约行为。但是，纸业公司在收到实业公司《解除通知书》后积极筹款，并在一审期间付清余款4500万元，其违约情节并未使合同履行不必要或不可能，也使实业公司合同目的得以实现。因此，纸业公司的违约程度显著轻微，不构成根本违约。基于诚实信用原则与鼓励交易的合同立法重要精神，实业公司不能行使约定解除权，案涉《协议书》应当继续履行。

综上所述，本案的价值在于，进一步确认了显著轻微违约的认定问题对于缔约当事人的利益保护以及约定解除权的行使至关重要。法院审判应充分理解设立约定解除权的立法用意，尊重当事人意思自治，一方面，为实现实质公平，当事人在合同中约定的解除条款需尽量明确、合理；另一方面，当事人应遵守诚实信用原则，在对方显著轻微违约未影响合同目的实现时，解除权人不得滥用合同约定解除权，随意解除合同。

编写人：安徽省滁州市中级人民法院　邓见阁

59

恢复执行的同时能否基于执行和解协议主张违约责任

——张某益诉印务公司合同案

【案件基本信息】

1. 裁判书字号

江苏省无锡市中级人民法院（2020）苏 02 民终 4437 号民事判决书

2. 案由：合同纠纷

3. 当事人

原告（被上诉人）：张某益

被告（上诉人）：印务公司

【基本案情】

张某益从江阴某某企业处受让了该企业对印务公司的合法债权，2019 年 11 月 15 日，在执行期间，江阴某某企业与印务公司签订《执行和解协议》，约定 2019 年 11 月 30 日前印务公司向江阴某某企业支付第一期 700 万元，剩余款项于 2020 年 3 月 15 日前付清，并约定若违约需另行支付违约金 50 万元。张某益主张印务公司签订了《和解协议》后未按约履行，已构成违约，要求印务公司向其支付违约金 50 万元，并解除 2019 年 11 月 15 日签订的《执行和解协议》。印务公司认为，2020 年 5 月 21 日，张某益已经向法院申请恢复执行原生效法律文书，且法院也已经立案执行，对执行和解协议不能再行起诉。

【案件焦点】

原生效法律文书已经恢复执行，张某益能否单独就《执行和解协议》中约定的 50 万元违约金请求印务公司承担违约责任。

【法院裁判要旨】

江苏省江阴市人民法院经审理认为：江阴某某企业作为甲方与印务公司作为乙方达成《执行和解协议》是双方当事人的真实意思表示，双方的约定不违反法律规定，很好地平衡了双方当事人的利益，既有利于双方当事人在执行过程中达成和解，也有利于督促被执行人履行义务。该协议具有民事合同的性质，协议合法有效，双方当事人应本着诚实信用的原则履行该协议。被执行人一方不履行执行和解协议的，申请执行人既可以申请恢复执行原生效法律文书，也可以就履行和解协议向执行法院提起诉讼。本案《执行和解协议》约定的违约金 50 万元，系原执行依据（2016）苏 0281 民初 4286 号《民事调解书》未涉及的内容，如果仅能申请恢复执行原生效法律文书而不能主张该部分权益，这既不符合当初双方的约定，也对申请执行人不公平，因为签订《执行和解协议》的结果是江阴某某企业让渡了一定的期限利益并承诺解除对印务公司的所有执行保全措施，印务公司获得了一定的期限利益和与解除保全有关的利益，当印务公司违反协议约定时，江阴某某企业当然可以请求印务公司承担违约金 50 万元。因此，对于 50 万元违约金江阴某某企业可以单独另行诉讼。

江阴某某企业因印务公司不履行《执行和解协议》已经发出了解除函，《执行和解协议》解除的时间应自《解除函》到达印务公司之日起解除。现江阴某某企业已将（2016）苏 0281 民初 4286 号《民事调解书》及其与印务公司于 2019 年 11 月 15 日签订的《执行和解协议》项下债务全部转让给张某益，故对张某益的诉讼请求予以支持。

江苏省江阴市人民法院依照《中华人民共和国合同法》第六十条、第一百零七条，《最高人民法院关于执行和解若干问题的规定》第九条之规定，作出如下判决：

一、《执行和解协议》自 2019 年 12 月 30 日起解除；

二、印务公司应于本判决发生法律效力之日起十日内给付张某益违约金 50 万元；

印务公司不服一审判决，提出上诉。

江苏省无锡市中级人民法院经审理认为：《执行和解协议》约系双方真实意思表示，符合民事合同的订立要件，对双方均有约束力，现印务公司违约，张某益据此主张印务公司支付 50 万元违约金，于法有据。江阴某某企业于诉讼中达成调解协议，为此付出磋商成本并让渡期限利益，但印务公司一直拖延履行。案件进入执行之后，双方又于 2019 年 11 月 15 日达成《执行和解协议》，江阴某某企业为此再次付出磋商成本并让渡期限利益，且承诺收到第一笔付款之后解除保全措施。双方订立《执行和解协议》是在印务公司已存在严重违约的情形下，此时约定违约金 50 万元，是为了严格约束印务公司如约履行，印务公司在签订《执行和解协议》时对违约所需承担的后果具有预见性，且该违约责任与其违约情形相匹配，印务公司签订《执行和解协议》之后再次违约未予履行，严重违反诚实信用原则；《最高人民法院关于执行和解若干问题的规定》第九条规定仅涉及被执行人不履行和解协议时，申请人可以选择的救济方式，并未涉及违约金的处理。本案中，张某益虽选择了申请恢复原民事调解书的执行，但不影响其基于执行和解协议的约定追究印务公司的违约责任。印务公司的上诉请求不能成立。一审判决认定事实清楚，适用法律正确，予以维持。

江苏省无锡市中级人民法院依照《中华人民共和国民事诉讼法》第一百七十条第一款第一项之规定，作出如下判决：

驳回上诉，维持原判。

【法官后语】

1. 执行和解协议的可诉性

执行和解协议中约定的违约金是否应当支持，首先应当解决执行和解协议是否具有可诉性，由于目前尚没有明确的规定，实践中存在两种不同的意见：

第一种意见认为，不能作为起诉依据。执行和解协议只是原债权债务关系的延续或执行过程中履行方式的变更，执行和解协议依附于执行依据即原生效判决，只是在强制执行之外为更好地兑现判决而采取的一种执行方案而已，既然原债权债务关系已经依法审理完毕，并且做出生效判决，如以该执行和解协议作为向法院起诉的依据，实际上是对同一案件的第二次起诉，违反了一事不再理的原则。有的法院认为，一方当事人不履行和解协议，对方当事人应申请执行原生效判决。由于和解协议不具有消灭生效判决既判力的效力，依据和解协议提起新的民事诉讼，构成重复诉讼，故对该诉讼应裁定不予受理。

第二种意见认为，可以作为起诉依据。执行和解协议是当事人在经过法律文书确认的债权债务的基础上重新设立的一种新的债的关系，是双方当事人重新达成的协议，具有当然的和解协议。

本案中张某益仅对执行和解协议中的违约金进行起诉，因执行和解协议是双方当事人协商一致达成的变更或补充协议，对双方当事人均应具有法律上的约束力。本案的执行和解协议对原裁判文书进行了变更和补充约定，张某益据此就原调解书中未涉及的部分另诉主张权利的，以取得强制执行的依据，由于诉的标的不同，不构成重复起诉，这种对权利的选择与处分，法律应予尊重。

2. 恢复执行的同时能否基于执行和解协议主张违约责任

《最高人民法院关于执行和解若干问题的规定》第九条规定："被执行人一方不履行执行和解协议的，申请执行人既可以申请恢复执行原生效法律文书，也可以就履行执行和解协议向执行法院提起诉讼。"依照该司法解释可知，未履行和解协议的，申请执行人可选择申请恢复执行，也可选择就履行执行和解协议向执行法院提起诉讼，二者只能选其一进行救济，该规定只是明确了申请人可以选择的救济方式，并未涉及执行和解协议未履行违约金的处理。本案中2016年4月27日的民事调解书中，已经明确了印务公司应当2016年8月20日之前于履行全部义务，但该公司一直拖延履行，案件进入执行之后，于2019年11月15日达成《执行和解协议》，违约金系在和印务公司存在严重违约情况下约定的，目的是约束其按约履行，且原债权让渡了期限利益及保全利益，对于再次违约后果印务公司完全能够预见到。另外，原法律文书中本金为900万元，逾期付款利率为银行贷款利率上浮73%，即使印务公司在原逾期利息基数上，另行支付50万元违约金，也符合合同法规定违约金的相关规定。

编写人：江苏省江阴市人民法院　刘尧宇　相娟

60

电视频道常年播放广告合同中不必提供各频道每天每时段的广告视频载体方能证实合同义务充分履行

——传媒公司诉投资发展公司某家居广场、投资发展公司合同案

【案件基本信息】

1. 裁判书字号

广东省广州市中级人民法院（2020）粤01民终9780号民事判决书

2. 案由：合同纠纷

3. 当事人

原告（反诉被告、上诉人）：传媒公司

被告（反诉原告、上诉人）：投资发展公司某家居广场

被告（被上诉人）：投资发展公司

【基本案情】

某家居广场（甲方）与传媒公司（乙方）于2018年6月6日签订了《2018年数码EPG广告发布协议书》，约定甲方委托乙方在多媒体信息公司上发表甲方及其属下或关联家居卖场的广告。该协议约定广告发布形式为标清逐台切换广告一套（另赠送高清逐台切换广告一套），发布时间为2018年6月1日至2019年5月31日，广告发布总价款为224.4万元。付款方式为：刊后分批付款，2018年7月31日前支付6月至7月的广告款37.4万元，其后第二个

月再支付两个月的广告款，以此类推。约定甲方无正当理由不按时交付发布费用超过十五个工作日，乙方有权要求甲方每迟延一日交纳相当于合同总金额万分之一的迟延履行金。甲方付款前，乙方必须提前按甲方指定抬头提供合法有效的广告业增值税专用发票，播出完毕后乙方须提供出具加盖报告专用章的《监播证明》及加盖乙方公章的《广告播放证明》，如乙方拒绝提供上述任一材料或者提供材料存在瑕疵的，甲方有权拒绝付款。双方约定：每季度广告播出完毕后30天内，乙方有义务提供具有监播放资质的加盖报告专用章的《监播证明》及乙方加盖公章的《广告播放证明》。甲方因经营调整等原因有权在提前30日通知乙方的前提下解除本合同而不构成违约，本合同自甲方发出通知之日起满30日即自动终止，双方按实际发布情况结算费用。该协议后附有2018年、2019年多媒体信息公司数字电视广告上刊排期表，载明发布2018年6月至2019年5月的广告套装。

协议签订后，投资发展公司某家居广场仅支付了2018年6月的广告费18.7万元，其后于2019年1月31日向传媒公司发出通知，因经营调整等原因提前30日通知解除协议书。传媒公司多次主张投资发展公司某家居广场未清偿广告费，引致诉争。

【案件焦点】

传媒公司是否完全履行了合同义务。

【法院裁判要旨】

广东省广州市海珠区人民法院经审理认为：本案中所约定的广告发布形式为：以多个电视台组合成套餐，在多媒体信息公司数字电视中标清和高清频道逐台切换广告，因此，合同义务的履行涉及套餐中的电视频道是否均已播放、广告天数是否完全按照下单广告播放、投放的频次、时长、每一次切台是否均有播出等诸多内容，双方未明确约定判断是否全面履约的具体标准时，往往容易产生争议。

传媒公司提供了加盖其公章的《播出证明》以及由共同指定的监播机构出

具的《监播报告》，但该证明内容均只是载明当月在标清、高清频道播放套餐广告，并附上几张截图。因此，投资发展公司某家居广场提出异议，认为播出证明和监播报告过于简单，无法证明是否如约全面履行了合同义务。该抗辩具有一定的合理性。作为待查事实，一审、二审法院根据传媒公司的申请，均向多媒体信息公司发函，该公司回函均确认已经播放了家居广场的全部广告，并提供了案涉合同实际履行期间共九个月的《播出证明》。经与排期表比对，九份播出证明中均分别标明上下刊的时间以及对应标清、高清逐台切换广告的具体套餐并附该时段内播放广告的屏幕截图，符合双方在案涉协议中所约定的广告发布形式以及附件中的广告上刊排期表内容。经二审法院向多媒体信息公司现场调查，了解到该公司制作并播放广告的工作流程，主要包括客户下单、审核广告、制作符合播放系统要求的码流文件、监拍（将当天报纸中有大字号日期的页面放置于播放广告的电视屏幕下方进行拍照）、制作成《播出证明》，与多媒体信息公司、传媒公司提供的《播出证明》的内容相吻合。因此，某投资发展公司家居广场坚持认为监播报告应当包括对投放广告的全部电视平台、电视台标、全部广告画面、投放的频率、投放的具体时段、投放的天数、切播过程等完整的监播过程，并通过视频、光盘等载体保存广告播放的完整过程，仅仅是其在本案中单方提出的意见，并非合同约定的监播要求。故其以此为据要求传媒公司提供上述监播视频，缺乏合同依据。加之案涉协议中还约定了投资发展公司某家居广场有权进行监播，即其若对监播机构资质、监播过程有疑问，其可自行监播或另行聘请其他监播机构进行监播。在本案中，法院给予其充足的举证时间，仍未见投资发展公司某家居广场提供任何反驳的证据。投资发展公司某家居广场在履行合同过程中从未对传媒公司履行合同提出过异议，其在本案中所作抗辩实属拖延付款的行为，有违合同诚信履行原则。

结合传媒公司与投资发展公司已经不是第一次合作的事实来看，双方在2017年5月签订的协议书所约定的广告发布形式、监播机构、合同期限、合同价款等内容与案涉协议内容均一致，投资发展公司某家居广场、投资发展公司也确认合同款项已经全部支付。按照双方交易习惯和常理可判断，其对传媒公司的上一年度合同履行方式予以认可。

综上所述，对于双方争议的广告发布义务是否完全履行的认定，一方面，从双方并未约定传媒公司应当提供合同期间所有播出广告的完整视频，且该履行方式明显会提高交易成本，不符合商事活动经济性特点；另一方面，传媒公司的提供的证据证明其履行义务的情况亦符合双方的交易习惯。

广东省广州市海珠区人民法院依据《中华人民共和国合同法》第四十四条、第六十条、第一百一十四条，《中华人民共和国民法总则》第七十四条第二款的规定，作出如下判决：

一、家居广场在判决生效之日起七日内，向传媒公司支付广告费 74.8 万元，并自 2019 年 5 月 10 日起按每日 224.4 元的标准向传媒公司计付迟延履行金直至款项付清之日止；

二、投资发展公司对判决主文第一项所涉的投资发展公司某家居广场应承担的支付广告费及迟延履行金的义务的不能清偿部分承担补充清偿责任；

三、驳回传媒公司其他诉讼请求；

四、驳回投资发展公司某家居广场的反诉请求。

传媒公司、投资发展公司某家居广场不服一审判决，提起上诉。

广东省广州市中级人民法院经审理认为：《中华人民共和国民法总则》第七十四条规定，法人可以依法设立分支机构。法律、行政法规规定分支机构应当登记的，依照其规定。分支机构以自己名义从事民事活动，产生的民事责任由法人承担；也可以先以该分支机构管理的财产承担，不足以承担的，由法人承担。一审法院认定，投资发展公司对家居广场应承担的支付广告费及迟延履行金的义务不能清偿部分，承担补充清偿责任，符合法律规定，法院予以认可。

广东省广州市中级人民法院依照《中华人民共和国合同法》第四条、第六十条、第一百零七条，《中华人民共和国民法总则》第七十四条，《中华人民共和国民事诉讼法》第一百七十条第一款第二项之规定，作出如下判决：

一、维持广东省广州市海珠区人民法院民事判决第四项；

二、撤销广东省广州市海珠区人民法院民事判决第三项；

三、变更广东省广州市海珠区人民法院民事判决第一项为：投资发展公司某家居广场在本判决生效之日起七日内，向传媒公司支付广告费149.6万元，并支付迟延履行金（迟延履行金应从2018年9月30日起，按每日168.3元的标准计至款项付清之日止）；

四、变更广东省广州市海珠区人民法院民事判决第二项为：投资发展公司对上述第一项判决确定的投资发展公司某家居广场付款的义务承担补充清偿责任；

五、驳回传媒公司的其余诉讼请求。

【法官后语】

本案裁判解决的是：在以多个电视频道组合的逐台切换广告套餐的常年广告合同中，如何公平合理地分配双方的举证责任。

虽然双方合同对于全面履行广告播放义务的判断标准曾协商约定指定第三方机构对广告播放进行监播，但对监播证明的内容未作明确具体的要求，因此对于合同义务是否充分全面履行仍会发生争议。广告主在怠于给付对价时，常常以广告公司未能提供每天、每个频道、每段广告的完整播放过程，没有证据显示具体广告播放的时间、电视频道、上刊天数、时长、时段等诸多履行细节，故不能证实已全面、充分履行其合同义务作为抗辩理由。因此，司法裁判中，如何公平、合理地分配双方的举证责任，确立负有履行义务的一方的举证责任规则，应当是很考究司法智慧的问题。本案裁判时主要适用了以下几个规则：

第一，优先尊重双方的约定。投资发展公司某家居广场坚持认为监播报告应当包括对投放广告的全部电视平台、电视台标、全部广告画面、投放的频率、投放的具体时段、投放的天数、切播过程等完整的监播过程，并通过视频、光盘等载体保存广告播放的完整过程。但这仅仅是其在本案中单方提出的意见，并非合同约定的监播要求。故其以此为据要求传媒公司提供上述监播视频，缺乏合同依据。况且，案涉协议中还约定了投资发展公司某家居广场有权进行监播，即其若对监播机构资质、监播过程有疑问，其可自行监播或另行聘请其他监播机构进行监播。本案中，法院给予其充足的举证时间，仍未见投资发展公司某家居广场提供任何反驳的证据。

第二，交易成本作为分配举证责任的考量因素之一。因每天不同频道、不同时段、广告播出过于频繁、密集，通过以通常录制视频的方式将广告播放的证据进行固定往往不具有客观可操作性，且采集数据必然加大交易成本。也不符合双方的交易习惯。且将全年所有广告播放过程录制保存，明显提高交易成本，也不符合商事活动经济性的特点。

第三，加大法院调查取证的力度，强化对案件事实的证据。为了实现贴近客观真实和促进诉讼的民事诉讼基本目标，在考虑到广告公司已经提供的第三方出具过于简单的《监播报告》和《监播证明》确有薄弱之处，法院根据传媒公司的申请认为确有必要进行补充性收集证据。经过向广告发布载体的多媒体信息公司调查，其虽然亦未能将其后台数据完整地予以外在载体呈现，但是其陈述了到该公司制作并播放广告的工作流程，主要包括客户下单、审核广告、制作符合播放系统要求的码流文件、监拍（将当天报纸中有大字号日期的页面放置于播放广告的电视屏幕下方进行拍照）、制作成《播出证明》，与多媒体信息公司、传媒公司提供的《播出证明》的内容相吻合。该公司还根据被告这一“客户”的后台播放记录，出具了书面的函件，作出了最终的“结论”，即确认已经播放了家居广场的全部广告，并分别出具了2018年6月至2019年3月3日各月的《播出证明》（共九份），九份播出证明中均分别标明上下刊的时间以及对应标清、高清逐台切换广告的具体套餐并附该时段内播放广告的屏幕截图，符合双方在案涉协议中所约定的广告发布形式以及附件中的广告上刊排期表内容。虽然投资发展公司难免质疑原告与多媒体信息公司存在利益共同体的关系，但是两家公司正好同时正在诉讼。因此，这一质疑在一定程度上得以消解。

第四，交易习惯也是裁判中考虑的重要因素。经过查明的事实发现，传媒公司与投资发展公司已经不是第一次合作，而且在2017年5月签订的协议书所约定的广告发布形式、监播机构、合同期限、合同价款等内容与案涉协议内容均一致，投资发展公司某家居广场、投资发展公司也确认合同款项已经全部支付。

第五，定案并非仅根据直接证据或单一证据加以判断，而是需要根据全案证据所证明的事实予以综合判断。本案中，一是从投资发展公司某家居广场于2019年1月31日向传媒公司通知提前解除的事由来看，其并非以传媒公司未履行合同、提供的《播出证明》《监播报告》不符合要求等为由主张解除合同，而是以其自身需经营调整等原因为由主张解除合同。二是从传媒公司职员张某双与投资发展公司某家居广场陈某强的微信对话内容可见，张某双在微信中多次向陈某强催促支付款项时，陈某强再三以要求在走流程、要求提供收款账户信息、月底封账、传媒公司面谈的内容拖延付款，也未对传媒公司履行合同义务存在瑕疵而提出异议。三是在合同解除后长达半年的时间内，未见投资发展公司某家居广场向传媒公司主张过对方履行不符合合同约定构成违约的事实。直到在传媒公司提起诉讼中，投资发展公司某家居广场才一再以传媒公司不能提供全部播放视频进行抗辩，显然不符合常理。按照双方交易习惯和常理可判断，其对传媒公司的上一年度合同履行方式予以认可。故其对传媒公司未履行播放广告的合同义务所作抗辩显属无理，法院不予采纳。

综上，法院并未采纳投资发展公司某家居广场的抗辩意见，亦未赋予传媒公司应当提供“每个频道、每天、每时段广告的完整视频”作为其举证的义务，而是综合全案以及从高度盖然性的角度判断传媒公司已经提供充分的证据形成完整的证据链，从而作出法律事实的判断即传媒公司的合同义务完全履行。

笔者相信，本案的裁判对于该行业的同类案件中广告发布者的举证义务分配和举证程度的把握均具有积极的裁判指引，具有一定的样本参考价值。

编写人：广东省广州市中级人民法院　邓娟

61

发卡行与收单机构间合同关系的认定

——某银行信用卡中心诉支付服务公司其他合同案

【案件基本信息】

1. 裁判书字号

上海金融法院（2020）沪74民终662号民事判决书

2. 案由：其他合同纠纷

3. 当事人

原告（被上诉人）：某银行信用卡中心

被告（上诉人）：支付服务公司

【基本案情】

中国银联是经中国人民银行批准，依据中国银联业务规则为其成员提供银行卡跨行转接业务和清算服务的卡组织。原告系某银行信用卡的发卡银行。被告系经批准开展银行卡收单业务的机构。原、被告均系中国银联的会员单位，均同意接受中国银联制定的各项业务规则约束。根据中国人民银行发布的《银行卡收单业务管理办法》规定，银行卡收单业务，是指收单机构与特约商户签订银行卡受理协议，在特约商户按约定受理银行卡并与持卡人达成交易后，为特约商户提供交易资金结算服务的行为。收单机构应当根据特约商户受理银行卡交易的真实场景，按照相关银行卡清算机构和发卡银行的业务规则和管理要求，正确选用交易类型，准确标识交易信息并完整发送，确保交易信息的完整性、真实性和可追溯性。交易信息至少应包括：直接提供商品或服务的商户名称、类别和代码，受理终端（网络支付接口）类型和代码，交易时间和地点

（网络特约的网络地址），交易金额，交易类型和渠道，交易发起方式等。收单机构应当加入中国支付清算协会，接受行业协会自律管理。根据中国银联制定的《银联卡特约商户类别码使用细则》规定，商户类别码（简称MCC）由收单机构为特约商户设置，用于标明银联卡交易环境、所在商户的主营业务范围和行业归属，是判断境内跨行交易收益分配标准的重要依据，也是发卡机构、收单机构和银联开展银联卡交易行业分析和报告，进行银联卡业务风险管理和交易控制的重要基础数据之一。因此，收单机构必须为特约商户设置正确的商户类别码。其中，商户类别码9498用于标明信用卡还款业务。根据中国银联制定的《中国银联信用卡还款业务开办指南》规定，信用卡还款业务是持卡人通过固定电话、互联网等终端从其他指定的借记卡向信用卡进行款项支付的银联卡跨行业务。通过识别联机消费交易报文的F18域MCC为9498的交易为信用卡还款交易。信用卡还款交易不区分渠道差别计费，统一执行标准为：借记卡发卡机构收1.5元/笔，信用卡中心付3元/笔，中国银联收0.3元/笔，收单机构收1.2元/笔。根据中国银联制定的《关于发布银联卡刷卡手续费调整相关实施方案的函》规定，银联卡境内刷卡手续费，发卡行服务费为：借记卡（含预付费卡）费率为交易金额的0.35%（单笔费用封顶13元），贷记卡（含准贷记卡）费率为交易金额的0.45%。自本次刷卡手续费调整正式实施之日起2年的过渡期内，对超市、大型仓储式卖场、水电煤缴费、加油、交通运输售票商户的银联卡发卡行服务费、网络服务费实行优惠。具体为：借记卡发卡行服务费为交易金额的0.273%（单笔费用封顶10.14元），贷记卡发卡行服务费为交易金额的0.351%。自2016年9月6日起，银联卡境内刷卡手续费调整正式执行。

2018年1月至3月，被告为原告作为发卡行的信用卡提供收单业务，其中有315610笔、涉及金额为2119974958.42元的业务，商户类别码均为9498，商户名称为汽车用品公司等主体。中国银联按照被告提供的交易信息，根据商户类别码识别交易类型为信用卡还款业务，并按照信用卡还款业务的手续费收费标准即每笔1.5元进行结算，向原告支付了手续费473405.5元。

2018年6月，原告在检查业务过程中，发现被告提供的交易信息存在问题，遂向被告发送《公函》一份，载明：我中心在日常交易监控中发现由贵司发送的部分交易存在非法套用信用卡还款交易商户类别码（MCC 9498）开展信用卡消费交易的情况。自2018年1月至3月，上述交易共计315610笔，合计交易金额人民币2119974958.42元。因上述交易实际刷卡消费商户名称与账单显示商户名称不一致，引发大量客户否认交易与投诉；另，因该类交易手续费率远低于消费类交易，造成我中心手续费收入严重受损……故通知贵司如下：（1）立即停止对我中心的侵权行为；（2）于收到本函后30日内赔付我中心发卡行手续费损失人民币9066481.81元。

2018年6月7日，被告工作人员通过电子邮箱向原告发送《致歉函》一份，载明：对于我们双方工作人员在银联总部面谈时贵方所述，由于我司走9498MCC消费交易导致贵中心交易手续费损失一事，我们深表歉意。在会前我司接到银联通知时，此事已引起我司高度重视，并展开了调查，发现是由于系统漏洞导致了此问题的发生，当时我司就漏洞进行了紧急处理。会后我司进一步对问题进行了排查，确认漏洞修补后已无通过9498MCC发生的消费交易……因被告未向原告赔付手续费损失，故原告提起诉讼。审理中，原告确认除本案所涉的业务外，就被告提供的收单业务中未再出现套用商户类别码9498的情况。

【案件焦点】

1. 原、被告间是否存在合同法律关系；2. 被告是否存在违约行为；3. 被告是否应对原告的刷卡手续费损失负担赔偿责任以及相应的责任范围。

【法院裁判要旨】

上海市嘉定区人民法院经审理认为：原、被告间系通过加入中国银联、共同遵守中国银联制定的一系列业务规章、规则而建立的资金清算合同法律关系。被告与特约商户签订银行卡受理协议，在特约商户按约定受理银行卡并与持卡人达成交易后，为特约商户提供交易资金结算服务。被告开展收单业务过程中应当根据特约商户受理银行卡交易的真实场景，按照中国银联和原告的业务规则和管理要求，正确选用交易类型，准确标识交易信息并完整发送，确保交易信息的完整性、真实性和可追溯性。原告根据被告发送的商户与持卡人的交易信息，审核放款。故就原、被告间已形成了在银行卡收单业务过程中的资金清算合同法律关系，被告据此负有设置正确商户类别码并向原告发送正确交易信息的合同义务。被告违反中国银联制定的收单业务规则，提供错误商户类别码导致原告按低于实际消费交易类型应收取的手续费，被告应对此承担相应赔偿责任。原告主张的损失合法有据，法院予以支持。

上海市嘉定区人民法院依照《中华人民共和国合同法》第六十条、第一百零七条、第一百一十三条之规定，作出如下判决：

一、被告支付服务公司应于本判决生效之日起十日内赔偿原告某银行信用卡中心损失9066481.81元；

二、被告支付服务公司应于本判决生效之日起十日内偿付原告某银行信用卡中心以本金9066481.81元为基数，自2018年7月7起至本判决生效之日止的逾期利息（2019年8月19日前按照中国人民银行同期贷款利率计算，2019年8月20日起按照全国银行间同业拆借中心公布贷款市场报价利率计算）。

支付服务公司不服一审判决，提起上诉。

二审法院同意一审法院的裁判意见。

【法官后语】

传统意义上缔结合同关系需要当事人直接通过要约、承诺的方式明确双方各自的权利义务。本案中发卡行与收单机构间并未通过前期要约、承诺方式缔约，而是各自作为中国银联的会员单位，以中国银联作为枢纽桥梁，在成为中国银联会员单位时即承诺遵守中国银联相关规则的方式，明确双方权利义务。发卡行与收单机构间资金清算合同关系是为顺应金融市场发展、便捷金融交易畅通而应运而生，明确这一合同法律关系，有利于维护金融市场交易的安全有序、稳定和谐。在当下金融市场快速、多样化发展的背景下，起到了一定的积极导向作用，同时这也是法治发展推动经济社会发展的一个典型案例。

1. 发卡行与收单机构间资金清算合同关系的认定

通过对原、被告间行为的分析，可以认定双方已达成了原告委托被告在银行卡日常交易过程中进行资金清算业务并就特约商户支付的手续费按照约定比例进行结算支付的合意。中国银联作为银行卡的联合组织，其交易清算系统是为银行卡之间的资金往来提供清算交付服务，而为保障资金交付结算的真实、安全、便捷，资金清算交付业务需由相关的业务运作规章予以规制。为促进交易的快捷和效率，由中国银联统一制定相关的业务规则，以成熟机制化的、格式化的方式固定发卡行与收单机构的权利义务。发卡行与收单机构一旦选择中国银联，意即表示将接受中国银联制定的一系列业务规则的约束，从而避免双方耗费大量时间、精力来磋商合同条款。原、被告均系中国银联的会员单位，其在加入银联网络时作出同意受其规约的意思表示，并应于日常清算业务活动中所秉守与遵从，可视为原、被告已就规约达成合意。原、被告无须另行签订协议确认各自权利义务。从事实履行层面角度看，在实际的交易和结算过程中，被告作为收单机构为加入中国银联的所有发卡行包括本案原告提资金清算服务，并按照中国银联制定的各项规则所确定的权利义务及费率进行结算并支付和收取刷卡手续费，表明双方已以事实履行行为治愈或强化了双方合同关系。基于上述合同关系的认定，法院在处理本案时仅作合同违约责任的审查，原则上并不论收单机构在业务过程中是否存在过错或是否系由于第三方过错造成收单机构的违约。特约商户与发卡行间并不存在直接的法律关系，而是由收单机构与特约商户间签订银行卡受理协议。收单机构未能正确识别并向发卡行发送正确的商户类别码及交易类型等信息的，即应承担相应违约责任。

2. 中国银联并未突破发卡行与收单机构间资金清算合同关系的相对性

发卡行及收单机构系通过加入中国银联建立合同关系。中国银联在其中起到了桥梁中介的作用。中国银联制定的一系列业务规则中，不仅规制发卡行与收单机构之间的权利义务关系，同时也在规制中国银联与发卡行、收单机构之间的相应权利义务关系。严格意义上讲，在发卡行与收单机构之间的资金清算合同关系中，中国银联也属于独立的一方合同主体，起到维护金融交易安全、市场秩序、防范金融风险的作用。但中国银联本身对于发卡行与收单机构之间的合同关系并不会起到设立、变更、终止法律关系的影响力，而是在发卡行与收单机构的资金清算合同关系中起到一个导向、督促、协调的作用。收单机构违反合同约定的，由收单机构承担相应赔偿责任。中国银联并非收单机构与发卡行间合同关系的主体，无须对此承担法律责任，但可基于收单机构是否违反中国银联所制定的相关行业规则而给予一定的规制。

编写人：上海市嘉定区人民法院　范培华

62

因商品房增值税率下调使得卖房人少缴纳税款是否属于不当得利

——王某诉房地产公司渭南分公司商品房买卖合同案

【案件基本信息】

1. 裁判书字号

陕西省渭南市中级人民法院（2020）陕05民终23号民事判决书

2. 案由：商品房买卖合同纠纷

3. 当事人

原告（上诉人）：王某

被告（被上诉人）：房地产公司渭南分公司

【基本案情】

2017年11月6日，王某与房地产公司渭南分公司签订《商品房买卖合同》（预售），该合同约定王某购买房地产公司渭南分公司建设开发的房屋1套。预测建筑面积共195.43平方米，套内面积151.83平方米，分摊共有建筑面积

43.6 平方米；商品房单价为每平方米 6236.28 元，总价款为 1218756 元，并就按揭分期付款进行约定；《商品房买卖合同》的附件十一《补充协议》第十三条关于税费，买卖双方明确知悉且同意：合同约定的该商品房总房价款为已包含增值税的价款，该商品房适用的增值税税率为 11%。合同签订后，原、被告双方当事人均按照合同约定履行了各自义务，房地产公司渭南分公司于 2019 年 6 月 30 日向原告交付了房屋。2019 年 6 月 27 日，房地产公司渭南分公司向王某出具陕西增值税普通发票，该发票载明货物或应税劳务、服务名称为：不动产房地产开发住宅；单位：平方米；数量 195.48；单价 5719.8934418；金额：1118124.77；税率：9%；税额 100631.23，价税合计 1218756 元。2016 年 5 月 1 日起，不动产销售者为增值税纳税人，不动产增值税税率为 11%。2018 年 4 月 4 日，为完善增值税制度，自 2018 年 5 月 1 日起增值税率由 11%调整为 10%。2019 年 3 月 20 日，为推进增值税实质性减税，自 2019 年 4 月 1 日起增值税率由 10%调整为 9%。

【案件焦点】

房地产公司渭南分公司是否应当向王某返还因增值税税率降低而形成的 2%增值税差额。

【法院裁判要旨】

陕西省渭南市临渭区人民法院经审理认为：双方签订的《商品房买卖合同》合法有效，应依约履行。王某以不当得利纠纷为由要求被告返还因税率变动所产生的增值税差额，实际系双方在履行商品房买卖合同中所发生的纠纷，该案案由应依法变更为商品房买卖合同纠纷。增值税是以商品（含应税劳务）在流转过程中产生的增值额作为计税依据而征收的一种流转税，从计税原理上讲，增值税是对商品生产、流通、劳务服务中多个环节的新增价值或商品的附加值征收的一种流转税，实现价外税，即有增值才征税。本案《商品房买卖合同》第六条关于商品房的计价方式为“按照建筑面积计算、该商品房单价为每平方米 6236.28 元，总价款为 1218756 元”的内容系双方就涉案商品房固定总价款的相关约定，且房屋等不动产属于家庭大额财产，其买卖事宜关系重大，交易价格作为房屋买卖合同中的重要内容之一，双方在合同中对总价款进行明确约定，既有利于保障交易双方的权利，又有利于维护商品房交易市场的稳定性。本案因销售涉案商品房而发生增值税应税销售行为，应当缴纳增值税，故增值税的纳税义务人为房地产公司渭南分公司。增值税税款系房地产公司渭南分公司经营、销售成本之一，其在计算商品房成本并确定房屋单价、总价时将其考虑在内亦符合常理，被告缴费种类、税率、金额均对已经约定的房屋总价不应产生任何影响；《补充协议》中有关“买卖双方明确知悉且同意：合同约定的该商品房总房价款为已包含增值税的价款，该商品房适用的增值税税率为11%”的约定，系房地产公司渭南分公司在单价和总房价固定的前提下对当时适用税率的列明，并根据约定的总价款开具增值税发票，并因增值税税率的下降而调整发票上的单价和总价，并未违反法律规定和合同约定，亦未影响合同的正常履行。根据《商品房买卖合同》（预售）补充协议附录一《税费及其他应交款项明细》的要求，签署《商品房买卖合同》时需缴交费用：（1）出卖人代收代缴：（无）；（2）买受人自行缴交（无）。可反映双方当事人在《商品房买卖合同》（预售）附录三《委托办理权属登记协议书》中所述的代缴税费并非为增值税。综上，房地产公司渭南分公司系基于国家增值税税率的调整而调整发票上的单价和总价，具有国家税收政策的调整依据，且国家降低增值税税率的直接目的在于减轻企业税负、激发企业活力。但降税后必将产生一系列的积极效应和连锁反应，从长远来看也将惠及广大消费者，现王某主张本案中因税收政策调整带来的红利应由其享有，并要求返还因税率变动所产生的增值税差额，缺乏事实根据和法律依据，法院不予支持。

陕西省渭南市临渭区人民法院依据《中华人民共和国合同法》第八条、第四十四条、第六十条，《中华人民共和国民事诉讼法》第六十四条之规定，作出如下判决：

驳回王某的诉讼请求。

王某不服提起上诉。

陕西省渭南市中级人民法院经审理认为：一审判决确认本案法律关系为商品房买卖合同纠纷正确。双方在商品房买卖合同约定了涉案商品房平方米单价6236.28元及房屋总价款1218756元。除合同约定：面积差异处理方式的相关约定影响购房总价款外，合同及附件、附录中的其他约定均不影响购房总价款之约定。王某主张涉案购房合同总价款包括两个部分：一部分为房屋价款（不含增值税），一部分为增值税税款。尽管合同附件十一补充协议第十三条第1项列明内容“买卖双方明确知悉且同意：合同约定的该商品房总房价款为已包含增值税的价款，该商品房适用的增值税税率为11%”。但不应将两者分列对待，理由如下：第一，按照增值税相关政策、法规规定，增值税赋税义务人是销售方。针对本案，被上诉人房地产公司渭南分公司是增值税法定纳税义务人，被上诉人将增值税计入营销成本具有合法性；第二，增值税虽然属于价外税，但不可能独立形成；合同约定的价款即使没有说明含增值税意思表示，也必然包含增值税部分；第三，按照买卖合同交易习惯，合同约定价款应当是明确、稳定的，不会因税收税率变化而浮动，否则，合同价款将处于非稳定的状态；王某主张的所谓房屋不含增值税价款是计算而得出，即该价款并非处于稳定状态，显然不符合买卖合同交易习惯。综上，王某将增值税部分从房屋价款中分离并分类承担义务的认识理由欠妥，即增值税是否纳税及纳税数额与买受人无法定权利义务关系。关于合同附件、附录中约定的代收代缴项目及预收项目是否包含增值税。双方在合同附录一明确约定，出卖人代收代缴：物业服务费、采暖费、车位管理费、电梯费共计四项，增值税项目显然不在代收代缴项目之内，也不在买受人自行缴纳范围之内。另外，根据合同约定，无论是签订合同时，还是交付房屋时，均未约定增值税属于代收代缴、预收项目；即使在办理房屋《不动产权证》时，增值税是否缴交与买受人自身赋税义务无关。故王某主张增值税属于房地产公司渭南分公司代收代缴的理由，缺乏事实依据。按照相关增值税政策及法规规定，增值税纳税义务人是商品销售方。针对本案，商品房出卖人是房地产公司渭南分公司，房地产公司渭南分公司是法定增值税赋税义务人，故增值税项目不存在代收代缴问题。故上诉人主张涉案房屋价款中增值税部分属于代收代缴项目，事实依据不足，该项主张理由亦不能成立。另外，从合同附件、附录之约定分析，也不能得出房地产公司渭南分公司转嫁增值税风险之意思表示，即增值税税率调高并不造成购房总价款的提高。关于被上诉人出具的增值税发票中未含增值税金额与双方签订商品房买卖合同时预期不含税金额存在差额，导致买受人应缴纳契税数额发生变化问题，该项争议因当事人在一审诉讼中未提出诉讼主张，本案不予涉及。

陕西省渭南市中级人民法院依照《中华人民共和国民事诉讼法》第一百七十条第一款第一项之规定，作出如下判决：

驳回上诉，维持原判。

【法官后语】

本案商品房买卖领域因税率调整引发纠纷的典型案例，究其争议产生之缘由，与国家全面推行营业税改征增值税并进一步对增值税税率进行调整密切相关。看单个标的金额都很低，但其背后所潜藏着的巨大群诉风险，可能波及至全国范围内成千上万的房地产项目，届时不仅会导致国家税改政策目的的落空，更会造成市场交易秩序的空前混乱，应当谨慎处之。

1. 应当维护交易秩序的稳定

商品房买卖合同一般根据预测建筑面积、房屋单价和税率确定总房价款，并约定除面积差异的原因外，不再做变动，采用的是固定房屋总价款的计价方法。房屋总价款的调整因素仅限于房屋面积发生差异的情形，合同中并没有任何关于税率调整而相应调整房屋总价款的约定。即使合同中有“买受人购买本房屋适用增值税税率为11%”及“不含税价格为××元”等表述，均系房产企业在当时的营改增政策背景下为了税务处理之便利而对税种、税率、票面金额、开票种类等进行的补充约定，其本身并不具有“降税即降价”的意思表示。降税降价必须在合同中有明确约定才能得到法律支持。况且不动产属于家庭的大额财产，不动产买卖事宜关系重大，当事人双方通过合同作出固定房屋总价款的约定，在没有特别约定情况下，应维护商品房交易秩序的稳定。

2. 单方根据税率调整合同价款，超出双方签订合同时的真实意思表示

在合同没有降税降价明确约定的情形下，房产企业是否缴税、缴税的具体金额、种类对于房屋总价款并不产生任何影响；换言之，如果增值税税率并非下降而是上调，对房屋总价亦无影响。房产企业根据所售房屋总价款及当时所执行的税率估算自身需缴纳的增值税税款并在合同中予以确认，系出于征税便利所为，并不意味着该部分税款自始即与房屋价款相分离；合同亦未明确约定税金调低的部分由买房人享有。买房人根据所谓的“不含税总价”乘以现行税率机械相加的结果主张调差，属于擅自变更合同价款的行为，完全超出了双方签订合同时的真实意思表示，没有合同和法律依据，不应得到支持。

3. 房产企业作为纳税人，应承担增值税调整的风险

从计税原理上说，增值税是对商品生产、流通、劳务服务中多个环节的新增价值或商品的附加值征收的一种流转税。增值税的具体税率标准及征收对象等均是法定的，不属于缔约双方意思自治的范畴。作为房产企业销售商品房后，发生了增值税应税销售行为，应当缴纳增值税，故增值税的纳税义务人为房产企业，并非买房人。根据权利与义务相对等的原则，税率上调或下调的后果也均应由房产企业承担与买房人无关。

4. 增值税下调政策在于为企业减负

根据国务院常务会议关于确定深化增值税改革措施的会议精神及国家税务总局的相关政策，增值税下调的主要目的是减轻企业税负、增强企业的活力。如若轻易支持了买房人降税降价的诉讼请求，实质上是剥夺了房产企业作为纳税义务人享受国家税改政策优惠的权利。另外，就降税本身而言，必将会产生一系列的积极效应和连锁反应，从长远来看也必将作用于消费领域，从而惠及广大消费者。

所以，法院判决不予支持王某要求房地产公司渭南分公司返还因增值税税率降低而形成的2%增值税差额的诉请正确。

编写人：陕西省渭南市中级人民法院　亢俊谦

ISBN 978-7-5216-2530-1

图书在版编目（CIP）数据

中国法院2022年度案例．合同纠纷／国家法官学院，最高人民法院司法案例研究院编．—北京：中国法制出版社，2022.2

ISBN 978-7-5216-2530-1

Ⅰ．①中… Ⅱ．①国…②最… Ⅲ．①买卖合同-合同纠纷-案例-中国 Ⅳ．①D920.5

中国版本图书馆CIP数据核字（2022）第029057号

策划编辑：李小草　韩璐玮（hanluwei666@163.com）
责任编辑：孙静　　封面设计：李宁

中国法院2022年度案例．合同纠纷

ZHONGGUO FAYUAN 2022 NIANDU ANLI. HETONG JIUFEN

编者/国家法官学院，最高人民法院司法案例研究院
经销/新华书店
印刷/三河市紫恒印装有限公司
开本/730毫米×1030毫米　16开　　印张/20　字数/235千
版次/2022年2月第1版　　2022年2月第1次印刷

中国法制出版社出版
书号ISBN 978-7-5216-2530-1　　定价：78.00元

北京市西城区西便门西里甲16号西便门办公区
邮政编码：100053　　传真：010-63141600
网址：http://www.zgfzs.com　　**编辑部电话：010-63141787**
市场营销部电话：010-63141612　　**印务部电话：010-63141606**

（如有印装质量问题，请与本社印务部联系。）